*A Defesa do Trabalho Decente
e a Substituição Processual
em Portugal e no Brasil*

Aos sindicatos, trabalhadores, estudiosos do Direito do Trabalho, homens e mulheres, que lutam diária e incansavelmente pelo trabalho decente.

Carolina Freitas

Tem dupla nacionalidade (brasileira e portuguesa) e possui formação acadêmica nesses dois países. É doutoranda da Faculdade de Direito da Universidade Nova de Lisboa, onde está se especializando em Direito Privado, com menção em Direito do Trabalho. Em 2011 concluiu o mestrado em Direito do Trabalho na Faculdade de Direito da Universidade de Coimbra. Em 2008 concluiu a graduação em Direito nas Faculdades Integradas Barros Melo, em Pernambuco, Brasil. Tem experiência em diversas áreas do Direito, com ênfase em Direito do Trabalho e Direito Processual do Trabalho.

A Defesa do Trabalho Decente e a Substituição Processual em Portugal e no Brasil

EDITORA LTDA.
© Todos os direitos reservados

Rua Jaguaribe, 571
CEP 01224-001
São Paulo, SP — Brasil
Fone (11) 2167-1101
www.ltr.com.br

Produção Gráfica e Editoração Eletrônica: R. P. TIEZZI
Projeto de capa: FABIO GIGLIO
Imagem da Capa: *CLAUDE MONET* (1840-1926)
Les charbonniers também conhecido como *Les déchargeurs de charbon*
Por volta de 1875. Paris, *musée d'Orsay*
Impressão: PIMENTA GRÁFICA E EDITORA
LTr 4777.7
Julho, 2013

Dados Internacionais de Catalogação na Publicação (CIP)
(Câmara Brasileira do Livro, SP, Brasil)

Freitas, Carolina
   A defesa do trabalho decente e a substituição processual em Portugal e no Brasil / Carolina Freitas. — São Paulo : LTr, 2013.

   Bibliografia
   ISBN 978-85-361-2541-1

   1. Direito do trabalho — Brasil 2. Direito do trabalho — Portugal 3. Direito processual do trabalho — Brasil 4. Direito processual do trabalho — Portugal 5. Sindicatos — Brasil 6. Sindicatos — Portugal I. Título.

13-02506   CDU-347.9:331.88

Índices para catálogo sistemático:

1. Processo do trabalho e sindicatos : Direito do trabalho
   347.9:331.88
2. Sindicatos e processo do trabalho : Direito do trabalho
   347.9:331.88

Agradecimentos

Ao meu companheiro, António, que, pela amizade e pelo amor, é responsável por muito do que sou hoje. O seu incentivo, o apoio, a paciência e os conselhos, inclusive jurídicos, foram preciosos e determinantes para o desenvolvimento e conclusão deste livro.

À minha mãe, Ana, pelo carinho, pelo incentivo, pela contribuição técnica e teórica, pelas imensas dúvidas jurídicas em mim incutidas ao longo das pesquisas, pela disposição para me ouvir nos períodos de inquietação teórica e por continuar provocando em mim a paixão pelas questões laborais.

Ao meu pai, João, aos meus irmãos, Renata, Lucas e Joãozinho, e, ao meu afilhado, Miguel, por terem ficado privados da minha presença por tanto tempo, para que eu pudesse enveredar pela área da investigação longe de casa.

À minha família de acolhimento em Portugal: Rosa Maria, João Francisco, João Abel, Maria Couto, Tereza Couto e, por estima, Cristina Boto; pela amizade e pela companhia constantes, que têm tornado menos dolorosa a ausência das pessoas que me são queridas.

Ao orientador da tese de mestrado, Professor Dr. João Reis, por ter despertado em mim a curiosidade intelectual para enfrentar o desafio de elaborar este trabalho; pelas suas considerações inspiradoras; pelo inovador contributo teórico à doutrina portuguesa, sobre o tema da substituição processual, e que esteve na base de todo o trabalho desenvolvido.

Ao Professor Dr. João Leal Amado, pela disponibilidade para ouvir as minhas dúvidas e pelas importantes sugestões.

Ao Sindicato dos Trabalhadores da Aviação e Aeroportos (SITAVA), nas pessoas do Advogado André Machado Jorge e Maria Helena Barreiro Alves, pela amizade e por terem oportunizado um espaço de diálogo sobre a atividade sindical e a substituição processual em Portugal, com valor inestimável para o amadurecimento das ideias que foram tratadas neste trabalho.

À 22ª Vara do Trabalho do Recife (Pernambuco/Brasil), na pessoa do Professor e Juiz Titular Dr. Edmilson Alves da Silva, por ter disponibilizado, para análise e estudo, ações judiciais de sindicatos processadas em sede de substituição processual, e por ter sido possível estabelecer um diálogo bem interessante sobre as questões mais controversas.

A Aluísio Aldo da Silva Júnior, Procurador Regional do Ministério Público do Trabalho da 6ª Região (Pernambuco/Brasil), pela orientação jurídica sobre as questões brasileiras, pelas sugestões, pela paciência e pelas fervorosas e frutíferas discussões.

A José Laízio Pinto Júnior, Procurador do Ministério Público do Trabalho da 6ª Região (Pernambuco/Brasil), pelas sugestões e pelo fato de as nossas discussões terem sido determinantes para definir as principais diretrizes desta obra e que foram posteriormente densificadas.

À Ana Carolina Santos Uchôa, pela amizade, pela companhia e pela hospitalidade de sempre em Coimbra.

Sumário

Apresentação 11

Prefácio 13

Introdução 17

Capítulo I — Concepções de Dignidade Humana e de Trabalho Digno

1.1. A dignidade humana numa perspectiva filosófica: primeira noção 23
1.2. Uma perspectiva histórica da dignidade humana: a evolução da cidadania através dos tempos e das gerações de direitos 26
1.3. O valor do trabalho no pensamento político e econômico. Sucinta síntese da história das ideias relativamente ao trabalho e à sua centralidade ética e política 33
1.4. Dignidade do trabalhador e sua relação com a economia 39

Capítulo II — A Ofensiva Neoliberal contra o Direito do Trabalho e seus Efeitos sobre o Trabalho Decente e sobre os Sindicatos

2.1. Flexibilização, trabalho precário e o futuro do direito do trabalho 43
2.2. A nova face da flexibilidade, a flexigurança 47
2.3. As consequências da política de normas flexíveis: o *dumping* social 52
2.4. As interferências das políticas econômicas na debilitação dos sindicatos . 54
2.5. Considerações gerais 57

Capítulo III — O Sindicato em Defesa Judicial do Trabalho Decente e a Substituição Processual

3.1. Considerações iniciais 61
3.2. Alguns aspectos sobre uma nova concepção de defesa de direitos na Justiça Laboral 64
3.3. O sindicato como demandante em ações judiciais 67
3.4. A atuação judicial do sindicato em defesa dos interesses individuais e a substituição processual 68

Capítulo IV — A Substituição Processual em Portugal sob a Perspectiva do Tribunal Constitucional e outras Questões Conexas

4.1. Considerações iniciais 72
4.2. O sindicato tem legitimidade para atuar também em defesa dos interesses individuais dos trabalhadores: acórdão 75/85 73
    4.2.1. Análise crítica da decisão: discussão acerca do conceito de interesse coletivo e interesse individual 74
4.3. Legitimidade do sindicato para iniciar o procedimento administrativo e para nele intervir: acórdão 118/97 77
    4.3.1. Análise crítica da decisão: há diferenças entre a defesa dos interesses próprios dos sindicatos, a defesa dos interesses coletivos dos trabalhadores e a defesa coletiva dos direitos individuais dos trabalhadores? 77
4.4. Legitimidade para atuar em defesa de interesses individuais, independentemente de poderes de representação e de prova de filiação: acórdão 160/99 81
    4.4.1. A polissemia do vocábulo "representação" 82
        4.4.1.1. Representação numa perspectiva de direito material e processual civil 82
        4.4.1.2. Representação numa perspectiva das relações coletivas de trabalho 83
    4.4.2. Análise crítica da decisão: considerações sobre os limites subjetivos da substituição processual 85
4.5. Os trabalhadores interessados devem figurar como litisconsortes necessários na demanda judicial proposta pelo sindicato em defesa dos interesses dos mesmos? Hipótese não enfrentada pelo Tribunal Constitucional, mas suscitada pelo acórdão 210/00 90

4.5.1. Análise crítica da decisão: incabível formação de litisconsórcio necessário 92
4.6. O sindicato, na defesa coletiva, defende interesses de natureza individual, múltipla e similar: acórdão 103/2001 94

Capítulo V — A Substituição Processual no Código de Processo do Trabalho Português

5.1. Considerações iniciais 97
5.2. Legitimidade ordinária das associações sindicais: art. 5º, n. 1, do CPT 99
5.3. Legitimidade extraordinária das associações sindicais: art. 5º, n. 2, do CPT 100
    5.3.1. Legitimidade sindical para a ação quando a conduta do empregador carregar um gérmen antissindical 102
    5.3.2. Legitimidade extraordinária nas ações fundadas em interesses individuais homogêneos: art. 5º, n. 2, "c", do CPT 104
        5.3.2.1. Substituição processual de quantos? 105
5.4. A exigência da comunicação pelo sindicato substituto prevista no art. 5º, n. 3, do CPT 109
5.5. Intervenção dos trabalhadores na ação coletiva sindical e intervenção sindical nas ações individuais: art. 5º, ns. 4 e 5, do CPT 112

Capítulo VI — Regulamentação Normativa Subsidiária das Ações Propostas em Sede de Substituição Processual e Incidentes Processuais no Curso desse Tipo de Ação Coletiva em Portugal

6.1. Considerações gerais sobre a aplicação do Código de Processo Civil e da Lei de Ação Popular nas ações coletivas em defesa de interesses individuais homogêneos na área laboral 115
6.2. Teoria do diálogo das fontes 123
6.3. Aplicação das fontes em cada situação específica 126
    6.3.1. Exceção de litispendência ou de caso julgado suscitado pelo empregador 127
    6.3.2. Intervenção do trabalhador no processo proposto pelo sindicato . 129
    6.3.3. Legitimidade para iniciar o processo de execução 133

CAPÍTULO VII — A SUBSTITUIÇÃO PROCESSUAL NO BRASIL PELOS SINDICATOS

7.1. BREVES NOTAS 137
7.2. O DIVISOR DE ÁGUAS: POSICIONAMENTO DO SUPREMO TRIBUNAL FEDERAL SOBRE O INCISO III DO ART. 8º DA CONSTITUIÇÃO DA REPÚBLICA FEDERATIVA DO BRASIL 142
7.3. DIREITOS INDIVIDUAIS HOMOGÊNEOS *VERSUS* DIREITOS INDIVIDUAIS HETEROGÊNEOS . 145
7.4. INCIDENTES PROCESSUAIS 149
    7.4.1. LITISPENDÊNCIA E COISA JULGADA 149
        7.4.1.1. UM BREVE PARÊNTESE A PROPÓSITO DAS SOLUÇÕES, NESTA MATÉRIA, PARA O BRASIL E PARA PORTUGAL 154
    7.4.2. A INTERFERÊNCIA DOS SUBSTITUÍDOS 157
    7.4.3. LEGITIMIDADE PARA A EXECUÇÃO 159

CONCLUSÃO 163

REFERÊNCIAS BIBLIOGRÁFICAS 173

LISTA DE JURISPRUDÊNCIAS CONSULTADAS 179

Apresentação

A escolha de um tema para dissertação parece ser uma das mais difíceis decisões a ser tomada por quem se disponha a se concentrar numa pesquisa, tendo que fazê-lo com profundidade, para daí poder surgir um trabalho que comporte o conceito de obra de envergadura que convença, primeiro, ao seu pesquisador, a partir daquilo que em dado momento possa parecer importante abordar e apresentar a um público crítico num mercado literário cheio de grandes obras nos mais diversos temas jurídicos.

É um desafio para qualquer estudioso que se lance a tarefa dessa natureza.

Mas, mais ainda o é para quem, jovem como a autora desta obra, toma dois sistemas jurídicos que de certa forma continuam a ser estudados como interrelacionados, por razões históricas, e ousa compará-los num momento realmente difícil, de quebra de alguns paradigmas, sem perder o foco daquilo que representa a principal noção que tem acerca da garantia da defesa dos interesses dos trabalhadores na via judicial, no Brasil e em Portugal.

Carolina Freitas lançou-se a esse desafio e o fez de maneira a não deixar dúvidas quanto à correta escolha, ao abordar o tema do trabalho decente e de como isso se interliga com a substituição processual pelos sindicatos, nos dois países, num momento crucial para o Direito do Trabalho em escala mundial, sobretudo em razão do que se passa em lugares onde os direitos sociais sempre tiveram lugar de destaque, mas que hoje sofrem os efeitos da internacionalização da miséria e da precariedade dos meios de produção.

Não faz tanto tempo que a autora concluiu o curso de graduação em Direito, onde tive a grata satisfação de com ela conviver e perceber o quanto de colaboração para o estudo do Direito do Trabalho ela e alguns poucos teriam a dar. E o curso empreendido em Portugal, na Universidade de Coimbra, em seguida a isso, continuando a importante busca por elementos que possam contribuir para o aprimoramento da sua formação nessa área, só poderia mesmo gerar algo do tipo ora visto.

É relevante destacar que o trabalho aqui apresentado aborda questões que poderiam isoladamente compor várias obras à parte. O trabalho decente, com seus fundamentos filosóficos, seria um deles; a precarização que poderia ser explorada sob a perspectiva da terceirização ou, mais abrangentemente, da deslocalização da mão de obra, comporia outra obra; uma terceira ainda seria o tema crucial, como o vejo: o que envolve a representação, num sentido largo, desses trabalhadores pelas entidades sindicais, algo já prejudicado pela drástica diminuição da representatividade dos sindicatos diante da crise mundial do emprego, e, de forma particular, no âmbito judicial, a partir do instituto da substituição processual, tentando dar voz àqueles que não podem ou não querem exercer a vontade individualmente.

Detenho-me neste último, porque, a meu ver, corresponde àquilo que de mais relevante o público especializado na matéria poderá encontrar. E a prática do dia a dia o demonstra, associando, por um lado, o pouco uso do instituto, a utilização errada dele e os aspectos relacionados aos efeitos que as decisões proferidas em ações coletivas desse tipo irradiam para as ações individuais dos trabalhadores, daqueles que, já não mais sendo empregados, decidem trilhar o caminho da demanda quanto ao mesmo tema.

Carolina Freitas traz à reflexão boa parte desses problemas e apresenta soluções para o que de muito grave hoje se dá com os trabalhadores em escala mundial, na defesa dos seus direitos, a partir do próprio emprego, escasso, sem qualidade, e, noutra vertente, o verdadeiro acesso à justiça, aquele que pode ser concretizado quando o vínculo de solidariedade, cada vez mais difícil de ser enxergado, existe e é exercitado, a partir dos sindicatos aptos para atuar e defendê-los.

É claro que essa problemática abordada na obra, que nas últimas décadas, de forma mais acentuada, vem se manifestando, compondo diversos estudos nessa área especializada e em outros ramos, chegando a ser comparada ao que se deu nos primórdios do Direito do Trabalho, feito um movimento cíclico que por ora se encontra numa fase extremamente negativa para os trabalhadores do mundo, acaba minando a própria capacidade de atuação dos sindicatos, aqui ou lá fora, em Portugal ou na União Europeia, de uma maneira bem perceptível, diante dos efeitos das políticas econômicas de cunho neoliberal, que acarretam cada vez mais a diminuição ou a desqualificação de postos de trabalho, gerando uma crise poucas vezes vista.

O fato de a autora trilhar um caminho que procura indicar soluções concretas na luta por um trabalho decente e pelo reconhecimento dos direitos na esfera judicial, com vistas a concretizar o princípio da dignidade da pessoa humana, trabalhando as bases jurídicas e processuais para a substituição processual ampla, é, sem dúvida, o que torna grandiosa a obra ora apresentada.

Recife, setembro de 2012.

Edmilson Alves da Silva
Mestre em Direito pela FDR/UFPE.
Doutorando pela Universidade Castilla-La Macha — Ciudad Real — Espanha.
Juiz do Trabalho em Pernambuco/Brasil.

Prefácio

Uma dissertação sobre a "Defesa do trabalho decente" é sempre, independentemente da época da sua elaboração, uma reflexão importante e actual. Mas poucos duvidarão de que ela é especialmente azada numa época como a nossa em que o trabalho é escandalosamente desvalorizado e subavaliado. De "fonte originária de todo o valor" (Adam Smith), de "traço específico da espécie humana" (G. Friedman e P. Navaille), de "elemento determinante de estruturação social" (Jorge Leite), o trabalho passou a ser hoje uma actividade recusada, com ultrajante naturalidade, a milhões de seres humanos. Mas na realidade, o trabalho não perdeu no mundo contemporâneo o lugar central que tem ocupado em todas as épocas históricas. Não podemos passar sem ele.

Longe de ser inevitável, o desemprego continua a desempenhar uma função importante — se não estratégica — nas sociedades actuais: a de fazer crer que quem tem um emprego é um privilegiado e de que, por isso, deve aceitar todas as condições que lhe são impostas. Uma perspectiva destas só pode conduzir, em linha reta, ao trabalho não decente.

Ora, é contra este retrocesso social e moral, que ao desprezar o trabalho golpeia a dignidade humana — pois não há trabalho em si; o que existem são homens a trabalhar —, que Carolina Freitas vem juntar a sua voz à daqueles para quem, para lá da necessidade de tutelar o trabalho, é preciso proteger o trabalho decente. Assim como um bombeiro não pode ficar indiferente às labaredas que ardem à sua volta, também o jurista não pode pactuar com o trabalho sem qualidade e direitos. Por isso, a autora, longe da falsa neutralidade apregoada por teorias pretensamente científicas, assume na sua investigação uma atitude empenhada a favor do trabalho decente. O seu coração quente não a impede, todavia, de manter a cabeça fria e de ponderar, objectivamente, os vários lados envolvidos nas temáticas enfrentadas, optando, com argumentação séria e convincente, pela posição que se lhe afigura mais justa.

Dentro dos limites de espaço e de tempo impostos pelas regras académicas — que em relação à autora posso testemunhar que foram apertados —, estamos perante uma reflexão séria e conseguida. Não encontramos nela cedência ao facilitismo, à demagogia barata ou até ao panfletismo a que o tema se presta. Bem pelo contrário, a autora trata os diversos assuntos com rigor, profundidade e elegância, confirmando o saudável espírito crítico e a sua precoce maturidade na abordagem de matérias jurídicas que já tinha revelado, aliás, durante a parte escolar do mestrado realizado, no ano letivo de 2009/2010, na Faculdade de Direito da Universidade de Coimbra.

Esta obra já foi analisada detalhadamente para efeitos académicos, tendo merecido a mais elevada classificação. Não cabe aqui, por isso, repetir o feito. No entanto, não pode deixar de se chamar a atenção para alguns dos seus méritos. Desde logo, ela incide sobre uma matéria pouco explorada doutrinalmente. Abundam, é certo, textos sobre o trabalho decente — sendo justo destacar os da OIT —, mas poucos são os que relacionam trabalho decente com questões de ordem jurídico-processual.

Em relação à doutrina portuguesa, e falo unicamente desta porque é a que conheço melhor, trata-se de uma abordagem pioneira e inovadora. Acresce que o tema é enquadrado por uma visão histórico-filosófica sobre o trabalho digno e por uma oportuna consideração do ambiente circundante do Direito do Trabalho nos dias correntes. As perspectivas da precariedade e da flexibilização, acalentadas por uma ofensiva neoliberal que teima em fechar os olhos ao mundo das pessoas concretas, são passadas em revista, assim como certos paliativos actualmente em moda, como o da flexigurança, os quais não parecem nem merecem ter futuro.

Por fim, o grosso da reflexão incide sobre a disciplina jurídico-processual do sindicato no processo, mais propriamente, da sua legitimidade para defender interesses individuais dos trabalhadores, nomeadamente por via do instituto da substituição processual. Quem frequenta, como prático ou como teórico, esses domínios sabe quão intrincados são os problemas suscitados e quão úteis são as reflexões doutrinárias sobre eles. Pois bem, o estudioso interessado encontra neste livro, uma abordagem afoita e fundamentada sobre temas complexos, como o das classificações dos conflitos laborais, o da representação, o do litisconsórcio, o do processo coletivo e, entre muitos outros, claro, o da substituição processual.

Os conteúdos do direito brasileiro e português com relevância para o tema são minuciosamente considerados. Saindo do "direito dos livros e dos códigos", a autora, em busca do "direito da vida", examina particularmente, com êxito, a jurisprudência portuguesa e brasileira pertinente. O seu respeito pelos bons cânones da hermenêutica jurídica merece ser salientado. Mas não só. Impressiona também positivamente o caráter interdisciplinar da investigação. Nela estão presentes vários ramos do conhecimento, como a filosofia, a economia, a sociologia e, como não pode deixar de ser, o direito; mesmo neste campo, ela é composta pela utensilagem e contributos de diferentes especialidades jurídicas, do direito constitucional ao direito processual, passando pelo direito colectivo e individual do trabalho. Com uma abordagem tão heterogénea as sínteses são mais difíceis, é certo, mas Carolina Freitas soube alcançá-las, com coerência, tornando a obra mais completa e rica.

Ao longo da investigação, explícita ou implicitamente, perpassa uma voluntária conexão entre o social e o individual, a comunidade e a pessoa, o colectivo e o singular, prenhe de significado e consequências para o Direito do Trabalho. Ressalta que mesmo na arena judicial, dominada por pretensas garantias de igualdade e liberdade, os direitos individuais dos trabalhadores necessitam para a sua eficaz realização do reconhecimento e promoção de direitos e liberdades colectivas, nomeadamente, da tutela da liberdade sindical, só atingível com sindicatos fortes e verdadeiramente livres.

Ora, como demonstra Carolina Freitas, uma política legislativa que, no respeito pela vontade individual dos interessados, permita e facilite a substituição processual de trabalhadores por associações sindicais para a defesa de direitos ou interesses individuais destes últimos, inserir-se-á numa saudável protecção do trabalho decente.

Muito mais haveria a comentar. Mas o que já foi dito é suficiente para concluir que estamos perante uma obra de consulta obrigatória para quem queira continuar a explorar o tema abordado, e que, além disso, constitui um desafio para novos estudos interdisciplinares que relacionem o direito com outras áreas do saber, bem como o direito substantivo com o direito adjectivo, sobretudo no mundo laboral.

Seja-nos permitido terminar exprimindo o sentido desejo de que a autora prossiga o rumo brilhantemente iniciado.

Coimbra, junho de 2012.

João Reis
Docente de Direito de Trabalho.
Faculdade de Direito da Universidade de Coimbra.

Introdução

Nesta obra, procurou-se articular uma visão mais ampla do significado do trabalho decente, ancorado na noção de dignidade humana, com o instituto jurídico da substituição processual que, embora num contexto de múltiplas crises (financeira, econômica, sindical, etc.), surge como um mecanismo de grande potencial para a defesa desse mesmo núcleo mínimo do trabalho decente.

Assim, primeiramente, do ponto de vista da história social e da história das ideias (Kant, Stuart Mill, Locke, Adam Smith, Marx, Proudhon), foi explorada a emergência gradual de uma noção progressivamente mais densificada de dignidade humana. Esta discussão permite tornar mais concreto, mais substancial, um conceito impreciso como o de dignidade humana, conexionando-o com o direito do trabalho, com o trabalho decente. Com efeito, em todos estes autores, não obstante as diferenças substanciais — por vezes mesmo a oposição radical — em suas propostas filosóficas e políticas, o trabalho e o valor do trabalho assumiam uma dimensão ética central na vida dos homens. Esta dimensão central parece hoje injustificadamente olvidada e posta de lado, como se o trabalho não fosse mais — e, no entanto, é — aquela atividade em torno da qual e em função da qual se organizam os homens em sociedade e que determina muito do que é a vida dos homens e mulheres.

Num segundo momento, analisa-se a fundo os discursos fraturantes que existem no âmbito do direito laboral (teses que preconizam o fim do direito do trabalho e do contrato típico do trabalho) e que ameaçam o núcleo fundamental do trabalho decente. O produto desse exercício é de grande importância para os teóricos do direito do trabalho em função da sua atualidade e universalidade. Em tempos de crise, em que se discute, principalmente na Europa, o enfraquecimento das regras de proteção aos trabalhadores e a aplicação de um novo modelo flexível de normas (a flexigurança), é bastante pertinente a discussão que se trava acerca de ideias relacionadas com a dignidade ou a decência no trabalho. A flexibilidade laboral e a flexigurança, não obstante os argumentos esgrimidos em sua defesa por autores de relevo, falham à luz dos seus próprios objetivos e, mais grave ainda, repõem em cena um desequilíbrio radical das partes no âmbito laboral que havia sido característico do século XIX, mas que fora em parte contrariado pelo Estado Social Democrático de Direito do século XX, em atenção ao objetivo de atingir um patamar de dignidade humana — no e por meio do direito do trabalho.

Finalmente, num terceiro momento, como forma de defender um dos aspectos do trabalho decente, isto é, de proteger a efetividade dos direitos já reconhecidos pelo ordenamento jurídico nacional, o mecanismo da substituição processual pelos sindicatos revela-se como um objeto de estudo válido para a comunidade científica. No contexto português, foram analisadas as mais importantes decisões do Tribunal Constitucional, confrontando-as com diversas orientações doutrinárias, com o objetivo de extrair um entendimento minimamente consensual acerca do tema. Por conseguinte, foram estudadas de forma pormenorizada as disposições processuais, constantes do Código de Processo do Trabalho, que densificam e regulamentam a matéria no âmbito das relações laborais privadas. Naturalmente, e pelo fato de a legislação processual trabalhista não ser exaustiva na sua regulamentação, foi necessário refletir sobre as legislações que lhe são supletivas, principalmente sob a perspectiva da defesa dos direitos transindividuais. Em decorrência disso, aventou-se a possibilidade de aplicar a Lei de Ação Popular, num verdadeiro "diálogo" com a fonte processual habitual que é o Código de Processo Civil, em processos desenvolvidos em sede de substituição processual trabalhista.

Quanto ao sistema brasileiro de substituição processual, primeiramente foi realizado um sucinto histórico legislativo e jurisprudencial, seguido da análise dos aspectos mais polêmicos da decisão do Supremo Tribunal Federal que extraiu da Constituição Brasileira a possibilidade de os sindicatos substituírem trabalhadores, individualmente considerados, no processo judicial.

Enfrentou-se, também, com profundidade, sob a perspectiva comparada, questões muito controversas nos dois ordenamentos jurídicos, tais como: o problema da intervenção dos substituídos no processo; o conceito e o alcance da expressão "interesse individual homogêneo"; a legitimidade para a execução da sentença; a questão da litispendência e da coisa julgada. As soluções processuais encontradas em cada país, que divergem entre si em alguns aspectos, foram confrontadas, tendo em vista as especificidades do ordenamento jurídico português, que adota o regime da pluralidade sindical, e as características do ordenamento jurídico brasileiro, que se insere no quadro da unicidade sindical. Trata-se, portanto, de um verdadeiro estudo comparado de sistemas jurídicos de países que são muito próximos — seja em razão da história, seja em razão da língua.

Feito este breve esquisso da obra, não será, porventura, despiciendo explicar as origens e o contexto em que a mesma foi escrita.

O presente trabalho é, com pouquíssimos retoques, o produto final da dissertação de mestrado apresentada em novembro de 2011 na Faculdade de Direito da Universidade de Coimbra, e foi desenvolvido no contexto de uma grave crise econômica em escala mundial. Durante seu processo de elaboração, foram sendo observadas as medidas de austeridade que, uma após a outra, foram se sucedendo em Portugal, bem como as rígidas medidas adotadas por vários governos dos Estados-membros da União Europeia, com o objetivo de promover ajustes orçamentais, diminuir o *deficit* estadual interno e manter a moeda estabilizada. Concomitantemente, observou-se também, numa relação de causa e efeito, a realização de sucessivas manifestações populares em vários espaços europeus que claramente apresentavam, direta ou indiretamente, o propósito de reagir contra os ataques promovidos ao estado de bem-estar social, principalmente para denunciar os problemas sociais decorrentes do desemprego, da precariedade do trabalho e da diminuição de direitos.

Desde então, em Portugal e um pouco por toda a Europa, sobretudo na Europa do sul, o cenário agravou-se: à austeridade veio juntar-se profunda recessão econômica e mais austeridade, num ciclo aparentemente sem fim. O mais grave, contudo, é todo o clima político-ideológico gerado, que influiu sobre a produção legislativa e sobre todo o sistema jurídico: o que antes se considerava como as bases sociais e econômicas mínimas, inamovíveis e adequadas a um determinado estado civilizacional e a uma correspondente compreensão da dignidade humana, parece ser hoje o mais frágil e inseguro elemento dos ordenamentos jurídicos, compatível com flutuações e retrocessos abismais. As presentes inflexões no modelo social europeu e no direito do trabalho em particular mostram-se contraditórias com toda a evolução do sistema de garantias de direitos que, sendo produto de uma longa evolução de ideias políticas e sociais, reconhecera ao trabalho um papel primordial para garantir a justiça na sociedade e a preservação da dignidade humana. O fato é que o trabalho, em termos de valor, parece ter sucumbido às instabilidades dos mercados, para voltar a ser reconhecido como um mero elemento de economia. Contudo, reduzir o trabalhador a um trivial fator econômico é retirar dele toda a sua humanidade, tratando-o como meio e não como fim em si mesmo, contra o que a ética exige.

O direito do trabalho atravessa também uma crise de diferente natureza, que está relacionada com a falta de efetividade de direitos já positivados e com problemas de acesso à justiça. O sobrecarregamento dos tribunais e a demora na prestação jurisdicional tendem a afastar o jurisdicionado dos tribunais. A condição de vulnerável ostentada pelo trabalhador na relação jurídica material também é um forte dissuasor da litigiosidade, impedindo que muitas lesões a direitos sejam reparadas. A atual conjuntura econômica também contribui para incutir no trabalhador o medo de litigar contra quem lhe ofereceu trabalho, mesmo que este seja exercido sob condições indignas. Ora, neste cenário, os sindicatos (mesmo que enfraquecidos por todos os fenômenos até agora referidos) podem e devem assumir um papel de defesa coletiva dos interesses dos trabalhadores — trabalhadores que, isolados, fragilizados, amedrontados, precários, são, como sempre foram, incapazes de se defender por si próprios, sem o auxílio do número, da solidariedade, da ação coletiva de todos eles e dos seus órgãos representativos —, sobretudo dos direitos que constituem o núcleo duro do trabalho digno. Se antes o faziam por meio de greves, protestos e outras ações de massa nas empresas e junto de governos, hoje é chegado o momento de o fazerem junto dos tribunais, aproveitando mecanismos judiciais inovadores que lhes abrem portas antes fechadas (em Portugal).

Contudo, perante este contexto atual, de múltiplas crises (econômica, do direito do trabalho, do sindicalismo, etc.), muitos poderão se perguntar se há espaço ainda para falar em direito do trabalho, em mínimos sociais e econômicos, enfim, em teorias construídas com base em pressupostos de proteção aos trabalhadores. Não será utópico e, portanto, fútil pensar em possíveis saídas para este cenário dantesco? Se o direito é essencialmente o produto da sua época e dos seus condicionalismos (como as exigências dos mercados, as necessidades e constrangimentos financeiros dos estados, o ambiente ideológico, etc.), querer remar contra a maré para falar sobre o trabalho decente e sobre um mecanismo processual votado para a sua defesa não retirará a esta obra todo o seu interesse, toda a sua validade doutrinária, por assim dizer?

Este trabalho inegavelmente se posiciona em defesa do trabalho digno, do direito do trabalho e do fortalecimento das associações sindicais e pretende contribuir, mesmo que minimamente, para os estudos sobre o direito processual trabalhista, principalmente no que se refere ao processamento de ações em sede de substituição processual pelas associações sindicais, e às questões acima levantadas é necessário responder com um claro não.

Em primeiro lugar, o que ontem foi utópico ou aparentemente inútil é hoje uma realidade jurídica: pensar num sistema de garantias sociais que limitaria, de certa forma, o direito de propriedade era impensável até ao século XIX e, no entanto, é esse sistema que dá sustentação ao Estado Democrático de Direito, sem o qual são postos em causa, em última análise, as ideias de Estado, de Democracia e de Direito. Da mesma forma, uma interpretação jurídica inovadora ou mais ousada poderá amanhã ser, em função da reflexão detida que sobre ela possam fazer os juristas, uma interpretação intuitiva, evidente. Em segundo lugar, e quanto às invocadas necessidades econômicas e históricas, que conduziriam hoje o direito laboral europeu inelutavelmente em sentido contrário ao do aqui advogado, a história abunda em ordenamentos jurídicos que aparentemente se sustentavam em "inevitabilidades" ou estavam limitados por "necessidades" de vária natureza e que, de um momento para o outro, sofreram alterações radicais contrárias a essas inevitabilidades — pense-se por exemplo no direito francês pré e pós-revolucionário. Em terceiro lugar, o que se trata aqui é de dar a melhor e mais coerente interpretação sistemática de específicas normas jurídicas à luz dos ordenamentos jurídicos analisados como um todo e das respectivas Constituições. Nada disto é utópico, mas apenas boa prática interpretativa: um sistema jurídico moderno assenta numa constituição e uma constituição determina todo o ordenamento jurídico, imprime-lhe a sua marca, a sua ponderação específica de valores — e lembre-se do que representa o princípio da dignidade da pessoa humana nas constituições brasileiras e portuguesas. O que se buscou, pois, foi encontrar uma interpretação verdadeira, coerente, e que se coadune com uma perspectiva sistemática dos ordenamentos jurídicos analisados e com as respectivas constituições.

Assim, as interpretações que aqui foram esboçadas poderão ser discutíveis e a potencial eficácia que a abertura destas oportunidades dá ao sindicato para combater as tendências perniciosas, incompatíveis com a preservação de um mínimo do trabalho decente, poderá também ser questionada — a estas questões só a prática poderá responder — mas não poderão ser rejeitadas *a priori* em nome de falsas inevitabilidades históricas, ou em razão de pretensas incoerências ou utopismos.

Resta responder a duas questões: O que pode encontrar aqui de valioso um jurista português ou brasileiro? Para o jurista português, essencialmente, possibilidades largamente inexploradas até hoje, no plano da prática e mesmo da doutrina jurídicas nacionais, relativamente aos processos coletivos, sobretudo processos coletivos em defesa de interesses individuais na área laboral. É todo um mundo que aqui se abre aos olhos do jurista português. Um mundo, de resto, que já há muito é conhecido noutros ordenamentos jurídicos — como o brasileiro, donde frutíferas ideias se podem retirar, *mutatis mutandis* para o ordenamento português. Não obstante o significativo avanço que a doutrina, jurisprudência e prática jurídica brasileira levam nessas matérias face a Portugal, nem por isso deixa a perspectiva comparatística de ter interesse para o jurista brasileiro. A grande virtude da comparação de sistemas é, com efeito, a de tornar menos óbvias — e, portanto, discutíveis — as opções e os institutos jurídicos próprios a cada sistema, ou o de iluminar as razões subjacentes e as lógicas internas às normas jurídicas ou o seu formato concreto. O que é uma compreensão razoável de uma norma em Portugal pode não o ser no Brasil, mas para entender porque é isto assim o estudo comparatístico dos institutos jurídicos e da jurisprudência de cada país revela ser um bom instrumento. Entender o direito é não apenas saber um conjunto de normas; é também entender de uma forma mais profunda as razões sistemáticas e ideológicas que determinaram e determinam os institutos jurídicos.

Capítulo I

Concepções de Dignidade Humana e de Trabalho Digno

1.1. A DIGNIDADE HUMANA NUMA PERSPECTIVA FILOSÓFICA: PRIMEIRA NOÇÃO

A noção de trabalho digno ou decente pode ser abordada de um ponto de vista filosófico, ainda antes de o ser de um ponto de vista estritamente jurídico. Na verdade, a noção de trabalho digno pressupõe e funda-se, segundo muitos autores, numa noção mais ampla: a noção da dignidade humana. Esta noção, por muito imprecisa e insuscetível de gerar consensos unívocos que seja, é tida como princípio jurídico de relevância maior, não apenas no mundo da Academia, mas também em textos constitucionais, como o brasileiro e o português. Nas normas fundamentais destes países, a dignidade da pessoa humana é erigida à categoria de "verdadeiro fim último" para o qual a comunidade política deverá tender. Além disso, o princípio da dignidade humana é aí entendido como a chave interpretativa fundamental da ordem constitucional, um axioma condutor que orientará tanto o legislador ordinário como o juiz e, em última análise, qualquer intérprete de normas nos seus juízos jurídico-constitucionais (GOSDAL, 2005, p. 46).

Assim, por mais nebuloso que possa parecer, o conceito de dignidade humana e, consequentemente, o de trabalho digno, não podem ser entendidos como juridicamente inconsequentes e, por isso, irrelevantes. Resta saber, agora, portanto, qual é o núcleo jusfilosófico fundamental destes conceitos e, por outro lado, qual o percurso argumentativo que pode levar da dignidade humana ao trabalho digno.

Como muitos autores assinalam, um bom ponto de partida filosófico para o tema poderá ser encontrado no pensamento ético kantiano. Nesta perspectiva, respeitar a dignidade da pessoa humana consistirá em tratar cada pessoa como um indivíduo livre e igual, em relação ao qual todos os outros homens (e, por conseguinte, a sociedade no seu todo e o Estado enquanto poder organizado representativo dessa mesma sociedade) deverão agir de tal modo que nunca o reduzam à qualidade de coisa, ou de instrumento de outrem. Esta é a essência do imperativo categórico kantiano, ou seja, aquela norma do agir ético que se revela a todos os homens por meio do uso da Razão (universal) e que diz a cada um deles: "age de tal maneira que uses a humanidade, tanto na tua pessoa como na pessoa de qualquer outro, sempre e simultaneamente como um fim e nunca simplesmente como um meio" (KANT, 1960, p.68).

Para Kant, cada homem é um fim em si mesmo e daqui decorre um dever moral absoluto para todos de reconhecer a dignidade humana, que é inerente a todos os homens, como um fato moral do qual derivam consequências práticas. Não é eticamente admissível usar outra pessoa apenas como um meio para atingir os fins desejados (pessoais ou coletivos), sem levar em conta que esse homem é ele próprio um fim em si mesmo. O homem realiza-se enquanto fim quando é ele próprio capaz de estabelecer e alcançar os fins ou objetivos a que se propôs, quando consegue fazer e tornar-se aquilo a que aspira. A ação dos homens em relação a outros homens, na ética kantiana, deve levar este fato em consideração e ser restringida pelos limites impostos pelo imperativo categórico. De outra forma, alguns seres humanos estarão a ser tratados não como pessoas, mas como coisa a ser usada segundo as conveniências de outrem, explorando-se o seu esforço, trabalho e capacidades. Os fins que alguém (trate-se de um indivíduo, um grupo destes ou a sociedade no seu conjunto) possa querer realizar por meio do concurso de outros indivíduos só se poderão obter, de uma forma eticamente legítima, se se respeitar o fim em si mesmo que esses indivíduos constituem[1].

---

[1] Assim, Kant considera, por exemplo, que quem pretender enganar outra pessoa por meio de uma promessa que não pretende cumprir, estará sempre a servir-se dessa pessoa enganada apenas como um meio e não como um fim em si mesmo. Da mesma forma, colidem, com o imperativo categórico, aquelas ações destinadas a ferir a liberdade e a propriedade alheias. (*ibidem*, p. 69). Já a escravatura é a forma mais extrema de instrumentalização de outrem e, portanto, implica no desrespeito ao estatuto de livres e iguais, partilhado por todos os homens, inerente à noção de dignidade humana.

O ser humano, portador de dignidade, não tem, sob um ponto de vista moral, um "preço", não é mercadoria, não pode ser trocado, vendido, alienado como se fosse uma coisa[2]: os meios podem ser trocados, substituídos, comprados, alienados; não os fins, já que estes não têm preço (GOSDAL, 2005, p. 54).

De certo modo, a construção teórica de Kant pode ser vista como uma tentativa de sistematizar uma teoria ética cujo fundamento básico já se encontra contido, em termos menos desenvolvidos, em máximas éticas quase universalmente aceitas pelas grandes religiões mundiais: "não faças aos outros o que não gostarias que fizessem a ti". Por trás desta formulação simplista, está uma ideia essencial de reciprocidade entre os homens e um reconhecimento implícito da sua igualdade de direitos. É necessário explicar, contudo, que em Kant esta reciprocidade ganha um caráter muito mais "objetivo", na medida em que, nos termos do imperativo categórico, não se trata tanto de "não fazer aquilo que não gostaríamos que nos fizessem", mas antes de evitar fazer aquilo que, objetivamente, reduza uma pessoa à condição de objeto, de mero meio para a realização de fins alheios. A ideia kantiana da necessidade ética de preservar a dignidade humana por meio do respeito das normas do imperativo categórico — que implicam reconhecer, por um lado, a igualdade dos homens e, por outro, a finalidade intrínseca única que está contida em cada ser humano — deverá ser complementada por um ideal miliano de autodesenvolvimento dos seres humanos. E isto porque, em última análise, a ética kantiana é essencialmente formalista: o imperativo categórico de Kant não nos dá um conteúdo concreto, não nos diz que direitos é que resultam das fórmulas muito abstratas do imperativo categórico que ele estabelece como regras de comportamento humano. Não é possível derivar diretamente das normas gerais (a fórmula da universalização e a fórmula dos fins) que Kant aduz uma ética material. É preciso complementar sempre o imperativo categórico kantiano e a sua noção abstrata da dignidade humana, com uma ideia material do que constitui as necessidades fundamentais dos seres humanos e, portanto, do que é a natureza humana, do que é importante para os homens e, atendendo a isso, dos direitos que devem ser, por isso, positivados. Nesse sentido, é possível defender

---

(2) "No reino dos fins tudo tem ou um preço ou uma dignidade. Quando uma coisa tem um preço, pode-se pôr em vez dela qualquer outra como equivalente; mas quando uma coisa está acima de todo o preço, e portanto não permite equivalente, então tem ela dignidade. O que se relaciona com as inclinações e as necessidades gerais do homem tem um preço venal; aquilo que, mesmo sem pressupor uma necessidade, é conforme a um certo gosto, isto é, a uma satisfação no jogo livre e sem finalidade das nossas faculdades anímicas, tem um preço de afeição ou de sentimento; aquilo porém que constitui a condição só graças à qual qualquer coisa pode ser um fim em si mesmo, não tem somente um valor relativo, isto é, um preço, mas um valor íntimo, isto é, dignidade. Ora, a moralidade é a única condição que pode fazer de um ser racional um fim em si mesmo, pois só por ela lhe é possível ser membro legislador no reino dos fins. Portanto, a moralidade, e a humanidade enquanto capaz de moralidade, são as únicas coisas que têm dignidade." (*ibidem*, pp. 76/77).

que também no campo do trabalho existem máximas éticas que devem ser observadas para que o trabalhador seja considerado como fim em si mesmo, muito embora Kant não tenha explorado em sua obra esta hipótese.

Para Stuart Mill o ser humano é, por natureza e essencialmente, um ser suscetível de um florescimento praticamente ilimitado das suas capacidades, e a boa sociedade — a sociedade que respeita a dignidade humana (um termo que ele não refere) — é aquela que permitir o desenvolvimento mais completo e livre, por cada indivíduo, das suas próprias capacidades inatas e do seu plano de vida particular (MILL, 1973, pp. 145 e ss.). Não obstante o tom "utópico", este ideal miliano aponta corretamente para a necessidade de reconhecer os impedimentos materiais a esse florescimento individual que determinadas instituições econômicas, sociais e políticas (em particular aquelas que estabelecem ou preservam desigualdades profundas) lhe possam colocar. O liberalismo socioeconômico mais ortodoxo, como se verá adiante, recusou-se, e recusa-se ainda, a lidar de frente com os efeitos perversos da desigualdade sobre as possibilidades de autodesenvolvimento dos mais desfavorecidos, em particular do trabalhador assalariado e, assim, não se encontra em condições de remover nem sequer os obstáculos mais notórios à realização da dignidade humana, aqueles que levam o trabalho a situações degradantes. Não se encontra em condições de fazer, na medida em que um tal projeto carece da ação do Estado contra o mercado, ou contra os resultados "naturais" do mercado completamente livre; na medida em que implica chamar o Estado a regular e a interferir na ação dos particulares, para promover a efetividade dos direitos (sociais e outros), para promover a real e efetiva autonomia da vontade (passando, por isso, por cima da falsa autonomia formal da vontade) e garantir a liberdade positiva de todos, por meio da rejeição de formas (explícitas ou ocultas) de dominação e de exploração do homem pelo homem.

Note-se que, a partir desse ideal miliano, rejeita-se, por exemplo, qualquer prática que coloque em xeque o desenvolvimento salutar físico, psíquico e social de uma criança ao submetê-la ao trabalho infantil. Refuta-se também todo o argumento sustentado no sentido de levar o trabalho a situações de precariedade que possam comprometer o desenvolvimento das competências individuais dos trabalhadores, prejudicando a sua vida pessoal, mesmo se fatores de outras ordens exigirem mudanças no mundo do trabalho.

1.2. UMA PERSPECTIVA HISTÓRICA DA DIGNIDADE HUMANA: A EVOLUÇÃO DA CIDADANIA ATRAVÉS DOS TEMPOS E DAS GERAÇÕES DE DIREITOS

A ideia basilar acerca da dignidade humana, tendencialmente consensual numa formulação mais abstrata, é suscetível de várias interpretações e o seu entendimento concreto, historicamente situado, do que esta noção implica em termos jurídicos e práticos tende a ser muito fluído, inconstante[3]. O entendimento com contornos mais definidos do que é ou não inerente à dignidade humana é o produto instável das condições sociais, econômicas e políticas de cada momento[4] e, flutua, assim, ao sabor das correlações de forças entre grupos sociais de interesses diversos e, muitas vezes, diretamente antagônicos entre si. A cada novo período histórico surgem novos equilíbrios (ou desequilíbrios) sociais, novas coligações se estabelecem ou desestruturam entre alguns desses grupos sociais e políticos, e, por fim, a partir desta dinâmica conflitual, são forjadas novas compreensões que se estabelecerão como jurídica e culturalmente dominantes na sociedade: daqui nascerão novas concepções e desenvolver-se-á a consciência de novas necessidades humanas a que a sociedade nova responderá com a consagração de direitos até então apenas imaginados na mente de pensadores e filósofos.

Com efeito, a este respeito, é hoje quase consensualmente entendido que se pode falar num percurso histórico dividido em etapas, em que cada nova etapa traz consigo uma nova "geração de direitos", previamente inexistente. A ideia de geração de direitos não deve, contudo, induzir em erro: as novas categorias de direitos não vêm substituir os antigos direitos das gerações mais antigas. Pelo contrário, os novos direitos são articulados com os antigos, complementando-se mutuamente, enriquecendo-se de novos sentidos, complexificando-se, resultando daqui uma sociedade que oferece aos seus cidadãos mais e melhores direitos e que desfruta de uma noção mais completa do que a ideia de dignidade humana implica.

O cientista social britânico T. H. Marshall (1967, pp. 63/114), notabilizou-se pela popularização desta ideia de uma progressão histórica da cidadania, aproximando-se cada vez mais da cidadania real ou material, à medida que cada nova geração de direitos vinha sedimentar-se e entrelaçar-se com as anteriores, na sequência, aliás, de lutas políticas historicamente longas e intensas.

---

(3) Como observa Thereza Cristina Gosdal (2005, p. 16): "(...) a dignidade não é algo dado por uma natureza humana, mas uma conquista em permanente construção e reconstrução pela sociedade. Assim considerada, a dignidade somente pode ser compreendida como um conceito dinâmico, variável no espaço e no tempo, mas merecedor de um tratamento que não o esvazie de conteúdo".

(4) A noção da dignidade humana está ligada à ideia de direitos do homem. De um ponto de vista moral, ou como diriam os jusnaturalistas, do ponto de vista dos "direitos naturais", os direitos dos homens podem ser eventualmente válidos para todo o tempo e lugar ("universais"). Mas os direitos do homem, enquanto direitos positivados, efetivados em documentos jurídicos e práticas condizentes, são um produto histórico, cuja extensão e profundidade dependem das vicissitudes históricas que vão gerando os "consensos" possíveis (embora limitados) em cada época em torno do que pode ou deve ser considerado e positivado como um direito humano positivo (BOBBIO, 1992, pp. 32/33).

Assim, o autor identificava três gerações[5] de direitos no percurso histórico do século XVII até à segunda metade do século XX. Uma primeira geração de direitos, que corresponderia às conquistas da(s) revolução(ões) inglesa(s) do século XVII (e aos seus teóricos políticos, como Locke), teria dito respeito às liberdades civis, entre as quais se encontra a liberdade de consciência, a liberdade religiosa, a liberdade de expressão, as liberdades básicas do *rule of law*, o direito de propriedade, e que assentava numa ideia essencialmente negativa de liberdade: estes direitos eram representados como sendo direitos "contra" o Estado, o que significava, em curtas palavras, que do Estado se exigia essencialmente, ou *prima facie*, uma postura de abstenção de agressão dos mesmos (ou aparentemente apenas de abstenção) e não tanto uma prestação positiva. Tratava-se, portanto, de direitos dos indivíduos a não serem incomodados pelas decisões políticas da comunidade, ou, nas palavras de Bobbio (1992, p. 32), tratava-se de produzir uma "esfera de liberdade em relação ao Estado" que constitui a expressão jurídica do Estado Liberal de Direito.

Contudo, dentre estes direitos não constava qualquer direito de "participação política" dos cidadãos na definição das mesmas decisões políticas. A era de expansão rumo à lenta universalização e consolidação destes direitos de participação política (a 2ª geração) é inaugurada com a Revolução Francesa. Esta não se limitou a consagrar as liberdades civis da primeira geração. Ela abriu o caminho para que os cidadãos pudessem, não apenas se proteger das normas jurídicas estatais contrárias aos seus direitos fundamentais (de consciência, de expressão, associação, de propriedade), mas também para que pudessem deter, coletivamente, o poder de determinar essas mesmas normas jurídicas por intermédio dos seus representantes e em termos de igualdade.

Estas liberdades são qualitativamente diferentes das primeiras: são "liberdades no Estado" e correspondem já ao Estado Liberal e Democrático de Direito. Claro que a universalidade do direito de voto não foi obtida de uma só vez: inicialmente restrito a certas categorias de pessoas[6], o alargamento do direito à participação política igual foi progressivo e foi produto de lutas políticas e sociais (revoltas, revoluções e todo o tipo de agitação política) por parte de camadas até então excluídas dos assuntos da *Polis*.

---

(5) No sistema classificatório alternativo de Bobbio (1992), as duas primeiras gerações de direitos de Marshall, relativas aos direitos civis (a primeira) e políticos (a segunda), são agrupadas numa única. Assim, a 3ª geração de Marshall, relativa aos direitos sociais, passa a ser a segunda geração no esquema de Bobbio. Há ainda uma 3ª geração de direitos para Bobbio (que seria a 4ª no esquema de Marshall) de que adiante se tratará. No texto, doravante, será usada a classificação de Marshall.

(6) O sufrágio censitário foi, de resto, a regra ao longo do século XIX e as mulheres e analfabetos só obtiveram o direito de voto no século XX, após o sufrágio masculino universal.

Novamente, o grande romper de barreiras ocorre com a Revolução Francesa: é a partir dela e das suas consequências internas e externas, que se vão derrubando, uma por uma, as barreiras à integração política de toda a população na vida política nacional. É justamente à medida que a participação política formal é universalizada que as reivindicações começam a mudar de tom e a exigir, cada vez mais, a realização urgente de direitos sociais para atender às necessidades básicas daquela camada populacional que o capitalismo engendrara e cujos números não cessavam de aumentar *pari passu* com a expansão deste sistema econômico.

A nova sociedade do capitalismo industrial criara uma classe social sujeita, mais do que nunca, à "tirania da necessidade", uma classe formada de um novo tipo de homem trabalhador, um trabalhador que, com amarga ironia, Karl Marx diria encontrar-se duplamente livre: livre na medida em que, por um lado, não era mais propriedade de outrem, como o fora o escravo da idade antiga ou o servo da gleba feudal, e livre também (ou antes, desprovido), por outro lado, da posse de meios de produção próprios que lhe permitissem subsistir sem vender a sua força de trabalho a outrem (MARX, 1971, pp. 829/830; MOREIRA, 1976, p. 146). À nova classe proletária, por meio das suas associações de classe — os sindicatos, que se haviam formado para combater o desequilíbrio inerente à relação assalariada capitalista — e, mais tarde, dos partidos políticos (partidos socialistas e social--democratas) que a representavam, era indispensável que o Direito reconhecesse finalmente a questão social candente tal como ela existia, para em seguida poder responder satisfatoriamente à mesma. Nomeadamente, era premente reconhecer o efeito constrangedor que as circunstâncias concretas em que o trabalhador contemporâneo vivia e laborava exerciam sobre a sua autonomia, sobre a sua capacidade real de contratar livremente. Era necessário tomar consciência de como, por outras palavras, os pressupostos do contratualismo civil (a igualdade das partes e a autonomia da vontade), os únicos até então conhecidos pelo Direito das relações privadas, simplesmente não se verificavam no âmbito dos contratos laborais, em que uma das partes ocupava uma posição real manifestamente inferior à da outra, vendo-se condicionada a aceitar contratos cujos termos e condições nunca firmaria se outras fossem as circunstâncias: e não apenas não os firmaria por serem profundamente iníquos, mas porque se revelavam física e psicologicamente degradantes, colocando-o em situações perigosas, insustentáveis e, por fim, ofensivas da sua dignidade humana.

É, então, desse desajustamento fundamental do direito em relação à realidade que pretendia regular, que nasceram e se consolidaram as organizações e movimentos que vão pugnar não apenas pela construção das condições materiais para um trabalho em condições dignas, mas também uma democracia não meramente formal ou política, mas também inclusiva, substantiva: uma verdadeira "democracia social"[7]. É neste contexto que se abre a porta à chamada terceira geração de direitos, ou direitos sociais, no âmbito dos quais o Direito do trabalho — com os seus pressupostos e presunções próprios em relação ao restante direito privado — irá surgir como instrumento privilegiado para a construção deste novo modelo de Estado, o Estado Social Democrático de Direito, que não apenas reconhece o desequilíbrio contratual realmente existente no mundo laboral, mas também, e sobretudo, procura contrariá-lo pela força da lei e pela disponibilidade do aparelho de Estado para exercer ativamente a coercibilidade contra o poder privado que a desrespeite[8].

Corroborando este relato, nota-se como é precisamente com a aproximação da última fase de universalização dos direitos políticos — e sob o espectro das revoluções de caráter socialista e das acirradas lutas sociais internas no seio das nações mais desenvolvidas, particularmente na Europa — que vêm à luz as duas primeiras constituições consagrando direitos sociais e um novo entendimento jurídico-constitucional do papel do Estado, um papel de promoção da dimensão positiva da liberdade dos cidadãos e não da mera salvaguarda da dimensão negativa da mesma liberdade (como sucedera no Estado de Direito Liberal): são elas a constituição mexicana de 1917 e a constituição alemã de Weimar de 1919. Neste mesmo ano, de resto, nasce, não coincidentemente, a Organização Internacional do Trabalho (OIT). Igualmente, os primeiros passos para uma institucionalização formal e quase universal dos sistemas de segurança social são dados neste momento, embora origens mais remotas se possam encontrar na época bismarkiana. Mas é apenas na sequência da segunda guerra mundial que se desenvolverá na sua plenitude o Estado Social moderno. É com este que se constitui uma "rede de segurança", abrangendo todos aqueles que, por um motivo ou outro, involuntariamente se encontravam impossibilitados de trabalhar e com isso ganhar o seu sustento. "Rede de segurança" essa que finalmente criava a possibilidade de libertar os corpos e mentes dos cidadãos trabalhadores para outras atividades diferentes da sobrevivência diária: para o tempo de lazer e para uma participação política mais efetiva e igual.

O que a terceira geração de direitos vem trazer, portanto, é uma noção mais profunda e fecunda da cidadania (a única que se enquadra com a ideia

---

(7) Este, era, aliás, o sentido original de "social-democracia", a tradução do termo alemão para democracia social.

(8) Como ensina Bobbio (1992, p. 32) a este propósito: "(...) os direitos sociais que expressam o amadurecimento de novas exigências — podemos mesmo dizer de novos valores —, como os do bem-estar e da igualdade não apenas formal, e que [constituem o que] poderíamos chamar de liberdade *através* ou *por meio* do Estado".

de Estado Social Democrático de Direito), mas também uma compreensão renovada, alargada, do que é, e do que implica, a noção de dignidade da pessoa humana: uma concepção que reclama o agir positivo do Estado no sentido da garantia da efetividade de determinados direitos. Note-se, porém, que este processo prolongado não resultou de uma evolução "natural", de um desenvolvimento inevitável da ideia de dignidade humana, mas foi antes um tortuoso caminho, marcado por antagonismos sociais e lutas políticas intensas em que as organizações sindicais, por exemplo, desempenharam papel primordial.

Por outro lado, o processo não parou por aqui. Fala-se numa quarta geração de direitos — ou terceira, no esquema de Bobbio (1992, p. 6) —, cujos contornos específicos e características comuns se encontram bastante indeterminados. Gomes Canotilho (2003, p. 386) fala, a esse propósito, em direitos de "solidariedade", "nos quais se incluem o direito ao desenvolvimento, o direito ao património colectivo da humanidade", o direito à autodeterminação dos povos ou, tipicamente, o direito a um ambiente saudável e sustentável. Como regra geral, pode se argumentar que estes se caracterizam genericamente pelo fato de os interesses que se destinam a tutelar não apresentarem beneficiários facilmente identificáveis e transportarem uma "dimensão colectiva" (*ibidem*, p. 386). É por vezes difícil determinar com precisão a posição específica de um determinado direito dentro destes esquemas classificatórios e atribuir-lhe a pertença a esta ou àquela geração em particular. Mais concretamente, é duvidoso saber onde posicionar e que natureza precisa atribuir, por exemplo, aos direitos usufruídos pelos sindicatos de representarem os trabalhadores, inclusive os trabalhadores que possam eventualmente não ser sindicalizados.

Distingue-se claramente o direito dos trabalhadores individuais à existência dos sindicatos, dos direitos dos seus membros dentro da estrutura sindical, na medida em que o primeiro é o verdadeiro direito de associativismo e deste decorrem os segundos, que, como explica Gomes Canotilho, "[são] direitos fundamentais colectivos, isto é, direitos colectivos das organizações, cujo escopo directo é a tutela de formações sociais, garantidoras de espaços de liberdade e de participação no seio da sociedade plural e conflitual" (CANOTILHO, 2003 p. 424). A que geração "pertencem" os direitos coletivos exercidos em prol dos interesses socioprofissionais? Por um lado, trata-se de direitos cuja titularidade é atribuída no seu conjunto ao ente coletivo, ao sindicato, independentemente da concordância deste ou daquele trabalhador em particular com a atribuição desse direito. Nesse sentido, têm uma dimensão "coletiva" acentuada que os aproxima da 4ª geração de dircitos (ou direitos de solidariedade), conforme a classificação de Marshall. Por outro lado, em termos cronológicos, a sua conquista é concomitante com os chamados direitos sociais da 3ª geração e, com efeito, os sindicatos tiveram participação imprescindível na conquista e efetivação dos direitos sociais individuais. Por fim, em termos ético-filosóficos, trata-se de direitos que se podem derivar do próprio direito de associação, direito tipicamente da 1ª e 2ª gerações de direitos. Isto porque o direito de associação, em termos lógicos e axiológicos, é consagrado, não para que as pessoas se possam associar, pura e simplesmente, mas para que possam tentar realizar alguns outros interesses e direitos individuais, no conjunto da sociedade, por meio dessas associações. Se essas associações, por não lhes serem atribuídos os direitos necessários ao combate pelos interesses que representam, não puderem desempenhar a função que lhes cabe (e que justificou a sua criação), poderá dizer-se que se violou indiretamente o próprio direito individual à associação ou, pelo menos, que se lhe retirou todo o seu valor ou utilidade.

Mais do que entender a sua natureza exata e saber localizá-los no quadro das gerações de direitos, é fundamental lembrar a íntima conexão, muitas vezes olvidada, desses direitos coletivos com a noção de trabalho digno e a dignidade da pessoa humana. Estes direitos (relativos à razão de ser das associações sindicais) foram e continuam a ser "instrumentais" em relação aos outros direitos sociais individuais, mas nem por isso são menos relevantes: foi, e continua a ser, por intermédio dos sindicatos e dos direitos de que eles usufruem, que novos patamares, mais elevados, dos direitos sociais foram atingidos e que o trabalho digno continua a ser historicamente construído, modificando-se num sentido progressista.

A noção de trabalho digno e de dignidade da pessoa humana, em constante fluxo histórico, só evolui e progride por meio deste instrumento fundamental das lutas sociais dos trabalhadores. Note-se ainda que o fortalecimento dos sindicatos é também uma forma de os trabalhadores assumirem ou recuperarem, agora numa dimensão coletiva, a autonomia da sua vontade, perdida no confronto individual, direto e desigual, entre trabalhador e empregador. É assim, finalmente, que podem construir a sua própria condição de acordo com os seus fins, e chegarem a ser "donos dos seus destinos". Ora, reconhecer a dignidade humana em cada um, é reconhecer a sua igual liberdade e, para que isso aconteça, é necessário criar as condições jurídicas e materiais para que a autonomia da vontade de todos seja efetiva e efetivamente exercida e é aqui também que os sindicatos, com as suas prerrogativas, surgem como fundamentais para a construção de um trabalho digno e para a preservação da dignidade humana inerente a todos os homens. No atual contexto de globalização neoliberal que, como se verá na seção seguinte, ameaça ferir de morte, mediante políticas flexibilizantes, o núcleo essencial do trabalho digno alcançado até agora, estas prerrogativas assumem uma dimensão e relevância ainda maiores.

1.3. O VALOR DO TRABALHO NO PENSAMENTO POLÍTICO E ECONÔMICO. SUCINTA SÍNTESE DA HISTÓRIA DAS IDEIAS RELATIVAMENTE AO TRABALHO E À SUA CENTRALIDADE ÉTICA E POLÍTICA

Encerradas por agora, então, as considerações relativas à história social e política e as questões das gerações e classificações de direitos, é imperioso retornar ao problema da justificação filosófica da noção de trabalho digno ou decente. O que a terceira geração de direitos revelou foi a necessidade ética de o direito ir além das aparências jurídicas para impedir aquela instrumentalização ou coisificação dos indivíduos uns pelos outros, incompatível com a dignidade humana. Ao mesmo tempo, revelou que o mundo do trabalho, que, à primeira vista, surge à mente como um tema tão alheio à dignidade humana, a ponto de parecer uma excentricidade procurar uma conexão entre os dois, é um domínio onde, mais do que em muitos outros, é necessário definir limites estritos cujo desrespeito ferirá a dignidade humana. Embora, para alguns, esta seja uma tarefa votada ao insucesso, já que seria em matéria penal (que lida com a vida e liberdade física) ou em matéria relativa à propriedade (tida como um direito fundamental e inalienável do homem desde as revoluções liberais) que se encontraria o núcleo fundamental da dignidade humana, é impossível ignorar a relevância do trabalho para a vida e dignidade dos homens. Essa relevância, aliás, foi reconhecida pela economia política e o pensamento político dos últimos quatro séculos.

Ainda no século XVII, no contexto das agitações políticas que atingiram a Inglaterra, vários pensadores políticos dedicaram-se à justificação teórica de alguns direitos (os da primeira geração na classificação de Marshall), deveres e limites a esses deveres, que resultariam da associação política dos homens, ou, por outras palavras, do que então se designava pela transição do estado da natureza ao contrato social — e as condições sob as quais este contrato social seria legítimo do ponto de vista ético e político[9].

Entre esses autores avulta Locke, e, se é verdade que este se dedica, antes de mais, a justificar a liberdade de consciência e o direito de

---

(9) Naturalmente, como se tentou deixar claro algumas linhas acima, o desenvolvimento destas ideias não pode ser entendido fora do contexto histórico de tensões políticas e lutas sociais concretas que se desenvolviam entre classes ou grupos sociais no sentido de alcançar novos equilíbrios. Como explica Gomes Canotilho (2003, p. 384): "Locke (...) reage contra o processo de absolutização, acompanhado de uma máquina burocrática centralizadora, na qual a burguesia se sentia marginalizada. A falta de liberdade política da burguesia constituirá um dos incentivos principais a favor da luta pelos direitos do homem".

propriedade privada em termos muito estritamente liberais (ou negativos), não deixa de ser interessante, como, em relação a este último, o seu fundamento derradeiro se encontra no trabalho humano e na estreita relação que este mantém com a vida e com a dignidade do homem. O homem, no início do Estado de Natureza aparece como proprietário de si mesmo, do seu corpo e personalidade moral, das suas capacidades produtivas, do seu trabalho, mas de nada mais: de nada que resida para lá do seu corpo, já que Deus teria atribuído a propriedade em comum a todos os homens originalmente (MACPHERSON, 2004, p. 331). Mas do seu direito natural ao seu trabalho acabará por surgir o direito de apropriação e, portanto, o seu direito de propriedade. O trabalho que o homem exerce sobre um qualquer produto natural, um qualquer objeto da natureza ainda não tocado pela ação e esforço humano, incorpora-se ao produto trabalhado e, como que num passe de mágica, se torna uma extensão natural do homem que, apesar de fisicamente destacável do produtor, passa a ser, de um ponto de vista moral, uma parte do próprio homem, tão inalienável dele como um qualquer membro do seu corpo. Daí nasce naturalmente o direito de propriedade sobre as coisas: de uma extensão da propriedade sobre si próprio e sobre as suas capacidades produtivas até ao produto do exercício dessas capacidades divinamente outorgadas como direito natural.

O trabalho é, em Locke, como muito certeiramente assinala Gabriela Neves Delgado (2006, p. 117): "(...) o fundamento originário da propriedade". Numa primeira fase anterior à passagem do estado da natureza à sociedade civil, a acumulação da propriedade, sobretudo da terra, está ainda sujeita a um limite ético, segundo o qual, quando alguém se apropria de terra ou outros bens por meio do seu trabalho, é necessário deixar aos restantes membros da sociedade o suficiente para a sua manutenção e é também necessário que ninguém adquira propriedade sobre mais bens do que aqueles que ele e a sua família possam consumir ou trabalhar. Contudo, Locke e os liberais que lhe sucedem consideram a sociedade contemporânea livre dos limites originais à acumulação, argumentando que os mesmos não se aplicam depois da introdução do dinheiro e do comércio. Como o dinheiro não é suscetível de desperdício porque não é um bem perecível, a sua acumulação ilimitada é legítima e, assim, também a acumulação de bens destinada à produção (potencialmente) ilimitada para o mercado, já que os excedentes produzidos serão convertidos novamente em dinheiro, ouro ou prata, bens que não se deterioram (MACPHERSON, 2004, p. 338). Assim, também fica legitimada a apropriação, por via de contrato, do trabalho (da força do trabalho) de outros que livremente acordam na venda do mesmo (*ibidem*, pp. 355 e ss.). Locke, portanto, como também sustenta Gabriela Neves Delgado "era filho de seu tempo, ou seja, de uma época na qual as bases de uma sociedade capitalista sustentada na propriedade privada dos meios de produção e na propriedade da força de trabalho por cada ser humano já eram nítidas em sua terra natal, a Inglaterra" — um país que, mais do que nenhum outro, apresentava as bases sociais, econômicas e políticas (conseguidas com a revolução burguesa a que Locke assistiu) que permitiriam o surgimento da Revolução Industrial na ilha britânica logo no último quartel do século XVIII, mais de um século depois de Locke ter escrito as suas obras fundamentais.

Adam Smith (mais ambiguamente) e David Ricardo (mais explicitamente), os dois grandes economistas políticos ingleses clássicos, que assistiram ao desenrolar desta grande transformação industrial da Inglaterra e do mundo, sustentaram que o trabalho era a fonte primacial do valor das mercadorias produzidas, que o trabalho humano, portanto, era o que dava valor (ou valor de troca) a todas as coisas materiais, a toda a economia. Naturalmente, outros fatores (o valor de uso — ou seja, a capacidade ou utilidade do bem para satisfazer necessidades humanas e a sua escassez ou abundância) poderiam adulterar o preço de mercado das mercadorias, mas não restavam dúvidas de que era o trabalho humano a fonte do valor (de troca) dos bens e que, implicitamente, o trabalho era por isso também um valor ético, uma fonte de legitimidade e dignidade humana (DELGADO, 2006, pp. 118/123). Na verdade, David Ricardo pensou a sua obra econômica em termos de uma dicotomia entre classes industriais, dinâmicas, trabalhadoras, e classes aristocráticas que dominavam a propriedade fundiária, tomando claramente o partido da burguesia capitalista urbana, por ser mais "industriosa" e mais geradora de valor.

Em última análise, o que cabia ao Estado fazer, quer em Locke, quer em Smith ou Ricardo, era abster-se de "agredir" os direitos individuais que o Liberalismo havia legitimado, nomeadamente o direito de propriedade quase ilimitado, e a boa política econômica para os Estados consistia em deixar a maior margem de autonomia possível para as ações dos privados — o *laissez faire, laissez passer* clássico. As "leis naturais do mercado" smithiano, desde que livres da sempre nociva interferência estatal, produziriam o melhor resultado possível para todos. Uma "mão invisível" parecia conduzir todas as ações individuais, ainda que dirigidas manifestamente apenas ao bem particular dos seus agentes, para a obtenção do bem comum, ao passo que qualquer intervenção do poder coercivo do Estado dirigida a obter este mesmo resultado, por mais bem intencionados e informados que fossem os seus autores, produziria sempre um resultado pior do que a abstenção estatal.

Em breve, contudo, o aparato teórico de Smith e Ricardo seria reciclado para recentrar a análise da economia e da sociedade numa outra tensão social, numa outra dicotomia que se estabelecia entre os detentores dos meios de produção e as "verdadeiras classes trabalhadoras", deslegitimando o capitalismo liberal do século XIX com algumas das armas teóricas dos seus próprios defensores.

Com efeito, as teorias e pressupostos dos pensadores (filósofos e economistas políticos) liberais tradicionais, a começar por Locke, apresentavam deficiências que, com o passar do tempo e o aumentar das contradições econômicas e sociais, se tornariam mais evidentes. Uniam indissociavelmente nas suas teorias, é certo, o trabalho à propriedade e à dignidade humana. Nunca se libertariam, porém, de uma concepção a que C. B. Macpherson (2004) chamou de "individualismo possessivo": a concepção do homem como um ser, por natureza e na sua essência, "apropriador" ilimitado de coisas — inclusive das capacidades e do trabalho de outros. É por essa razão, aliás, que os direitos de participação política (de ser "cidadão ativo") derivam do direito de propriedade que cada um detém, tanto em Locke como noutros autores liberais, permanecendo os não proprietários desprovidos igualmente do direito de voto — é a justificação do sufrágio censitário (CANOTILHO, 2003, pp. 384 e 394/395).

Por outro lado, Locke e seus sucessores tomaram como ponto de partida, na análise da sociedade e dos problemas humanos, esse homem abstrato, isolado em relação aos restantes, e "burguês" em todas as suas preocupações e inclinações. Assim, ficaram cegos às realidades concretas do homem concreto, aquele que está socialmente localizado em certas relações sociais, que vive numa sociedade e num grupo social determinado e que, por isso, enfrenta certas necessidades específicas que não afetam outras categorias de pessoas. Nomeadamente, não souberam reconhecer — ou não se interessaram pelo problema — a realidade que enfrentavam as massas de homens proletarizados do seu tempo, o exército laboral que definhava em fábricas e minas perigosas e insalubres, que era sacrificado no altar do progresso industrial para a prosperidade de uns poucos, sem que os benefícios de todo esse intenso labor coletivo se refletissem proporcionalmente nas suas vidas quotidianas. Não souberam reconhecer, portanto, que se essas condições abjetas eram aceitas por esses homens, isso só ocorria porque a imagem do homem abstrato, livre e igual, que eles, economistas e filósofos liberais-burgueses, imaginavam e tomavam como ponto de partida para as suas análises, não era a adequada para descrever os proletários modernos, que se viam condicionados, constrangidos mesmo, pela tirania da necessidade que as condições de vida exercem sobre eles, a submeterem-se a contratos profundamente desiguais e injustos, contratos incompatíveis com a sua inerente dignidade humana[10].

Emancipando-se destas limitações, alguns autores — os primeiros socialistas — vêm atacar o pensamento ortodoxo do liberalismo econômico por não tomar em devida conta as realidades efetivamente vividas pelos homens reais — nomeadamente pelos elementos da classe proletária, o descendente direto do capitalismo industrial — sem, todavia, abandonar a ideia do trabalho como gerador de valor econômico e de riqueza, nem tampouco a ideia do trabalho como atividade portadora de valor ético intrínseco. Proudhon chamava a atenção para a diferente condição dos dois tipos de contratantes na relação capitalista contemporânea, proprietário e proletário assalariado, e mostrava como, por meio de um desequilíbrio de condições iniciais, se gerava uma distribuição injusta que mantinha o trabalhador numa situação de precariedade constante. Senão, veja-se: "é preciso que o trabalhador, à parte a actual subsistência, encontre na produção uma garantia da sua subsistência futura, sob pena de ver a fonte do produto secar e a sua capacidade produtiva tornar-se nula (...)" (PROUDHON, 1997, p. 101).

Mas o proletário, ao contrário do proprietário agrícola, não dispunha de meios de produção, nem de meios que lhe dessem suficiente segurança material para uma troca justa no mercado de trabalho, pelo que se encontrava permanentemente num ciclo vicioso de insegurança econômica, já que, sempre que ia vender a sua força de trabalho, aceitava, constrangido pela sua situação precária, condições que também não lhe garantiam a segurança no futuro e assim caía, sucessiva e inevitavelmente, no mesmo tipo de contrato e na mesma insegurança material:

> qual é o fundo de exploração [isto é, meios de produção ou outros bens que assegurem uma certa segurança material futura] do que aluga os seus serviços [trabalhador assalariado]? A presumida necessidade que o proprietário tem dele e a vontade que gratuitamente lhe advém de o ocupar. Como outrora o servo tinha a terra por generosidade do senhor assim hoje o trabalho do operário depende da disposição e necessidade do senhor e proprietário: é o que se chama possuir a título precário. Mas essa condição precária é uma injustiça porque implica

---

(10) "(...) a luta das classes trabalhadoras e as teorias socialistas (sobretudo Marx em *A Questão Judaica*) põem em relevo a unidimensionalização dos tradicionais direitos do homem 'egoísta' e a necessidade de completar (ou substituir) os tradicionais direitos do cidadão burguês pelos direitos do 'homem total' o que só seria possível numa nova sociedade. Independentemente da adesão aos postulados marxistas, a radicação da ideia da necessidade de garantir o homem no plano econômico, social e cultural, de forma a alcançar um fundamento existencial material humanamente digno, passou a fazer parte do património da humanidade." (CANOTILHO, 2003, p. 385).

desigualdade no mercado. O salário do trabalhador não ultrapassa o consumo corrente e não lhe assegura o salário do dia seguinte, enquanto que o capitalista encontra no instrumento produzido pelo trabalhador uma base de independência e segurança quanto ao futuro. (PROUDHON, 1997, pp. 101/102)

Consciente desse desequilíbrio, Proudhon sustentava que a propriedade privada dos capitalistas era um roubo, que nada a podia justificar ética e juridicamente e que o trabalho, sendo a fonte de todo o valor, e sendo uma realidade social e coletiva (já que apenas o concurso de muitas capacidades individuais coordenadas para um fim comum pode produzir a riqueza social que se consegue obter contemporaneamente), apontava para a necessidade de destruir a propriedade e o lucro capitalista, ou melhor, de fazê-la coletiva e social, como o próprio trabalho (*ibidem*, p. 246).

Um pouco mais tarde, e tendo lido as obras de Proudhon e dos economistas liberais, Karl Marx retomou a tese de Ricardo segundo a qual a origem de todo o valor (de troca) das mercadorias residia no trabalho médio socialmente necessário para a produção das mesmas (e que nelas ficava "incorporado" — seguindo assim uma tradição que remontava até Locke), mas apenas para inverter as conclusões de Ricardo e de toda a teoria econômica liberal: o lucro era afinal apenas trabalho não pago aos trabalhadores.

Na verdade, na concepção de Marx, os capitalistas pagavam apenas uma disponibilidade para o trabalho, uma capacidade potencial de trabalho durante um determinado período, a "força de trabalho" que se distinguia do trabalho já efetivamente realizado e incorporado nas mercadorias. O valor da força de trabalho era também ele, no capitalismo, uma mercadoria como qualquer outra e ficava sempre aquém — e muito aquém — do valor do trabalho realmente realizado pelos trabalhadores. Essa diferença entre o valor pago pela força de trabalho e o valor do trabalho efetivamente incorporado nas mercadorias consistia na "mais-valia" que, uma vez vendidas as mercadorias, iria reverter para o capitalista sobre a forma de lucro (MARX, 1971b, pp. 241/242). Mas porque era esta mercadoria — a força de trabalho — vendida tão barata pelo seu proprietário, ou seja o trabalhador, se com efeito era possível dela extrair um valor, resultante do trabalho efetivamente executado, significativamente superior? Precisamente porque, como Proudhon assinalara, se verificava um desequilíbrio tremendo e uma das partes se encontrava quase constantemente num estado de necessidade do qual nunca lograva se resgatar. A isto chamava Marx de "exploração" econômica dos trabalhadores pelo Capital e, embora a sua exposição pretenda ser uma análise "desapaixonada", científica, das leis da economia capitalista, é notória a existência de uma teoria ética subjacente à sua análise:

era eticamente injusto aproveitar-se da condição necessitada dos trabalhadores para retirar do seu labor benefícios econômicos que eles não cederiam se pudessem, isto é, se tivessem real capacidade de negociação, se se encontrassem numa posição mais igual e menos precária do que aquela em que se encontravam. E é provável que Marx — embora nunca tivesse usado linguagem dessa natureza e até tivesse criticado autores do socialismo utópico por recorrerem à mesma — julgasse essa exploração incompatível com a dignidade da pessoa humana dos trabalhadores. Tratava-se de instrumentalizar os trabalhadores como meros meios para os objetivos econômicos dos seus empregadores. Significava reduzi-los a coisas em vez de tratá-los de acordo com a dignidade intrínseca a cada um desses trabalhadores, significava, enfim, esquecer a dignidade que é devida a cada homem por ser um "fim em si mesmo" em linguagem kantiana.

As críticas das correntes socialistas encontraram eco não apenas nas constituições dos países socialistas, mas também em grande medida nas constituições que consagraram o Estado Social e Democrático de Direito, sobretudo na Europa Ocidental. Na verdade, há que reconhecer que, entre o capitalismo mais liberal dos primeiros tempos e as alternativas radicais propugnadas por autores como Proudhon e Marx, resta um grande espaço para conceber alternativas de perspectivar o trabalho digno e a dignidade da pessoa humana. Assim, o trabalho digno, enquanto patamar mínimo de condições para o exercício do labor humano dentro de limites condizentes com a dignidade humana inerente a todos os homens, pode ser encontrado e defendido dentro do marco de uma economia capitalista. Não, é certo, num contexto de liberalismo econômico selvagem, não num contexto de desregulamentação jurídica que se recuse a reconhecer o desequilíbrio fundamental que opõe os dois polos jurídicos típicos da relação laboral. Mas é possível fazê-lo, com certeza, no âmbito de uma ordem jurídica que, atenta à realidade material das relações econômicas entre os homens, saiba colocar-se de permeio entre o poder patronal e a debilitada autonomia da vontade dos empregados para restaurar — pelo menos até a um mínimo decente ou aceitável — os seus direitos fundamentais e a sua força reivindicativa.

1.4. Dignidade do trabalhador e sua relação com a economia

Assim, a essencialidade do trabalho na vida humana parece ter sido sempre pressuposto indiscutível de muita da teoria política e econômica ao longo dos últimos quatro séculos e não se vislumbram razões para que se deixe cair este pressuposto. Na verdade, o trabalho ocupa grande parte do tempo de vida (e das preocupações) da maioria da população. Tal como a família e a escola na infância e adolescência, o local de trabalho, com as suas experiências quotidianas e as relações humanas que lá se forjam influenciam profundamente — para o bem e para o mal — a vida e o caráter dos que lá laboram. A qualidade de vida depende em grande medida das experiências laborais, do ambiente proporcionado pelo emprego.

Não deve, portanto, ser causa de espanto que a preservação da dignidade da pessoa humana exija uma regulação mínima das relações laborais, no sentido de que um trabalho em condições de superexploração, degradantes, humilhantes ou excessivamente pesadas será sempre impeditivo do livre desenvolvimento da personalidade do trabalhador e, portanto, tornará impossível o respeito da sua dignidade humana. Como argumenta Gabriela Neves Delgado (2006, p. 135), "subjetivamente, o trabalho deve contribuir para a evolução do homem, aperfeiçoando suas potencialidades, revelando aptidões e gerando novas necessidades". Isto significa que, mesmo dentro dos limites econômicos inerentes a uma sociedade capitalista, pondo de lado, portanto, propostas mais radicais de transcendê-la, é imperativo do ponto de vista ético salvaguardar um mínimo de direitos que constituam o núcleo irredutível da dignidade da pessoa humana historicamente alcançado. Apesar da necessidade de adaptações da economia e do mundo laboral às novas tendências geradas pela globalização, é preciso assegurar que estas adaptações não colidam com a efetivação prática desse núcleo de direitos. Não reconhecer esse limite seria inverter totalmente a ordem de valores subjacente a qualquer sociedade que se queira moral, seria perverter a pirâmide natural da ética, colocando os meios no lugar dos fins e subordinando os fins últimos aos meios. Em última análise, se o homem e a sua dignidade são os fins últimos da sociedade, e esses fins são reconhecidos como tais pelos ordenamentos jurídicos em suas cartas fundantes, então, a economia, enquanto ciência e conjunto de técnicas, não deve ser outra coisa senão um meio para essa dignidade humana. Quando as exigências econômicas possam colidir com o fim da dignidade humana, pela violação do núcleo mínimo irredutível de direitos inerentes ao trabalhador enquanto ser humano, é a economia que deve ceder o passo, enquanto fim secundário ou subordinado à dignidade humana (SUPIOT, 2005, p. 132). E é então que o Direito deve intervir, travando o ímpeto "produtivista" e a fúria desreguladora do neoliberalismo econômico que oprime os homens-trabalhadores.

No Estado neoliberal, ou "poiético", como o denomina Gabriela Neves Delgado, "o trabalho é incorporado ao mercado como valor estritamente utilitário. A força de trabalho é negociada à luz dos interesses empresariais. Não se pensa na pessoa que trabalha, mas no resultado da sua produção."

(*ibidem*, pp. 201/202). A humanidade do trabalhador é olvidada pelo pensamento e pela prática neoliberal, na medida em que o trabalhador surge apenas como um fator de produção, a ser usado, instrumentalizado, segundo os ditames de impessoais leis da economia e de invisíveis e irresponsáveis mercados. Quando o trabalho se torna pura mercadoria, em contradição com os pressupostos da hoje muito — e muito injustamente — esquecida Declaração de Filadélfia[11], também o trabalhador não é mais do que mercadoria, instrumento, meio, seja para servir os interesses do empresário, da sociedade no seu conjunto, ou ainda da entidade impessoal, inidentificável e divinizada dos "mercados". É por isso que sempre que o neoliberalismo viola o núcleo fundamental de direitos do trabalhador e do trabalho digno, a dignidade da pessoa humana é violada. A estratégia neoliberal passa, contudo, por muito habilmente disfarçar esta violação, empregando uma linguagem neutra, apelando à ideia de necessidade econômica e desviando a atenção da centralidade do trabalho humano — ao arrepio daquilo que, como se acabou de ver, foi a teoria política e econômica precedente, em que o trabalho era sempre encarado como fundamental. Como muito certeiramente assinalou Gabriela Neves Delgado (2006, p. 202) que se cita agora extensivamente:

> (...) é exatamente pelo fato de não reconhecer o caráter social do trabalho e a condição da pessoa do trabalhador, além da necessidade de proteção social pelo Direito, é que o Estado Poiético desestabiliza o direito ao trabalho digno, qualquer que seja a sua forma de manifestação.
>
> O Estado Poiético busca desgastar ou, até mesmo, suprimir a noção de centralidade do trabalho na cultura contemporânea como fundamento teórico para as transformações jurídicas concretizadoras deste desgaste ou supressão.
>
> Nessa linha, a desregulamentação trabalhista e a flexibilização do Direito do Trabalho deixam de assumir o caráter de cruas estratégias de acumulação de riqueza, passando a traduzir mecanismos supostamente racionais de simples adequação do Direito às forças imperativas da economia. (...)

É precisamente essa concepção do Estado poiético que revela o homem trabalhador como se fosse parte da estrutura do sistema produtivo. Pela lógica da dominação, o homem trabalha exclusivamente para viabilizar os interesses privados e, por meio deles, sobreviver. Não é capaz de construir sua identidade social como trabalhador para afirmar sua posição central de

---

[11] Também conhecida como declaração relativa aos fins e objetivos da Organização Internacional do Trabalho (1944).

ser humano na sociedade, reforçando, inclusive quando necessário, suas prerrogativas de resistência.

O Estado neoliberal, ou poiético, é incompatível com a dignidade humana na medida em que opera uma inversão completa dos valores: em vez de ser o Estado e o Direito do Estado a servirem os homens e os seus propósitos e necessidades, é o homem que é moldado de acordo com as pretensas necessidades econômicas, financeiras e jurídicas do Estado. Quando o homem é instrumento do Estado, da sociedade ou de outros cidadãos — como os empregadores — é violada a dignidade humana que lhe é inerente pelo simples fato de ser humano.

Note-se, para finalizar esta seção, que a justificação ético-filosófica do trabalho digno não pretende ser o cerne da análise que se efetuará nas páginas seguintes. Na verdade, se era necessário demonstrar a essencialidade da categoria do trabalho digno, ligando-o ao princípio da dignidade humana, era-o porque, como se assinalou desde o início, este princípio não pertence exclusiva e absolutamente ao domínio da moral, mas é já parte integrante — implícita ou explicitamente — da ordem jurídica dos estados contemporâneos (GOSDAL, 2005, p. 49).

CAPÍTULO II

A OFENSIVA NEOLIBERAL CONTRA O DIREITO DO TRABALHO E SEUS EFEITOS SOBRE O TRABALHO DECENTE E SOBRE OS SINDICATOS

2.1. FLEXIBILIZAÇÃO, TRABALHO PRECÁRIO E O FUTURO DO DIREITO DO TRABALHO

Diz-se que o tradicional modelo de trabalho assalariado, que durante muito tempo serviu de mecanismo de organização da vida social, deixou de assumir uma posição de centralidade no mundo do trabalho (AMARO, 2008, p. 123). Fala-se hoje, em contrapartida, num modelo "pós-emprego", consistente na ideia de que cada trabalhador é empresário de si mesmo, de que cada um tem autonomia e deve gerir o seu trabalho, a sua formação e a sua carreira (KÓVACS, 2008, p. 148). Nesse sentido, há quem invoque a existência de um "desfalecimento" do direito laboral, porque supostamente já não se vislumbram típicas relações empregatícias. O principal argumento é o de que ocorreram mudanças substanciais nos padrões da organização do trabalho que o afasta dos modelos taylorista e fordista[12] consagrados no século passado.

---

(12) São modelos clássicos de organização laboral nos quais se observa claramente a divisão de trabalho, o controle pela entidade patronal no modo de prestá-lo, com o objetivo de obter maiores taxas de produção, a hierarquia e a verticalização da relação jurídica (DELGADO, 2006, pp. 153/163).

De fato, não raras as vezes, a subordinação jurídica — qualidade distintiva fundamental do contrato típico de trabalho — embora delimitável em termos teóricos, é quase imperceptível em casos concretos, tendo em vista que algumas situações de prestação de trabalho podem evidenciar uma série de características muito ambíguas tendentes a disfarçar ou tornar mais tênue o vínculo empregatício. Noutras situações, a lei, de forma deliberada, afasta a incidência das regras próprias do contrato típico de trabalho, para admitir um conjunto de disposições mais flexíveis.

Essa crise do contrato *standard* se deve a uma série de transformações ocorridas no mundo laboral, relacionadas com os avanços tecnológicos (AMARO, 2008, p. 122), com as novas exigências da demanda consumidora (DUARTE, 1998, p. 13), mas também — e sobretudo — com a adoção de políticas econômicas que promovem a flexibilização e desregulamentação do trabalho a nível nacional, regional e mundial. É nesse contexto que se tem desenvolvido o argumento segundo o qual os contratos trabalhistas não podem passar incólumes ao que acontece no mundo da economia. Não seria possível criar um "mercado de trabalho sustentável", se os princípios e normas trabalhistas continuassem sendo seguidos à risca, havendo quem apele, por isso, à necessidade de realizar uma autêntica "remercadorização do trabalho", como faz notar António Casimiro Ferreira (2001, p. 258).

Todo esse encadeamento de ideias dá sustentação ao discurso de ruptura, no sentido de que as normas e princípios juscivilísticos, em matéria de contratos, seriam suficientes para também regular o contrato de trabalho, justamente porque o trabalhador não se encontraria naquela situação de fragilidade/vulnerabilidade que o particularizava. Aliás, apresentaria hoje uma maior autonomia no desenvolvimento da sua atividade, pelo fato de muitas vezes prestar trabalho num sistema de colaboração com o beneficiário dos serviços ou num sistema de coordenação no âmbito de um contrato de prestação de serviços. De qualquer forma, a solução pelo fim do direito do trabalho encontra alguma resistência em ser aplicada na sua forma mais pura, porém, não é de todo equivocado dizer que esse tipo de tendência está na origem do seu enfraquecimento, da sua extinção a pouco e pouco. Com efeito, verifica-se, atualmente, na generalidade dos países, a possibilidade jurídica de os empregadores lançarem mão de contratos atípicos para admitir, por exemplo, trabalhadores a tempo parcial, por tempo determinado ou no âmbito de subempregos, etc. A relação jurídica trabalhista, estabelecida tradicionalmente entre trabalhador e empregador, ficou mais alargada para consentir que terceiros nela intervenham, como no caso das contratações de trabalhadores por meio de empresas de trabalho temporário e na subcontratação por empresas de *outsourcing*.

O conjunto dessas possibilidades jurídicas constitui o cerne das políticas de "flexibilização": um fenômeno que, como faz notar Ana Maria Duarte, não sendo uniforme nem homogêneo, pode ser entendido como uma série de regras e práticas que revelam uma nova forma de organização do trabalho, que se afasta do modelo consagrado pelo fordismo, e se justifica pela necessidade de haver uma compatibilização entre o sistema econômico em vigor e as relações trabalhistas (DUARTE, 1998, pp. 15/19). Segundo a autora, a concepção defendida na maioria dos países europeus é a de que o abrandamento do rigor das normas trabalhistas é medida imperativa que deve ser implementada para garantir a "saúde económica da Europa" (*ibidem*, p. 7).

Acontece que as leis mais flexíveis, relativamente àquelas que regulam os contratos típicos, tendem a ser adotadas como regra (KÓVACS, 2008, p. 148) e estabelecem diversas normas de conteúdo ético bastante duvidoso pela precariedade que promovem (*ibidem*, p. 148). Apesar desse efeito colateral, e muito embora se admita, em termos abstratos, que as empresas podem apresentar necessidades temporárias e imperiosas que justifiquem, por exemplo, a formulação de contratos temporários, o fato é que o sistema jurídico, ao criar tantas exceções ao contrato típico, dá azo a que o empregador possa camuflar os contornos de uma verdadeira relação típica de trabalho, mesmo seguindo à risca todo o regulamento de uma modalidade atípica de contrato. Com efeito, os contratos de trabalho temporário, por exemplo, que deveriam ser utilizados em situações excepcionais, em circunstâncias temporárias[13], são muitas vezes manuseados arbitrariamente para cobrir necessidades permanentes da empresa e não para responder, nomeadamente, a picos da demanda do mercado consumidor. Igualmente, os contratos de prestação de serviços são praticados vezes sem conta de forma a substituir os contratos de trabalho, mesmo em caso de relação empregatícia. Vê-se também casos de despedimento de empregados e a sua posterior contratação como profissionais autônomos sem alteração de regime de trabalho[14].

---

(13) E foi sob essa argumentação da transitoriedade e excepcionalidade que foram implementados nas décadas de 1970 e 1980 os contratos informais, dentre eles o contrato temporário. A ideia era a de que o setor formal acabaria por absorver esse trabalho precário, mas o que se verificou é que o movimento de flexibilização globalizada permitiu, como ainda hoje tem permitido, que a economia informal proliferasse, em vez de recuar. Daí que esse fenômeno flexibilizante "não se apresenta nem residual, nem temporário" (LOPES, 2008, p. 134).

(14) Pode ser bastante complicado saber, numa situação concreta, se se está diante de um verdadeiro contrato cível de prestação de serviços, ou diante de um contrato de trabalho. Os tribunais portugueses podem julgar o caso a partir da verificação de indícios que aproximam ou afastam a relação jurídica concreta de um ou doutro modelo contratual. João Leal Amado (2007), numa anotação a um acórdão do Supremo Tribunal de Justiça de Portugal, proferido em 28.6.2006, analisa, criticamente, os indícios que foram considerados como relevantes no caso concreto. Em breves linhas, o autor critica a opção do tribunal em utilizar "indícios frágeis e inclusive merecedores de significativas reservas doutrinais",

Quando isso acontece, quando se está diante de uma situação de fraude à legislação, isto é, quando são utilizados artifícios para fugir à regulação do contrato típico de trabalho, está-se, na verdade, perante um contrato que pressupõe desigualdades entre as partes só contornáveis pela aplicação da legislação laboral. O simples fato de se ocultar a verdadeira natureza da relação jurídica material, sob a iniciativa de uma das partes, só evidencia a debilidade do trabalhador, que é real, perante o empregador. Por outro lado, a mera aplicação das disposições mais flexíveis da legislação trabalhista nas situações previstas, sem qualquer tipo de ilegalidade, por si só promove a precariedade e acentua a fragilidade do trabalhador. Desta forma, as alterações no mundo do trabalho exigem não a compressão do direito laboral (e do contrato típico de trabalho) ou a sua substituição pelo regime civilista, mas ao invés, e segundo a própria teleologia daquele ramo do direito, a sua extensão. O direito do trabalho deve regulamentar todas as situações nas quais se vislumbra a presença de hipossuficiência do trabalhador em relação ao beneficiário dos serviços, mesmo perante a desverticalização da subordinação jurídica[15]. Deve ser, mais do que qualquer outro ramo do direito, particularmente sensível às realidades sociais que se destina a regular, evitando o formalismo e procurando abranger as situações sociais de vulnerabilidade especial que justificaram o seu nascimento como ramo autônomo. Faz todo o sentido, do ponto de vista da justiça, por isso, que a lógica protetiva se expanda e não se contraia.

Portanto, se o contrato típico de trabalho eventualmente já não é a regra no mundo laboral, algo que é bastante discutível[16], isso não se deve à decre-

para descartar a existência de subordinação jurídica. O tribunal considerou que o fato de a entidade patronal nunca ter concedido direitos próprios de um contrato de trabalho típico ao trabalhador, e de este, por sua vez, nunca ter feito reclamações durante anos de trabalho, constituem indícios fortes de existência de contrato cível de prestação de serviços.

(15) A propósito da extensão do sistema de proteção da legislação laboral, Rolf Wank, citado por Júlio Gomes, é um dos que defendem que essa extensão deve atingir também os trabalhadores autônomos, quando esses profissionais se encontrarem verdadeiramente numa posição de desigualdade em relação ao beneficiário da prestação dos serviços, nomeadamente quando estejam em regime de dependência econômica ou quando não possam assumir os riscos da sua atividade econômica (2007, pp. 115/122). Nesse sentido, Thereza Nahas (2007, pp. 1090/1093) defende a tese segundo a qual o Direito do Trabalho deve proporcionar proteção ao trabalhador parassubordinado. No caso do trabalho parassubordinado — classificação italiana que expressa uma espécie de "meio termo" entre o trabalho subordinado e o trabalho autônomo —, os trabalhadores estão inseridos na estrutura empresarial e executam as suas atividades de forma coordenada com as empresas, cumprindo metas sucessivas e bem definidas, com dependência econômica. Por outro lado, Maria do Rosário Palma Ramalho, antevendo uma natural regressão do Direito Laboral, ao tecer comentários sobre a "tendência expansionista" desse ramo do direito, entende que esse recuo é inevitável em razão dos "efeitos perversos do excesso de garantismo das normas laborais" (RAMALHO, 2009, p, 123).

(16) Na verdade, o trabalho assalariado e o seu modelo típico (subordinado,"fordista") não só não está desaparecendo como é responsável pelo êxito das empresas mais produtivas do mundo (AUER; BERG; COULIBALY, 2005, p. 350; DUARTE, 1998, pp. 14/15). Aliás, o número global de assalariados tem aumentado no mundo do trabalho, e isso se deve à expansão das atividades econômicas dos empregadores para além dos setores tradicionais (SILVA, 2007, p. 19).

pitude do modelo, nem à inutilidade de um sistema de proteção próprio do direito laboral. De fato, o mundo do trabalho sofreu alterações, mas ainda se vê, em regra, a condição de vulnerabilidade dos trabalhadores na relação jurídica de trabalho, e esta particular situação ainda reclama uma especial atenção do direito.

2.2. A NOVA FACE DA FLEXIBILIDADE, A FLEXIGURANÇA

O argumento de que é necessário que o contrato de trabalho seja orientado pelos sacrifícios e restrições impostos pela economia, sem qualquer proteção do trabalhador, sofreu graves críticas porque as medidas por ele justificadas não foram capazes de pôr fim à recessão econômica, noutras ocasiões, e nem serviram como estímulo à produção de empregos: pelo contrário, apenas intensificaram os problemas sociais decorrentes da precarização do trabalho (MARQUES, 2007, p. 322).

Desta forma, e perante a impopularidade da flexibilidade pura, tem-se vindo a defender na União Europeia um modelo denominado de flexigurança, que foi adotado, e teve algum êxito, em países como Dinamarca e Holanda.

Como o próprio nome já revela, a flexigurança é a justaposição da concepção de flexibilidade com a ideia de segurança. Está subjacente a este novo modelo a já antiga ideia de que a flexibilização é um mecanismo imprescindível ao funcionamento das empresas integradas num mercado globalizado. Isto porque a diminuição dos gastos com o pagamento de salários e impostos, inclusive para a segurança social, acarreta uma redução dos custos da própria atividade econômica, fazendo com que os produtos e serviços colocados no mercado de consumo sejam mais competitivos, aumentando, deste modo, as chances de sobrevivência da empresa. Uma maior flexibilidade significaria, assim, promoção de empregos. Ademais, deve-se aliar à política de redução de custos com o trabalho, uma legislação trabalhista maleável, porque, segundo o Livro Verde da Comissão Europeia (2006, p. 6)[17], "as condições de trabalho e de emprego demasiado protectoras podem desencorajar os empregadores de recrutar durante períodos de retoma económica". Desta forma, defende-se a promoção da flexibilização de forma exponencial, permitindo-se significativas alterações normativas tendentes a conceder amplas liberdades para o empregador, que poderá

---

(17) Foi elaborado com o propósito de buscar soluções no âmbito das relações laborais no sentido de "modernizar o direito do trabalho para enfrentar os desafios do século XXI".

realizar, por exemplo, despedimentos imotivados sem precisar proceder ao pagamento de qualquer indenização.

Paralelamente a essas medidas, pretende-se criar uma eficaz rede de segurança social. Esta rede deverá ser capaz de garantir a recolocação do trabalhador no mercado de trabalho após o despedimento, assim como viabilizar a sua formação profissional ao longo da vida e proporcionar assistência durante o período de inatividade, seja em razão do desemprego, seja em razão do seu afastamento temporário do mercado de trabalho.

Aos primeiros argumentos, relacionados com a necessidade de flexibilização laboral em função dos imperativos econômicos, somam-se outros sobre as supostas vantagens éticas da flexigurança.

Desde logo, o modelo da flexigurança atacaria a nociva separação (típica dos sistemas laborais mais "rígidos") entre os denominados *insiders* e *outsiders* no mercado de trabalho. Os primeiros são aqueles detentores de uma espécie de garantia ou estabilidade no emprego, por estarem incluídos na forma de contratação clássica. Já os outros encontram-se em situação de desemprego, estão fora do mercado de trabalho, trabalham em situações precárias ou informais. Ao equiparar uns e outros, promover-se-ia a justiça (BRAVO-FERRER, 2007, p. 121), uma vez que todos os trabalhadores, e não apenas alguns, poderiam ser despedidos a qualquer tempo. Os trabalhadores com melhores qualificações profissionais, se fossem despedidos, poderiam conseguir facilmente uma melhor colocação profissional, enquanto que os restantes se veriam numa necessidade constante de se atualizarem por meio da formação. A ideia é a de que, facilitando-se os despedimentos, abrir-se-ão mais e melhores oportunidades para todos os trabalhadores: os mais novos poderiam entrar mais rapidamente no mercado de trabalho e os mais velhos, os portadores de deficiência ou aqueles que são alvo de discriminação, poderiam, segundo a Comissão Europeia (2006, p. 9), encontrar nestes empregos de curta duração um "trampolim" para a sua "integração no mercado de trabalho".

Não se explica, no Livro Verde da Comissão Europeia, nem o como nem o porquê desse suposto efeito integrador. Pode-se presumir, portanto, que o argumento gira em torno dos menores riscos que o empresário corre ao contratar um trabalhador "socialmente indesejado" ou com "especiais dificuldades": mesmo que este se revele pouco produtivo, o empregador poderá rapidamente livrar-se dele para contratar um outro melhor, ao passo que num sistema laboral rígido, em que é difícil despedir, será mais sensato não arriscar contratar alguém que não sabe se será efetivamente bom trabalhador.

Pelo exposto, os argumentos associados às vantagens éticas não procedem. Tentar equiparar *insiders* e *outsiders* no mercado de trabalho por meio de uma maior flexibilização normativa tem como consequência previsível o nivelamento por baixo de todos os trabalhadores, fazendo com que todos, em vez de apenas alguns, fiquem particularmente vulneráveis. Ora, igualar por baixo não é fazer justiça: é generalizar uma situação de injustiça. Aliás, a possibilidade de insucessos é levantada pela própria Comissão ao admitir que parte dos trabalhadores podem se encontrar numa "sucessão de empregos de curta duração e de baixa qualidade, com uma proteção social insuficiente, que os colocam numa situação vulnerável" (2006, p. 9).

No entanto, uma genuína e justa integração no mercado de trabalho não pode seguramente consistir no fato de um indivíduo conseguir facilmente um emprego "de curta duração e baixa qualidade", como os referidos pela Comissão, e, poucos meses depois, ser despedido, sem nunca lograr sair desse ciclo vicioso ao longo de uma vida inteira. E, no caso particular dos que enfrentam algum tipo de discriminação, note-se que, quanto mais fácil for para o empregador proceder ao despedimento, menos barreiras existirão para despedir com fundamentos em critérios ilegítimos, tais como cor de pele, sexo, religião, opiniões políticas, etc. Pelo contrário, sob normas mais protetoras do emprego, pelo menos quem já tenha sido admitido no trabalho, encontra-se mais protegido da ação do empregador fundada nesses mesmos critérios. É também ilusória a expectativa da Comissão de que a flexigurança estimulará a promoção do emprego entre a população envelhecida da Europa. Não é nenhuma novidade que, a partir de um dado ponto, a idade se torna uma grande desvantagem para os desempregados. Atingido esse ponto, os trabalhadores com idades mais avançadas serão provavelmente os mais afetados pela facilidade de despedimento e nem sequer poderão usufruir da vantagem que a flexibilização supostamente lhes oferece, ou seja, a facilidade de obter um novo emprego (MARQUES, 2007, p. 330).

A flexigurança é problemática, ainda, do ponto de vista da justiça, porque os benefícios sociais que promete — a rede alargada e generosa de proteção social — não são realidades asseguradas, mas antes medidas programáticas: um conjunto de objetivos a serem perseguidos ao longo de um processo sem prazo definido. Significa dizer que a decisão de destruir uma série de garantias laborais pode ser feita, após o correspondente *iter* legislativo estatal, em termos relativamente imediatos, ao passo que o conjunto de benefícios sociais decorrentes da segurança, tais como, a promoção de políticas pró-ativas e efetivas de emprego e a qualificação profissional ao longo da vida, ao que parece, são finalidades a serem alcançadas a longo prazo, que podem vir a produzir futuramente os resultados desejados, ou não, como admite Bravo-Ferrer (2007, p. 123). Por outro lado, se no presente imediato os trabalhadores têm sacrifícios certos (despedimento mais facilitado e, consequentemente, incerteza quanto ao seu futuro laboral), já as vantagens sociais prometidas pela flexigurança são meras possibilidades futuras, vagas promessas, cujo cumprimento, de resto, está refém da viabilidade orçamental futura e da vontade política real dos governos[18].

Por fim, a flexibilidade, mesmo na sua versão mais amena da flexigurança, revela-se contraditória com um dos mais básicos princípios da justiça que é a ideia de reciprocidade, inerente à concepção de Estado Social Democrático de Direito e, sobretudo, à noção de dignidade humana: se as circunstâncias de crise econômica e de alterações nas relações de trabalho exigem a "atualização" das normas trabalhistas em autêntico sacrifício dos trabalhadores, por razões de equidade exigir-se-ia também similares sacrifícios (ou contrapartidas) do outro polo da relação jurídica. Quem sofre com a "flexibilidade" (nos horários, no tipo de funções díspares que pode desempenhar, na insegurança, na precariedade, etc.), no entanto, é sempre o trabalhador; quem dela beneficia — e apenas beneficia — são a empresa e o empresário.

Quanto às razões de natureza econômica associadas à necessidade de flexibilização laboral, observe-se que um dos argumentos utilizados para justificar o livre despedimento de trabalhadores está fundado na ideia de que a "criação e destruição contínua de postos de trabalho (...) garante a formação de postos de trabalho mais produtivos" (CENTENO; NOVO, 2008, p. 146). Entretanto, mesmo na "antiquada" Europa, onde se verifica uma maior segurança no emprego, a antiguidade dos trabalhadores não prejudica a produtividade. Com efeito, Peter Auer e outros (AUER, BERG; COULIBALY, 2005, p. 350), em estudo realizado com o desígnio de identificar que grau de flexibilidade ou que nível de estabilidade no emprego é necessário para elevar ao máximo a produtividade empresarial, chegaram à conclusão de que os trabalhadores atingem o pico da sua produtividade ao alcançarem 13,6 anos de antiguidade, e a produtividade da empresa somente é afetada depois de atingidos 27,3 anos de permanência na mesma. Ora, nos 13 países europeus estudados, a antiguidade média dos trabalhadores nas empresas situa-se nos 10,6 anos e em nenhum país se atinge sequer a marca dos 13,6 anos. Desta forma, ao contrário do que se vaticina, a segurança do emprego não só não é prejudicial para a produtividade, como é necessária

---

(18) Note-se ainda que, se a desregulamentação ocorresse concomitantemente com a implementação mais generosa de direitos de assistência no desemprego e outros direitos sociais (inclusive a formação contínua), subsistiria o problema da sustentabilidade econômico-financeira do sistema. A segurança social, caso o "milagre do emprego" não se realizasse como previsto (nomeadamente num cenário de crise ou de estagnação econômica prolongada), poderia suportar um esforço financeiro tão duro e continuado? Seria, no mínimo, uma estratégia de alto risco.

para que a empresa possa obter o máximo produtivo. Outrossim, muito embora os países europeus sejam acusados de serem excessivamente protecionistas no tocante à legislação laboral, a verdade é que em nenhum país, dentre os estudados, a média de antiguidade dos trabalhadores chega ao valor que expressa o ponto máximo da produtividade.

Ainda no tocante ao tema da produtividade, as empresas terão muito a ganhar se investirem na formação profissional dos seus empregados com o objetivo de prepará-los para melhor atender às necessidades específicas da empresa. A formação que dá resultados certos em termos de produtividade tem custos significativos associados e só fará sentido em relação aos trabalhadores estáveis, com a perspectiva de desenvolverem carreira profissional por tempo indeterminado na empresa (*ibidem*, p. 357). Investir na formação de trabalhadores precários que poderão ser dispensados a qualquer momento pode trazer um duplo prejuízo para a empresa: o custo com a formação poderá não ser revertido para o seu benefício e o *know-how* acumulado pelo trabalhador poderá ser aproveitado por uma empresa rival que o contrate. A estratégia, longe de ser um investimento com vistas ao incremento da produtividade, resultará simultaneamente no desperdício de recursos e num auxílio aos concorrentes. Por outro lado, optar por contratações frágeis, precárias, implica na obrigação de o empregador custear cursos de formação sempre que houver renovação de pessoal, o que não só é irrazoável, principalmente em tempos de contenção de despesas próprias de crises econômicas, como é contraditório com o objetivo expresso de baixar os custos.

Acrescente-se ainda que a produtividade da empresa depende também da motivação dos trabalhadores. Perante incertezas constantes quanto ao desenvolvimento das suas carreiras profissionais, o fato de laborarem sem vislumbrar progresso na sua condição social e sujeitos a serem substituídos sem qualquer constrangimento, será difícil exigir dos trabalhadores que deem o seu melhor, que trabalhem muito e bem[19]. Ademais, a segurança no emprego, que gera uma maior certeza em termos econômico-financeiros para os trabalhadores, proporciona a dinamização do mercado, na medida em que estes são também, em última análise, os consumidores da oferta empresarial (AUER, BERG; COULIBALY, 2005, pp. 363/364).

Mais genericamente, o argumento econômico em favor da flexibilização se baseia na esperança de que esta crie e mantenha elevados níveis de emprego e crescimento econômico (sustentável) o que simplesmente não é

---

(19) A humanização do trabalho (que implica um tratamento respeitoso, perspectivas dignas de carreira e democratização das relaçoes laborais) pode, portanto, contribuir para a produtividade, como os próprios trabalhadores afirmam (SILVA, 2007, pp. 96/99).

o caso (SUPIOT, 2005, p. 126), como o demonstram, aliás, os dados empíricos. Segundo Fernando Marques (2007, p. 322): a) não houve a diminuição significativa do desemprego nos países da OCDE (Organização para a Cooperação e Desenvolvimento Econômico) aos quais as recomendações flexibilizantes foram direcionadas (na verdade, os índices de desemprego passaram de 7,8% em 1993 para 7,1% em 2003); b) existem bons resultados quanto ao funcionamento do mercado de trabalho nos países nórdicos, onde não houve desregulamentação laboral nos moldes sugeridos pela OCDE, e cujas legislações laborais continuam sendo protetivas.

Note-se ainda que o "sucesso" do modelo nos países mencionados (Holanda e Dinamarca) tem a ver com uma série de medidas mais sociais, mais protetivas aos seus cidadãos, do que propriamente vilipendiadoras de direitos já consagrados. No caso da Dinamarca, para além de o país ter praticado uma política mais social e menos neoliberal, contrariamente às recomendações da OCDE, seu sucesso está muito relacionado com: a) o fortalecimento da negociação coletiva, desde o final do século XIX, no sentido de estabelecer normas por meio da autonomia coletiva, a fim de regular os interesses das partes envolvidas, num constante diálogo social (as organizações sindicais dinamarquesas são estruturadas, centralizadas e atuantes); b) um sistema de segurança social que é generosamente financiado por impostos. As medidas flexibilizantes, portanto, foram combinadas com políticas de cariz social, diferentemente da ideia vaticinada pela Comissão de que as estratégias que supostamente geram segurança, aquelas mais voltadas para os aspectos sociais, podem não ser aplicadas simultaneamente com as medidas flexibilizantes, sendo certo que estas últimas têm maior prioridade (MARQUES, 2007, pp. 333/336 e 349).

O direito do trabalho "rígido", neste contexto de crise globalizada, não é, pois, um empecilho ao desenvolvimento econômico que muitos invocam. Nem, inversamente, se pode esperar da flexibilidade um miraculoso ressuscitar das economias.

2.3. AS CONSEQUÊNCIAS DA POLÍTICA DE NORMAS FLEXÍVEIS: O DUMPING SOCIAL

Estas alterações na organização do trabalho, em escala mundial, estabelecem e reforçam um novo equilíbrio socioeconômico e político entre os trabalhadores e o capital. Nesse contexto, revela-se muito difícil, embora não impossível, para os países, resistirem, isoladamente, a essas tendências, na medida em que, num mundo globalizado, a maior ou menor flexibilização de leis laborais tornou-se decisiva para a escolha dos locais (leia-se, países) em que os grandes estabelecimentos empresariais deverão investir e produzir. Estas pressões que se fazem sentir no novo contexto globalizado dão ensejo à formulação concertada, por parte dos Estados, de políticas tendentes a institucionalizar novos modelos de prestação de trabalho, com incidência nos contratos laborais. Isto leva a que os Estados respondam preferencialmente às preocupações empresariais e promovam uma série de modificações nos direitos laborais e na proteção social, inclusive de cariz desregulamentatório, que resultam em manifesto prejuízo dos trabalhadores. Este fenômeno constitui *dumping* social: os Estados concorrem entre si numa corrida desenfreada para "oferecer" o mercado laboral mais atraente, ou seja, o mais flexível e em que os trabalhadores se encontram mais desprotegidos, enquanto as empresas multinacionais sistematicamente fogem à regulamentação trabalhista dos países protecionistas para continuar, desta forma, a estimular esta competição internacional permanente e o contínuo rebaixar mundial dos *standards* laborais (SUPIOT, 2005, p. 139). O exercício do *dumping* social incentiva e serve de pretexto para um nivelamento da regulamentação trabalhista em escala nacional, regional e mundial sempre por baixo e à custa da dignidade do trabalhador.

Ademais, o *dumping* social é ao mesmo tempo consequência e causa, em parte, do discurso neoliberal que correlaciona o trabalho a um mero fator de produção, ou seja, um discurso que vê no trabalhador um mero instrumento ou meio da economia, que reduz o trabalho a uma mercadoria, "coisifica" o trabalhador e abre caminho a futuros aprofundamentos da degradação do trabalho digno.

Toda a argumentação em favor de um mercado flexível de normas parte do pressuposto de que o desemprego nos países europeus se deve ao fato de terem normas de tal modo protecionistas do emprego que se tornou desinteressante, do ponto de vista empresarial, investir neles. Seria arriscado demais contratar trabalhadores que beneficiam de um regime protecionista, na medida em que se torna muito difícil a adaptação da empresa às necessidades cambiantes de uma economia mundial caracterizada pela volatilidade e interdependência dos mercados. Esta é uma forma de ver a questão: a Europa como sendo "excessivamente protecionista". A outra é a de considerar os outros países "excessivamente liberais" do ponto de vista econômico: porque se o investimento é "desinteressante" nos países mais protecionistas, isto acontece porque em outros países a proteção é muito fraca. Direitos sociais generosos, normas protetivas do emprego e salários altos só são "inibidores" do investimento porque noutros países eles não existem ou são débeis demais.

Na verdade, a questão parece não ser tanto econômica, quanto política ou, em outras palavras, de valores. Aceitou-se politicamente a prática de *dumping* social e não se tentou, sequer, contrariar os efeitos dessa concorrência sem regras. O que não se vê é a vontade política, por exemplo, dos governos dos países com sistemas sociais mais protecionistas em pressionar outros no sentido de adotarem normas mínimas de protecionismo. Por mais que se alegue a "inevitabilidade" da nivelação por baixo por causa da nova economia globalizada, nada justifica a resignação e a passividade. Essa passividade, aliás, parece revelar, antes, mal camuflada conivência com a ofensiva ideológica do neoliberalismo.

Porém, a economia e até o emprego (em termos puramente quantitativos) devem ser considerados como meros meios (alguns dos meios) que a sociedade tem para realizar fins mais elevados. A dignidade da pessoa humana em que a Constituição Portuguesa se "baseia" e que é reconhecida como "princípio fundamental da República Federativa Brasileira", deve ser o fim último de qualquer ordem jurídica justa. A dignidade da pessoa humana é seguramente incompatível com a não garantia de um emprego digno, e com a insegurança constante numa dimensão tão fundamental e tão absorvente da vida dos homens como o trabalho. Como muito bem afirma Bruto da Costa (2007, p. 127):

> Existe uma diferença fundamental entre o trabalho e o capital: o trabalho é uma dimensão fundamental da existência humana, ao passo que o capital tem natureza instrumental, é um conjunto de coisas. Existe, pois, uma prioridade do valor do trabalho em relação ao capital. (...) a perspectiva ética em que me coloco afirma a prioridade do trabalho sobre o capital e a do ser humano sobre a do trabalho. Acima de tudo, está a defesa da dignidade humana em toda a sua amplitude.

Em última análise, contudo, a flexibilização, mesmo na sua vertente menos agressiva, a flexigurança, ameaça subverter a ordem das prioridades éticas, elevando meros meios à dignidade de fins últimos da comunidade e ignorando a superioridade hierárquica do valor dos seres humanos e da sua dignidade.

2.4. AS INTERFERÊNCIAS DAS POLÍTICAS ECONÔMICAS NA DEBILITAÇÃO DOS SINDICATOS

Graças aos contratos atípicos e à flexibilização do direito laboral, há hoje cada vez mais trabalhadores vulneráveis, ainda mais dependentes economicamente do tomador dos serviços, mas que não se apercebem nem da unidade de interesses que os ligam aos demais, nem do valor dos sindicatos, devido às medidas flexibilizantes que enfraquecem os vínculos de solidariedade e, consequentemente, a unidade reivindicativa. Mesmo na Dinamarca, onde os elementos da segurança são relativamente reforçados em comparação a outros países, o modelo da flexigurança parece começar a revelar as primeiras fraturas na sua estrutura: apesar de menos afetada pelas crises econômicas, o desemprego tem vindo a subir, mas, ainda mais relevante, a ausência de estabilidade no emprego e as vagas de desemprego vieram causar aquilo que os sindicatos locais chamam de "hemorragia dos seus efetivos". O fenômeno atingiu, com efeito, proporções muito graves: de 1996 a 2009, em apenas 13 anos, portanto, a LO, a maior central sindical do país, passou de 1.331.917 sindicalizados a 954.653. Ou seja, ao fim de pouco mais de uma década, este antigo colosso sindical perdeu um terço dos seus filiados. Outras associações sindicais mais recentes e com cotizações mais baixas vieram compensar um pouco este cenário desolador, mas, ainda assim, no total, a taxa de sindicalização continua a baixar para mínimos históricos e a um ritmo acelerado (MEILLAND, 2010, pp. 15/24)[20].

Não se trata de uma coincidência: é possível estabelecer uma relação entre as mudanças ocorridas no universo do trabalho — a precarização do trabalho com a proliferação de contratos atípicos — e um enfraquecimento significativo dos sindicatos. Esse fenômeno ocorre por diversas razões. Em primeiro lugar, a existência de vários tipos de trabalhadores (trabalhadores com emprego fixo, os contratados temporariamente, os subcontratados, os falsos trabalhadores autônomos), numa mesma empresa ou numa mesma categoria de trabalhadores, debilita a representatividade sindical. Em segundo lugar, o descontentamento de trabalhadores que laboram em condições precárias e a falta de perspectivas relativamente a mudanças nas suas condições laborais fazem com que os sindicatos percam credibilidade. É preciso não esquecer ainda os efeitos compreensíveis do puro e simples medo dos trabalhadores — que os podem atolar no conformismo e na submissão face ao patrão. Quando se trata de garantir a sua sobrevivência e dos seus, mais vale um mau trabalho do que nenhum, e pertencer a um sindicato pode não parecer a estratégia mais sensata nesse contexto[21]. Estas realidades, lesivas na sua essência das naturais solidariedades entre os trabalhadores,

---

(20) No contexto da crise, os governos propõem agora diminuir ou dificultar o acesso aos subsídios de desemprego. Os sindicatos creem que esta é uma ofensiva clara e perigosa ao modelo dinamarquês e aos sindicatos (*ibidem*, p. 23).
(21) É precisamente o que Elísio Estanque (2005, p. 14) argumenta a propósito da resignação dos trabalhadores portugueses perante as situações de precarização do trabalho.

são agravadas por outros fenômenos que aprofundam ainda mais o isolamento e a atomização destes.

Outrossim, assiste-se ao uso cada vez mais comum de estratégias empresariais que, buscando intensificar a produção e melhorar o desempenho individual de cada trabalhador, estabelecem práticas de feroz competição interna entre trabalhadores no seio das empresas: conscientemente ou não, essas práticas rompem os sentimentos de solidariedade natural entre trabalhadores, que são o sustentáculo psicossociológico das associações sindicais. É o caso, por exemplo, da instituição do trabalho por equipes para que estas operem, de forma independente e competitivamente umas em relação às outras, no cumprimento de metas, sendo que a remuneração é calculada em função do cumprimento desses objetivos. Pense-se também na hipótese de o empregador anunciar, no período experimental, aos trabalhadores recém-contratados que, destes, apenas serão mantidos os mais competitivos e aqueles que mais se autossacrificarem pelo trabalho, ou ainda, pense-se na prática empresarial corriqueira de associar sistematicamente promoções na empresa ao atingir de metas. Nestes cenários, perfeitamente comuns, criam-se ambientes muito hostis de competição entre os trabalhadores e estimulam-se valores atreitos ao individualismo, que acabam por criar um clima de inimizade, em que cada trabalhador vê no colega um adversário contra o qual se impõe batalhar.

Por outro lado, num plano mais cultural ou ideológico, a reprodução constante do discurso econômico ortodoxo, opera gradualmente uma inversão de valores na sociedade, substituindo uma "ética do trabalho" por uma "ética do consumo" (FERREIRA, 2001, pp. 260/261). Não se quer dizer com isto que o consumidor não está em situação de fragilidade em relação ao produtor/fornecedor que coloca os seus produtos no mercado de consumo. Mas essa substituição, essa sobrevalorização da ética do consumo tende a apagar a relação que verdadeiramente importa no capitalismo que é a estabelecida entre o capital e o trabalho e à qual está associada uma forma de vulnerabilidade especial: a do trabalhador. Observe-se que a perspectiva que se centra no consumo e no consumidor refere-se a uma categoria social extremamente abrangente, eventualmente alargando-se a todos os cidadãos: todos são consumidores, e nessa medida todos são potencialmente vulneráveis. Além disso, as relações de consumo não estão fundamentalmente conexionadas com a estrutura social e econômica básica do capitalismo, ao contrário das relações de trabalho que se encontram no âmago desse sistema econômico. Este recentrar de atenções para os problemas do consumo faz perder de vista a dimensão social e coletiva em prol de uma perspectiva individualizada e individualista: cada indivíduo é um consumidor e cada consumidor compete com outros tantos consumidores individuais, diluindo-

-se as solidariedades de classe e dos grupos sociais neste atomismo neoliberal.

Esta fragmentação e a falta de solidariedade dos trabalhadores, muito naturalmente, enfraquecem os sindicatos. O enfraquecimento dos sindicatos, por sua vez, vulnerabiliza ainda mais a capacidade de defesa e resistência dos trabalhadores face a potenciais novos ataques contra os seus direitos — nomeadamente renovadas ofensivas centradas na flexibilização e desregulamentação trabalhista pelos governos — e face aos contratos e práticas laborais abusivas oriundas dos seus empregadores[22]. Gera-se, por assim dizer, um círculo vicioso, em que cada nova ofensiva traz maior insegurança, maior desigualdade e pobreza, preparando o terreno para futuras agressões e agravando a situação das populações mais desprotegidas.

2.5. CONSIDERAÇÕES GERAIS

Como se pôde constatar da leitura do primeiro capítulo, ao longo da história, em particular com a ascensão da burguesia e do sistema econômico capitalista, o trabalho humano ocupou sempre uma posição de destaque nas principais teorias sociais, econômicas e políticas dos últimos quatro séculos. Pelo trabalho se justificavam a propriedade e a ordem jurídico--econômica burguesa. O trabalho era visto não apenas como a fonte de todo o valor econômico, mas também fonte de valor ético e de dignidade humana. O conceito de dignidade humana, primeiramente um conceito muito vago e abstrato na teoria de um autor como Kant, foi tendo, e continua a ter, o seu conteúdo mais concreto preenchido e reformulado por meio das vicissitudes históricas, das transformações socioeconômicas e das lutas políticas que a cada momento se vão travando. O significado preciso da dignidade humana, do que ela implica para os cidadãos de um Estado e das obrigações que dela derivam para a sociedade e para o próprio Estado, foi sendo ampliado progressivamente, pela consagração e posterior efetivação de "direitos humanos" positivados (civis, políticos, socioeconômicos, etc.). Do processo histórico explorado no capítulo primeiro resultou, portanto, um núcleo mínimo fundamental da dignidade humana que constitui um marco civilizacional irredutível, do qual não se deve recuar, uma fronteira que não

---

(22) Isto, claro, sem falar nas consequências políticas de se ter um segmento significativo da população sem condições materiais, físicas e psicológicas (ou anímicas) para uma participação informada e condizente com a Democracia contemporânea: não são apenas, portanto, os direitos sociais e econômicos a ser violados, mas também indiretamente o direito à participação política genuína de todos.

é admissível transpor sob pena de atentar à própria substância do Estado Social e Democrático de Direito.

No âmbito desse núcleo fundamental da dignidade humana o mundo do trabalho ocupa pelas razões expostas, necessariamente, um lugar de destaque, condizente com o estatuto que alcançou, enquanto realidade socioeconômica e enquanto tema filosófico e político incontornável dos últimos séculos. O trabalho é hoje, mais do que nunca, uma dimensão incontornável da vida humana: no local de trabalho é vivida uma parcela significativa do tempo de cada cidadão e é também nele que se desenvolvem algumas das relações sociais e humanas mais relevantes na vida de uma pessoa. Não causa espanto, pois, que a dignidade da pessoa humana implique, portanto, a ideia de trabalho decente, ou trabalho em condições minimamente condizentes com a dignidade humana.

O trabalho decente, na verdade, pode ser entendido em dois sentidos. Num primeiro sentido, é um ideal normativo das relações laborais, livre de amarras históricas e que serve de parâmetro para avaliar em que medida os patamares de proteção já positivados se aproximam (ou ficam aquém) desse mesmo ideal. Tem, por isso, uma função prospectiva: sinaliza aos sistemas socioeconômicos e jurídicos de hoje o caminho que devem seguir para melhor se coadunarem, no futuro, com o objetivo de realizar mais profundamente a dignidade humana. Num segundo sentido, porém, o trabalho digno deve ser entendido como aquele patamar mínimo de proteção laboral e de humanização do trabalho já atingido numa determinada sociedade (histórica e socialmente situada) donde não se deverá retroceder. É um conceito defensivo sobretudo.

Entretanto, o processo histórico de progressão deste patamar mínimo da dignidade humana e do trabalho digno parece enfrentar agora novos desafios, sob a pressão de uma economia globalizada e de uma competição desenfreada entre empresas e entre Estados pela diminuição de custos salariais. Esta tendência leva à desregulação laboral e incentiva propostas de abandono ou, no mínimo, de refundação do direito do trabalho num sentido flexibilizante. Na verdade, a flexibilização surge como um princípio para a resolução de problemas econômicos no imediato: o contexto da competição acirrada entre Estados pela captação de investimento estrangeiro e pelo aumento da competitividade das suas "empresas" face às suas concorrentes além-fronteiras oferece como solução a criação de um ambiente jurídico laboral mais atrativo para as empresas. Contudo, na realidade, não há como negar que esta visão, exclusivamente centrada na empresa, viola claramente qualquer noção de reciprocidade mínima, pressuposto fundamental de um Estado Social Democrático de Direito e da ideia de dignidade da pessoa humana, já que os sacrifícios exigidos provêm apenas de um dos polos da relação jurídica, o trabalhador, sem que haja concessões similares do outro polo. Por outro lado, o princípio da flexibilização lança os Estados numa corrida, sem limites aparentes, "rumo ao fundo" que não pode senão acabar num nivelamento contínuo por baixo dos direitos sociais.

Significa isto que, para os defensores da flexibilidade e flexigurança, em vez de ser a economia, a produção e o trabalho a servirem de instrumento para o bem-estar e dignidade do homem, é o homem e a sua dignidade que são postos ao serviço da saúde da economia, dos incrementos na produção e de um trabalho que não respeita as condições mínimas para ser compatível com a dignidade inerente ao ser humano. Pelo contrário, numa sociedade digna ou justa "o trabalho não é uma mercadoria (...) o trabalho é para o homem e não o homem para o trabalho" (COSTA, 2007, p. 137).

Por fim, verifica-se também que essas investidas contra o trabalho estável e o direito do trabalho servem igualmente para tornar mais débil, mais frágil, a organização de trabalhadores em associações sindicais, e estas, ao saírem enfraquecidas, não são capazes de se posicionarem no sentido de exercerem pressões significativas a fim de conseguirem melhores condições de labor[23]. Na verdade, as medidas flexibilizantes são tanto um ataque aos trabalhadores como às suas estruturas representativas: geram dinâmicas de isolamento e autoisolamento dos trabalhadores, destroem as solidariedades naturais de classe por meio de climas competitivos, impõem o medo, a frustração e, finalmente, a resignação: numa palavra, "sangram" os sindicatos da sua fonte de vitalidade, isto é, dos seus potenciais filiados, até que se tornem anêmicos e incapazes perante os empregadores. Este é um ponto cuja relevância não pode deixar de ser repetida.

A bem da verdade, a história social e política demonstra que a construção gradual do patamar mínimo do trabalho digno e dos direitos sociais em geral só foi possível graças à ação das associações dos trabalhadores, dos sindicatos em particular. A força dos sindicatos, portanto, esteve e continua a estar, indissociavelmente conexionada com os direitos dos trabalhadores e com a preservação de um patamar mínimo do trabalho digno e da dignidade humana, pelo que qualquer medida que retire, afete negativamente, ou dificulte o exercício dos direitos coletivos exercidos pelos sindicatos afeta também, no presente, e afetará, no futuro, o trabalho digno

---

(23) De fato, a atuação das associações sindicais é imprescindível para tornar o trabalho algo mais digno para quem o pratica. É também o que constata Malva Espinoza (2003, p. 2) ao afirmar que, em alguns países europeus, onde os sindicatos conseguem ainda ter alguma força, as associações organizadas de trabalhadores conseguem exercer certa influência nas decisões governamentais importantes no sentido de deter os efeitos mais nocivos da política econômica.

e a compreensão da dignidade da pessoa humana. Retirar direitos (ou dificultar o seu exercício) aos sindicatos, enquanto entidades coletivas, é atacar indiretamente, mas muito eficazmente, os direitos individuais dos trabalhadores e, assim, vulnerabilizar o trabalho digno. Pelo contrário, revitalizar os sindicatos é criar as condições para revigorar a defesa dos trabalhadores e da sua dignidade humana.

Foi com base na primeira noção de trabalho decente (como ideal-parâmetro que se situa para lá das contingências históricas) que foram desenvolvidas, nestes primeiros dois capítulos, estas críticas às atuais transformações do mundo do trabalho — rumo à contínua flexibilização e precarização das relações laborais. Nos capítulos subsequentes, contudo, será com fundamento no trabalho decente enquanto acervo de direitos já positivados nas ordens jurídicas portuguesa e brasileira, que se procederá a uma análise das reais possibilidades jurídicas, constantes das constituições e leis destes países, que se abrem aos sindicatos para defenderem e eventualmente expandirem — como no passado o fizeram — os direitos trabalhistas que constituem o núcleo fundamental do trabalho digno.

Capítulo III

O Sindicato em Defesa Judicial do Trabalho Decente e a Substituição Processual

3.1. Considerações iniciais

De acordo com o que foi amplamente discutido nas linhas anteriores, verifica-se que existem práticas institucionalizadas em ordenamentos jurídicos e estratégias empresariais que, com o propósito de revigorar a saúde da economia, acabam por atentar contra o trabalho decente, violar normas fundadas em consensos internacionais e desrespeitar um conjunto de concepções éticas e morais que colocam o trabalhador, enquanto ser humano, no centro dos esforços a serem impulsionados pelos Estados. Para além disso, ficou demonstrado que o sindicato, quer pela finalidade para a qual foi criado, quer pelo conteúdo axiológico presente no seu processo histórico de formação e afirmação, possui aptidão natural para atuar em defesa dos trabalhadores representados, principalmente em questões relacionadas com as incoerências entre capital e trabalho. É nesse contexto que se faz necessário refletir sobre a extensão das prerrogativas relacionadas com a defesa dos direitos e interesses dos trabalhadores pelas associações sindicais, em atenção, inclusive, aos dispositivos constitucionais e infraconstitucionais, português e brasileiro, sobre o tema.

No âmbito extrajudicial, as possibilidades de lutas a serem encetadas pelos sindicados na defesa do conjunto dos trabalhadores contêm contornos muitos mais certos, muito mais nítidos, e que não suscitam tantas dúvidas. Não há dificuldades em admitir como certa, por exemplo, a legitimidade que têm as associações sindicais de avançarem com uma pauta de reivindicações, de promoverem greves ou de iniciarem tratativas para negociações coletivas, ou mesmo de partirem em defesa deste ou daquele trabalhador perante a entidade patronal. Note-se que é por meio dessas manifestações que um sindicato promove a sua *ratio*. É através dessa atuação que o sindicato impulsiona a defesa do seu interesse coletivo, isto é, a defesa dos interesses de grupo, ou ainda, a síntese (e não a soma) dos direitos e interesses individuais dos trabalhadores representados.

Quanto à esfera judicial, existem ainda muitas controvérsias que giram em torno da legitimidade do sindicato para demandar como autor, não obstante em algumas situações ser praticamente indiscutível o cabimento da pretensão judicial pela associação sindical. Nesse sentido, não suscitará maiores divergências, em matéria de legitimidade, a atuação judicial do sindicato com o fito de buscar tutela do judiciário para que as suas prerrogativas, relacionadas, nomeadamente, com a sua auto-organização e autogestão, sejam efetivadas. Da mesma forma, é bastante claro o direito de ação que possui a entidade coletiva nos casos em que houver restrições injustas ou abusivas ao exercício livre e desimpedido das suas atribuições prescritas em lei. Observe-se que, em ambas as situações, a faculdade de provocação do judiciário pelo sindicato, em defesa própria, tem como "causa de fundo" o direito dos próprios trabalhadores de terem ou de formarem uma instituição representativa, livre e atuante.

Situação diametralmente oposta é aquela em que o direito dos próprios trabalhadores, individualmente considerados, constitui o fundamento da ação e o arrimo dos pedidos. Imagine-se a hipótese de uma determinada empresa diminuir ilicitamente a remuneração de todos os trabalhadores que nela laboram. O que estará em causa em circunstâncias como estas é uma lesão de origem comum, que, apesar de gerar um interesse de agir divisível, isto é, apesar de cada lesado ter a faculdade de acionar a justiça em busca de reparação, afeta de forma homogênea, ou com a mesma intensidade, todos os trabalhadores. Com efeito, há aqui direitos individuais lesados, ao mesmo tempo em que há uma expressão coletiva dessa lesão, tendo em vista a sua origem comum, bem como a sua idêntica incidência no patrimônio jurídico de todos os empregados da empresa.

Nesta linha de raciocínio, se o exemplo hipotético viesse a lume num caso concreto, seria bastante temerário afastar, de *per se*, a legitimidade sindical para atuar em juízo, como autor, em defesa desses trabalhadores, principalmente em atenção ao que dispõe o art. 56º, n. 1, da Constituição da República Portuguesa, segundo o qual: "compete às associações sindicais defender e promover a defesa dos direitos e interesses dos trabalhadores que representem", e ao que prescreve o art. 8º, III, da Constituição Federal Brasileira: "ao sindicato cabe a defesa dos direitos e interesses coletivos ou individuais da categoria, inclusive em questões judiciais ou administrativas". Contudo, a resposta parece não ser tão simples assim.

Está pacificado na doutrina dos dois países que, em sede de representação, a partir da outorga de poderes, por intermédio de instrumento de mandato, o sindicato poderá promover, em ação singular ou plural, a defesa dos direitos individuais dos trabalhadores que estão sob a sua esfera de proteção. O sindicato poderá, ainda, oferecer assistência jurídica a fim de orientar o trabalhador sobre a reclamação dos seus direitos na justiça. Entretanto, a atuação do sindicato como parte da relação processual, como substituto processual, nos casos em que não participou da relação jurídica material, suscita muitas dúvidas, principalmente no tocante aos efeitos dessa legitimidade processual ao longo do processo e após o caso julgado.

Um olhar mais desatento sobre tudo o que foi debatido poderia pôr em causa a relação entre o conceito, de trabalho decente e a defesa judicial dos trabalhadores por meio das suas respectivas associações sindicais. Acontece que os temas estão completamente imbricados.

Ab initio, nunca é demais reafirmar que se prende à concepção de trabalho decente o exercício livre pelos sindicatos das suas respectivas atribuições. Significa dizer que apenas será possível promover a defesa dos direitos dos trabalhadores de forma integral se as suas associações de classe tiverem liberdade e condições para se afirmarem como tal. O sindicato, livre de amarras burocráticas, lutará pelo reconhecimento de novos e melhores direitos dentro daqueles parâmetros de dignidade que foram abordados anteriormente, ao mesmo tempo em que assegurará a manutenção das conquistas que já foram alcançadas ao encetar negociações, ao promover greves, e finalmente, ao patrocinar ações judiciais em nome próprio em prol da efetividade de direitos já positivados. É neste ponto que interessa deter maiores atenções.

Apenas será possível promover um ambiente propício para o desenvolvimento de um trabalho com padrões mínimos de dignidade, se os direitos materiais correlacionados, em termos de efetividade, forem assegurados. Em matéria de direitos humanos, em especial no tocante aos direitos humanos dos trabalhadores, não basta a existência positivada de determinada prerrogativa ou garantia, nem importa que se verifique um consenso internacional relativamente ao reconhecimento de direitos. O que de fato importa é que os direitos sejam, num primeiro momento, reconhecidos e positivados, e, posteriormente, devidamente respeitados, sendo certo que, na eventualidade de não o serem, a prática lesiva deverá ser devidamente coibida, de modo a que o direito material se traduza em efetividade, e a exigibilidade da norma se coloque num plano acessível.

3.2. ALGUNS ASPECTOS SOBRE UMA NOVA CONCEPÇÃO DE DEFESA DE DIREITOS NA JUSTIÇA LABORAL

Como é possível depreender, o problema que se deve posicionar no topo das preocupações atinentes às relações de trabalho na atualidade é o da efetividade dos direitos humanos dos trabalhadores, sobretudo porque se está diante de um cenário cuja dimensão mundial evidencia importantes transformações, no sentido de deixar o trabalho típico e o trabalhador mais desprotegidos face às vicissitudes da economia. Nesse sentido, fazer com que direitos sejam efetivamente realizados significa assegurar que cada lesão e/ou ameaça de lesão a esses mesmos direitos sejam levados a conhecimento do judiciário, processados regularmente e solucionados em tempo razoável. Esse sistema circular de proteção aos trabalhadores deverá se mostrar eficaz de modo a garantir que as condutas contrárias ao direito laboral sejam sempre reprimidas, assim como as decisões judiciais, com as suas respectivas repercussões patrimoniais, tenham um efeito educativo dissuasor.

É bem verdade que a possibilidade de propor ações individuais está inserida no sistema tradicional de acesso à justiça. Um indivíduo, lesado no seu bem jurídico, tem o direito de acionar o judiciário com o propósito de ver o litígio resolvido. A mera faculdade de provocar o judiciário, presente na maior parte dos textos constitucionais, garante o acesso à justiça. Mas garantirá a efetividade dos direitos? A resposta, receia-se, é negativa.

Com efeito, é expectável que o trabalhador no curso do seu contrato de trabalho tenha medo ou receio de propor demanda judicial a fim de questionar qualquer incidente relacionado com práticas ilegais do empregador, mormente se a situação estiver abrangida por ordenamento jurídico que não assegure estabilidade ou garantia de emprego a todos os trabalhadores, como é o caso do Brasil. Provavelmente, nessas circunstâncias, o empregador, que tem a total liberdade de promover a dispensa do trabalhador, não manterá em seus quadros alguém que litigou contra si. Por outro lado, mesmo em Portugal, onde há maiores dificuldades em promover a despedimento do trabalhador, em virtude do disposto no art. 53º da Constituição, que dispõe sobre a segurança no emprego, o trabalhador apresentará semelhante receio, tendo em vista a possibilidade de o empregador dispensá-lo ao lançar mão de um subterfúgio qualquer para se ver livre do trabalhador "não pacífico" (pense-se na prática de assédio moral para forçar o trabalhador a abandonar o emprego).

O trabalhador, então, pressionado pelas circunstâncias, poderá não promover a ação judicial a que tem direito e, mesmo que o faça, poderá eventualmente desistir da demanda, ou mesmo renunciar ao direito vindicado, ao não atender a uma determinação judicial, ao não cumprir um prazo legal ao longo do processo, ou ainda, ao transigir por valores ínfimos. Todas essas possibilidades se devem à situação de fragilidade do trabalhador que também é visível na contenda judicial em processos individuais.

Ademais, existem ainda outras razões que afastam os trabalhadores do judiciário, seja porque não querem enfrentar a *via crucis* do processo judicial que ainda é moroso e cansativo, seja porque optam por não seguirem a via da litigiosidade, ou ainda porque têm medo das consequências negativas após o término do processo judicial, que se podem traduzir, por exemplo, na impossibilidade de voltar a arranjar colocação em outras empresas no mesmo ramo de atividade em função da existência de uma espécie de "lista negra".

Contudo, mesmo que o trabalhador ultrapasse todos esses obstáculos para promover uma ação trabalhista até o fim, sem temer represálias, uma ação eventualmente procedente, mesmo com condenação de grande vulto, não terá o condão de pôr fim às práticas ilegais da empresa e nem demoverá empresas que possuem práticas semelhantes. Será sempre mais vantajoso para o empregador continuar a fazer uso de condutas ilegais idênticas, porque o benefício econômico extraído disso será sempre superior ao prejuízo decorrente de ações individuais pontuais desfavoráveis à empresa.

Todas essas considerações, que obviamente não traduzem todos os inconvenientes possíveis que tendem a deixar a justiça mais distante, apenas evidenciam verdadeiras dificuldades que separam o trabalhador da tutela jurisdicional que a lei lhe promete. É nesse contexto que Roberto de Figueiredo Caldas afirma que "o mero ajuizamento de ações contempla, tão somente, o acesso à Justiça e a igualdade meramente formais, insuficiente à efetivação dos direitos fundamentais" (CALDAS, 2010, p. 264), pelo que reconhece, por um lado, a existência da necessidade de haver uma "superação dos estreitos limites da tradicional doutrina de matiz individualista" (*ibidem*, p. 264) e, por outro, a inevitabilidade da coletivização do processo, por meio de instrumentos como a substituição processual por sindicatos, para fazer frente às novas demandas sociais que se traduzem em interesses metaindividuais (ou transindividuais) fulcradas em interesses sociais, de origem comum, e que dizem respeito a um determinado grupo (*ibidem*, p. 264).

Permitir a coletivização do processo, por meio da defesa de direitos individuais pelos sindicatos, significa, na concepção do mencionado autor, promover o *real* acesso à justiça. Esse processo coletivo apenas é possível quando os interesses em jogo transcenderem a esfera meramente individual de um único trabalhador. O autor se refere às demandas que possam ser processadas em conjunto e que apresentem uma certa homogeneidade em relação à conduta praticada pelo empregador e à lesão sofrida por um conjunto de trabalhadores. Não se quer com isso defender a extinção do processamento de causas individuais, mas a abertura de um espaço de discussão em torno da coletivização das ações, designadamente a propósito da legitimação processual de entidades tendencialmente "mais fortes" para defender o direito do trabalho e dos trabalhadores (*ibidem*, pp. 262/269). Nessa linha de raciocínio defende o Ministro Carlos Ayres Brito, do Supremo Tribunal Federal do Brasil, que "a coletivização do processo significa colocar, perante o empregador, uma instituição versada na condução de litígios, o sindicato; ele tem costas largas, ele impessoaliza a demanda, ele tira o trabalhador da linha de tiro"[24].

De fato, o sindicato possui as armas fundamentais para promover da melhor forma a demanda judicial em defesa coletiva dos interesses individuais dos trabalhadores sem expô-los, principalmente porque não estará jungido às pressões do empregador. Ressalte-se também que terá o sindicato, em princípio, juristas familiarizados com a discussão de assuntos semelhantes em tribunal, terá formação técnica e teórica, e disporá de meios necessários para conseguir formular uma visão mais global do problema ao angariar informações e provas dos trabalhadores que estão em idêntica situação. Observe-se que, ao afastar os trabalhadores participantes da questão controvertida da discussão judicial, são promovidos o princípio da economia, da segurança jurídica e o da celeridade processual[25], isto porque o julgamento dessas ações será muito mais rápido e simples, tendo em vista que as partes estarão quantitativamente reduzidas, para além de beneficiar

---

(24) Voto proferido no julgamento em plenário do Supremo Tribunal Federal do Brasil (Processo n. 193.503-1/SP, relator originário: Ministro Carlos Velloso, relator superveniente: Ministro Joaquim Barbosa, Plenário do STF, decisão publicada no Diário da Justiça em 24.8.2007).

(25) A possibilidade de resolver litígios de grandes dimensões (seja porque são demandas recorrentes, seja porque são processos complexos) num período mais curto de tempo é também uma outra benesse que também pode ser citada (CALDAS, 2010, p. 264).

vários trabalhadores de uma só vez[26]. Importa não olvidar que esse tipo de ação, muito embora tenha o propósito primordial de solucionar as questões atinentes à esfera individual de cada trabalhador substituído, causam importantes repercussões sociais, ao deixar mais fortalecida a entidade representativa dos trabalhadores e ao coibir a prática de novas infrações.

3.3. O SINDICATO COMO DEMANDANTE EM AÇÕES JUDICIAIS

Sobre o tema, adota-se aqui a sistematização feita por Amauri Mascaro Nascimento, que, embora atinente à realidade brasileira, pode ser adotada sem grandes dificuldades para também explicar o enquadramento do sistema português. O autor organiza as mais diversas possibilidades de propositura de demandas judiciais pelo sindicato sob a perspectiva dos interesses que eventualmente estarão em jogo, separando-os da seguinte forma: a) interesses próprios da organização enquanto pessoa jurídica; b) interesses da categoria profissional[27] ou interesses coletivos dos trabalhadores representados; c) interesses individuais dos representados; e d) interesses corporativos, seja para exigir o pagamento de contribuições sindicais dos seus associados, seja para disputar a titularidade da representação sindical (NASCIMENTO, 2009, pp. 402/403).

É relevante assinalar que, sob o ponto de vista do autor, o tipo de interesse em jogo tem o condão de identificar a posição que o sindicato irá ocupar no processo[28]. Pode-se dizer, portanto, que, os interesses próprios dos sindicatos, assim como os interesses da categoria profissional — ou simplesmente interesses profissionais do grupo — e ainda os interesses deno-

---

(26) Sobre essa questão, convém destacar o entendimento do Juiz brasileiro Marcílio Florêncio Mota (2008, pp. 3/4) sobre as vantagens da substituição processual para o sistema judiciário: "a partir da nossa atuação na magistratura, percebemos a importância do instituto da substituição processual, mormente naquilo que se pode chamar 'despersonalização ou despersonificação' dos conflitos, que permite, num único processo, a solução de litígios que envolvem uma quantidade considerável de pessoas, tudo em prestígio da economia e da segurança jurídica. (...) Nesse particular da atuação da magistratura, podemos perceber a substituição também como um relevante instrumento de política judiciária no que concerne à segurança jurídica. É que, quanto mais demandas passíveis de obtenção de pronunciamento uniforme, mais segurança será dada à atividade judicante. Isso evita que situações idênticas sejam tratadas de modo diferente por juízos diversos, já que uma matéria de interesse de vários indivíduos é submetida ao julgamento de um único órgão jurisdicional".

(27) Neste ponto, Amauri Mascaro Nascimento (*ibidem*, p. 43) menciona também os interesses dos sindicatos da categoria econômica, o equivalente em Portugal às associações de empresas. Entretanto, como o presente estudo se ocupa apenas de questões que envolvem as associações sindicais de trabalhadores, optou-se por omitir aquele dado.

(28) Nesse mesmo sentido, ensina o Professor João Reis: "a natureza do interesse em disputa é fundamental para a definição do tipo de conflito jurídico e para a problemática da legitimidade processual do sindicato". (REIS, 2004, p. 385).

minados de "corporativos", inserem-se no âmbito da legitimidade ordinária da pessoa jurídica coletiva para demandar ou ser demandada judicialmente. De outro lado, estar-se-á diante de uma substituição processual quando os interesses individuais dos representados (dos associados, no caso português, e dos trabalhadores da categoria profissional, no caso brasileiro) forem defendidos pelo sindicato por meio de ação judicial em que figurar como parte, em sede de legitimação processual extraordinária.

3.4. A ATUAÇÃO JUDICIAL DO SINDICATO EM DEFESA DOS INTERESSES INDIVIDUAIS E A SUBSTITUIÇÃO PROCESSUAL

A substituição processual está incursa naquilo que se convencionou chamar de legitimidade extraordinária, anômala ou atípica para a causa (NASCIMENTO, 2009, p. 408) ou ainda de legitimidade processual indireta (SILVA, 2002, p. 78). Com efeito, o modelo da processualística civil tradicional, em matéria de legitimidade, tende a subdividi-la em ordinária e extraordinária. Pela primeira, entende-se a regra segundo a qual tem legitimidade para estar em juízo aquele que está diretamente conexionado com o direito em litígio: o autor sugere pretensão em face do réu porque alega que seu direito material foi violado por este; o réu, em face de quem se demanda, oferece resposta apresentando, via de regra, argumento contrário ao apresentado pelo autor (CARVALHO, 2006, p. 134). Já a segunda modalidade de legitimidade deve ser tomada como exceção e apenas se pode verificar quando o ordenamento jurídico permitir que um terceiro, estranho à relação material, ofereça pretensão ou resista à reivindicação, em nome próprio e em defesa de outrem (*ibidem*, p. 134). Importa ressaltar que o fenômeno da substituição apenas tem eficácia ou apenas se procede no âmbito processual. Significa dizer que ao substituto não é permitido interferir na relação jurídica material, o que, em termos práticos, quer dizer que, em sede de substituição processual, o autor da ação não deve praticar atos que, direta ou indiretamente, impliquem em disposição do direito material tutelado. Não é possível, desta forma, transacionar, reconhecer o pedido ou mesmo renunciar ao direito (ZAVASCKI, 2007, p. 78).

A prerrogativa de defender direito ou interesse como substituto processual não afasta, por óbvio, a legitimidade ordinária que ostenta o participante da relação material controvertida para exigir, ele próprio, qualquer pretensão judicial. Entretanto, por mais simples e intuitivo que isso possa parecer, existem algumas questões complexas derivadas dessa legitimação concorrente, a serem verificadas ao longo do processo, e mesmo após o seu trânsito em julgado, que impedem que o intérprete tome qualquer decisão mais ingênua e inconsequente. Apenas para citar exemplos que despertam alguma controvérsia, tome-se em consideração a possibilidade real de haver, ao mesmo tempo, uma ação impulsionada pelo sindicato e uma outra oferecida por iniciativa do trabalhador. Haverá litispendência? Imagine-se também uma outra hipótese: uma ação coletiva proposta pelo sindicato e julgada improcedente com trânsito em julgado, seja por insuficiência de provas, seja por falha no manejo do processo, seja em função de determinada interpretação do órgão jurisdicional acerca dos elementos constantes do processo; paralelamente, imagine-se que uma outra ação, desta vez de natureza individual, com idêntica base de prova, idênticos pedidos e causa de pedir, logrou êxito. Esta última deverá ser levada à execução ou deverá ser anulada em razão da coisa julgada material da primeira ação em que o trabalhador constava como substituído?

Sobre esse assunto serão desenvolvidos, em tópicos próprios, maiores comentários. De qualquer forma, é importante reter, por ora, que o instituto da substituição processual, muito embora normalmente esteja vocacionado para possibilitar a defesa coletiva de interesses individuais, não deve ser interpretado como um mecanismo de eventual restrição ao direito de agir do indivíduo, principalmente no tocante à seara trabalhista, sob pena de se proceder ao esvaziamento da sua própria *ratio* que é proporcionar um mecanismo adicional de acesso à justiça de modo a garantir uma proteção e tutela mais eficazes (SILVA, 2002, p. 49). Ademais, por meio da substituição processual busca-se, em prol dos trabalhadores, uma maior celeridade processual, o afastamento da incidência de decisões judiciais conflitantes sobre as mesmas circunstâncias de fato e de direito que ensejaram a ação, assim como a garantia de uma maior efetividade do direito laboral. Celeridade porque a substituição processual por sindicatos se prende, no mais das vezes, com a defesa coletiva de direitos e interesses individuais, de forma que a prestação jurisdicional, em resposta a uma determinada lesão ao direito, é muito mais rápida em relação a um conjunto maior de trabalhadores. A decisão judicial, nesse sentido, apresentará uma solução muito mais coerente (de modo a proporcionar igualdade de tratamento em relação aos trabalhadores envolvidos) do que aquelas, eventualmente conflitantes, oferecidas por juízes designados aleatoriamente para as respectivas ações individuais. Por fim, fala-se em efetividade do direito laboral porque o sindicato, enquanto pessoa diferente da que compõe a relação jurídica material, estará muito menos condicionado, muito menos afetado pelas pressões exercidas pelo empregador e por outras variantes que influenciam na decisão de "como" e de "quando" propor a ação. Observe-se que um trabalhador, preocupado, por exemplo, com a manutenção do seu posto de trabalho, dificilmente exercerá de forma livre e espontânea o seu direito de ação para reclamar reparação da lesão ao seu direito material no curso do contrato de trabalho ainda em vigor. É, entretanto, na possibilidade de exercer de forma livre e espontânea o direito em juízo que se verifica o cumprimento efetivo do direito laboral.

Vale ressaltar, mais uma vez, que a substituição processual não deve ser confundida com o instituto da representação judicial. Os sindicatos, ao "representarem" os trabalhadores em sede de substituição processual, agem porque estão autorizados pelo ordenamento jurídico e, nessa medida, atuam como parte no processo, independentemente de autorização expressa ou de procuração outorgada pelo trabalhador ou pelos trabalhadores em causa (TEIXEIRA FILHO, 2009, p. 239). Ao contrário do que ocorre com o representante judicial que não é parte no processo e atua em nome e em defesa de direito alheio. Relativamente aos efeitos da sentença, há também diferenças: na substituição, via de regra[29], tanto os substituídos como o substituto são atingidos pelos efeitos do caso julgado, muito embora este último apenas seja atingido pelo caso julgado formal; enquanto, na representação, apenas o representado é quem suporta as consequências de uma sentença imutável (CARVALHO, 2006, p. 150).

Poder-se-ia argumentar que existem eventuais arbitrariedades relativamente às regras da substituição processual, porque foram concebidas de forma muito irrestrita. É preciso ter em conta que as disposições constitucionais, no caso português e brasileiro, que autorizam a participação judicial de alguém estranho à relação material controvertida, não são, nem podem ser, aleatórias. Parte-se do pressuposto de que existe uma espécie de cumplicidade, que existe uma relação de muita proximidade entre substituto e substituído, um verdadeiro elo de solidariedade entre eles, e que, nas palavras do Ministro Nelson Jobim, "o exercício do afirmado direito do substituído importa em atender, de alguma forma, interesse juridicamente relevante do substituto"[30]. Assim, verifica-se que os interesses individuais dos trabalhadores, defendidos em substituição processual, não podem estar dissociados do interesse coletivo que apresenta determinada categoria (ou grupo) profissional capitaneada pelo seu respectivo sindicato.

A atuação do sindicato, desta forma, pode acontecer independentemente de autorização ou de instrumento de mandato por parte do trabalhador substituído e essa regra tem a sua razão de ser. É que a prescindibilidade de

---

(29) Em algumas situações, o substituído pode não ser abrangido pelos efeitos do caso julgado.
(30) Voto proferido no julgamento em plenário do STF do Brasil (Processo n. 193.503-1/SP, relator originário: Ministro Carlos Velloso, relator superveniente: Ministro Joaquim Barbosa, Plenário do STF, decisão publicada no *Diário da Justiça* em 24.8.2007).

exigências que identificam à partida os trabalhadores irresignados com a prática do empregador se coaduna justamente com o papel precípuo da substituição processual pelos sindicatos: o de proteger os trabalhadores afastando-os do embate direto com o patrão. Aliás, o entendimento não pode ser diverso. Os trabalhadores substituídos não devem ser expostos, devem estar protegidos. É por isso que, num plano ideal, não se deve exigir qualquer identificação dos substituídos no início da demanda. Outrossim, a defesa coletiva de vários trabalhadores numa única ação, ainda que não impeça, pelo menos dificultará a prática de retaliações pelo empregador em relação aos beneficiados da ação proposta pelo sindicato.

Capítulo IV

A Substituição Processual em Portugal sob a Perspectiva do Tribunal Constitucional e outras Questões Conexas

4.1. Considerações iniciais

Segundo o art. 56º, n. 1, da CRP, "compete às associações sindicais defender e promover a defesa dos direitos e interesses dos trabalhadores que representem". O texto, aparentemente claro, direto e simples, sempre suscitou dúvidas quanto ao seu alcance interpretativo, sobretudo porque parece reconhecer aos sindicatos legitimidade para atuar em sede de substituição processual na defesa de direitos e interesses individuais dos associados. O Tribunal Constitucional, apesar de ter se debruçado sobre a controvérsia por várias vezes e de já ter estabelecido alguns parâmetros de interpretação do dispositivo, nem sempre apresentou decisões unânimes, sem dissonâncias, como se verá a seguir. Não obstante isso, ao longo dos anos foi solidificando o seu entendimento no sentido de que os sindicatos possuem, de fato, legitimidade processual para defender coletivamente os interesses e direitos dos trabalhadores associados, individualmente considerados, na esfera judicial.

É nesse sentido, portanto, que a interpretação dos dispositivos infraconstitucionais sobre o tema, designadamente o art. 5º do Código de Processo do Trabalho, que trata da legitimidade processual das associações sindicais e patronais no setor privado, e o art. 310º, ns. 2 e 3, da Lei n. 59, de 11.9. 2008, que trata sobre a legitimidade sindical na Função Pública, deve se orientar. Ainda no tocante ao processo interpretativo, importa não olvidar que é defeso tirar determinadas ilações dos dispositivos infraconstitucionais de modo a restringir os direitos, liberdades e garantias assegurados pela Constituição, quando esta limitação não é autorizada pelo próprio texto constitucional, consoante o disposto no art. 18º, n. 2, da CRP.

Desta forma, para o deslinde deste tema serão feitas breves anotações a acórdãos escolhidos do Tribunal Constitucional, e, em cada um deles, buscar-se-á a análise da coerência e da consistência dos argumentos, estabelecendo-se também relações entre os argumentos decisórios e os posicionamentos doutrinários. Em seguida, no capítulo subsequente, serão estudadas mais profundamente as regras infraconstitucionais.

4.2. O SINDICATO TEM LEGITIMIDADE PARA ATUAR TAMBÉM EM DEFESA DOS INTERESSES INDIVIDUAIS DOS TRABALHADORES: ACÓRDÃO 75/85[31]

O Tribunal Constitucional foi instado, pelo Presidente da Assembleia da República, a se pronunciar sobre suposta inconstitucionalidade de normas constantes do Estatuto do Pessoal Civil dos Serviços Departamentais das Forças Armadas, que foi aprovado pelo Decreto-Lei n. 380, de 15.9.1982, sob a alegação de que o diploma violava direitos dentre os quais o previsto no art. 57º, n. 1, da CRP (atual art. 56º, n. 1), na medida em que restringia a defesa dos interesses individuais dos trabalhadores ao prever, no art. 111º do respectivo estatuto, que as defesas "serão feitas, directamente, pelos próprios, perante os respectivos chefes".

Com efeito, a pretensão foi acolhida para declarar a inconstitucionalidade, com força obrigatória geral, no tocante à norma constante do dispositivo colocado em prova que vedava a atuação do sindicato em defesa dos interesses individuais dos trabalhadores.

---

(31) Acórdão n. 75/85. Processo n. 8584. Relator: Luís Nunes de Almeida. Órgão julgador: sessão plenária do Tribunal Constitucional. Data de julgamento: 6.5.1985.

4.2.1. Análise crítica da decisão: discussão acerca do conceito de interesse coletivo e interesse individual

Da decisão, interessa analisar criticamente os seguintes trechos:

> Ao determinar-se que a apresentação e defesa de tais interesses terá de ser feita necessariamente pelos próprios [trabalhadores], exclui-se necessariamente a defesa colectiva de interesses individuais, designadamente através da intervenção das associações sindicais.
>
> Todavia quando a *Constituição no n. 1 do seu art. 57º [atual art. 56º] reconhece a estas associações competência para defenderem os direitos e interesses dos trabalhadores que representem, não restringe tal competência à defesa dos interesses colectivos desses trabalhadores: antes supõe que ela se exerça igualmente para a defesa dos seus interesses individuais* (grifos não constam do original).

Observe-se que o Tribunal, ao afirmar que dispositivo constitucional não deve ser interpretado limitativamente, no sentido de assegurar apenas a prerrogativa ("competência") da associação sindical de agir em defesa dos interesses coletivos dos trabalhadores associados, assevera, por outro lado, que a norma deixa transparecer uma outra regra: a de que o sindicato deve também proteger os interesses individuais. Importa agora delimitar o alcance das expressões: interesses coletivos dos trabalhadores e interesses individuais, tendo em vista a importância dessa distinção para definir a natureza da legitimidade processual.

Na doutrina, quando se aborda a questão dos interesses ou direitos coletivos, fala-se nos "interesses coletivos profissionais", ou seja, interesses ostentados pelo grupo de trabalhadores enquanto unidade (REIS, 2004, p. 385). É preciso ter em conta que esses interesses não devem ser entendidos como um simples somatório ou agrupamento de vontades individuais, até porque as vontades individuais nem sempre são coincidentes entre si, mas devem ser apreendidos como uma síntese dessas mesmas vontades.

O termo síntese utilizado aqui prende-se, de forma mais ou menos aproximada, com a seguinte fórmula: num primeiro momento, reúne-se uma série de concepções individuais acerca de temas fundamentais relacionados, sobretudo, com condições de trabalho e qualidade de vida; num segundo momento, retêm-se os pontos essenciais desse conjunto de aspirações, afastam-se as contradições com o propósito de formar uma totalidade coerente de ideias. O resultado dessa fórmula terá o condão de refletir a pretensão do grupo. O interesse coletivo nessa acepção, nas palavras de

António Monteiro Fernandes (2009a, p. 689), significará "o produto de uma reelaboração do conjunto das pretensões individuais dos membros da colectividade em causa".

Com efeito, é preciso reter que o sindicato, enquanto representante de classe e como entidade gregária, deve ter atenção ao interesse ostentado pelo trabalhador enquanto membro da associação sindical, até porque os consensos dentro da instituição para a formatação do interesse do grupo vão sendo forjados a partir do enfrentamento de circunstâncias que, num primeiro instante, podem estar relacionadas apenas com questões individuais, mas que, posteriormente, podem apresentar repercussões significativas para o grupo. Desta forma, não há um corte epistemológico total entre o interesse coletivo da entidade sindical (ou interesse coletivo dos trabalhadores) e o interesse individual de um trabalhador (ou de um conjunto deles).

Quanto ao interesse, ou direito, individual este é "particularizável" e divisível. Ocorre quando, da relação estabelecida entre indivíduos determinados, ou entre uma pessoa e um conjunto delas, surge um fato ou bem jurídico protegido pelo direito, que é querido pelo seu titular específico, que possui poderes de disponibilidade, exercício e guarda[32]. Apenas a título de complementariedade, note-se que o sindicato pode também ele apresentar um interesse individual ao discutir judicialmente, por exemplo, as vicissitudes de um contrato de locação de imóvel no qual se encontra na posição de contratante (BARBOSA, 2010, p. 106).

Feitas aqui essas considerações introdutórias, é importante referir que o interesse individual de um trabalhador sindicalizado não é necessariamente idêntico ao interesse coletivo profissional, muito embora o desejo de um ou de alguns possa coincidir com o desejo de grupo. As pretensões salariais de um trabalhador sindicalizado e altamente qualificado, por exemplo, podem não se coadunar com as pretensões salariais apresentadas pelo sindicato enquanto entidade representativa do grupo. Portanto, o trabalhador que apresenta um conjunto de capacidades e habilidades que interessam para o empregador e para o mercado de trabalho, pode dispensar, de certa forma, a intervenção do sindicato, para negociar individualmente os contornos do

---

(32) O conceito aqui elaborado é a compreensão extraída dos ensinamentos de Maria da Graça Bonança Barbosa (2010, pp. 97/108), que reúne, em sua obra, vários conceitos de interesse/direito individual. Dentre eles, destacam-se os seguintes: "o interesse individual pertence a um titular específico, que estabelece relações com outros indivíduos ou com uma pluralidade deles, relações estas que têm como característica primordial o fato de os respectivos titulares serem identificados ou serem passíveis de identificação"; "o interesse individual é o que oferece menos dificuldades para sua delimitação, em razão de ser exercido por titulares determinados e, notadamente, porque a sua área de abrangência é restrita à esfera desse titular, o que os torna passíveis de individualização e divisibilidade, características que se mostrarão fundamentais para a diferenciação com outros interesses" (BARBOSA, 2010, pp. 105 e 107).

seu contrato de trabalho, sem que da sua opção resulte um prejuízo. Ao passo que, para os demais trabalhadores, essa opção nem se poderá cogitar, sob pena de condenar o polo mais fraco ao completo desamparo.

Com efeito, a partir do momento em que o trabalhador decide buscar os benefícios de uma tutela coletiva, que supõe uma relação de solidariedade, sacrifica de certa forma o seu interesse individual. A ideia é a de que a eleição de algumas vontades como prioridade, com a preterição de outras, permitirá a promoção efetiva das primeiras. Certamente, a concepção de interesse coletivo não deve ser entendida como uma simples negação do interesse individual, mas como uma prevalência de alguns interesses que importam para o conjunto dos trabalhadores no tocante à fixação das condições de trabalho mais vantajosas para o grupo (pense-se na contratação coletiva). Nada impede, entretanto, que o trabalhador, individualmente, pleiteie, perante o empregador, condições particulares mais vantajosas (FERNANDES, 2009a, pp. 688/691).

Não obstante essas considerações teóricas sobre as distinções entre interesse coletivo e interesse individual, convém dizer que objetivamente a aplicação na prática dessas noções não é tão simples como parece, sobretudo se o interesse individual de um ou de alguns trabalhadores forem idênticos aos interesses socioprofissionais do grupo. É relevante destacar essa questão, uma vez que a finalidade dessas distinções doutrinárias é a de servir de parâmetro para o intérprete no momento da aplicação do direito no caso concreto.

Nesse sentido, como saber se o interesse em litígio é coletivo ou simplesmente individual, quando o sindicato propõe ação que visa à anulação de Convenção Coletiva de Trabalho? À primeira vista, dir-se-ia que sempre que o sindicato propuser esse tipo de ação, estarão em causa interesses coletivos, até porque, segundo o art. 4º do CPT, os sindicatos possuem legitimidade para moverem ações respeitantes à interpretação e anulação de cláusulas de convenção coletiva. Essa legitimidade é concorrente e por isso os trabalhadores e as entidades patronais também podem fazê-lo. Significa dizer que um trabalhador interessado pode mover ação individual com fundamento na anulação ou nalguma interpretação de uma determinada norma coletiva. O sindicato, por sua vez, e conforme se verá a seguir, pode defender em juízo direitos individuais. Logo, o sindicato poderá agir, com fundamento no art. 4º do CPT, ora para defender interesses coletivos, ora para defender interesses individuais dos trabalhadores.

Na realidade, a resposta parece residir na forma como são deduzidos os fundamentos e os pedidos, sendo certo que, se os pedidos estiverem voltados para a satisfação pessoal dos trabalhadores prejudicados, com a previsão de pagamento do que é devido ou de indenização de acordo com a realidade de cada um deles, não há dúvidas de que essa ação apresentará como causa de fundo interesses individuais. Se, pelo contrário, a ação tiver, por exemplo, o objetivo de simplesmente anular ou invalidar cláusulas, com argumento na ilegalidade ou insconstitucionalidade, o resultado dessa ação satisfará o interesse coletivo. Neste segundo caso, o seu resultado apresentar--se-á indivisível, porque interessará a toda a classe, sendo certo que o provimento judicial positivo ou negativo afetará da mesma forma todo o grupo. Entretanto, é possível que os trabalhadores individualmente considerados possam, a partir da decisão fulcrada em interesse coletivo, pleitear perante o tribunal competente as repercussões pecuniárias a que têm direito para adequar a decisão às suas especificidades concretas. Essa possibilidade de o sindicato propor uma ação com fundamento em interesse coletivo não inviabiliza a hipótese de o mesmo sindicato propor ação em defesa desses interesses individuais.

4.3. Legitimidade do sindicato para iniciar o procedimento administrativo e para nele intervir: Acórdão 118/97[33]

Pelo Provedor de Justiça foi requerida a declaração de inconstitucionalidade, com força obrigatória geral, de norma constante do antigo Código de Procedimento Administrativo, que negava às associações sindicais legitimidade para iniciar o procedimento administrativo e para nele intervir (art. 53º, n. 1, do Decreto-Lei n. 442/1991). O requerimento foi acolhido parcialmente, tendo sido declarado inconstitucional, com força obrigatória geral, por violação do art. 56º, n. 1, da CRP, a norma que negava legitimidade às associações para discutir, em processo administrativo, assuntos relacionados com interesses coletivos, bem como aqueles relacionados com interesse individual dos trabalhadores que representam.

4.3.1. Análise crítica da decisão: há diferenças entre a defesa dos interesses próprios dos sindicatos, a defesa dos interesses coletivos dos trabalhadores e a defesa coletiva dos direitos individuais dos trabalhadores?

Quanto à análise do preceito constitucional em causa, o TC pronunciou--se da seguinte maneira:

---

(33) Acórdão n. 118/97. Processo n. 31/94. Relator: Cons. Luís Nunes de Almeida. Órgão julgador: 2ª secção do TC. Data de julgamento: 19.7.1997.

Ora, o n. 1 deste art. 56º, ao afirmar que 'compete às associações sindicais defender e promover a defesa dos direitos e interesses dos trabalhadores que representem', *não só assegura aos trabalhadores a defesa colectiva dos respectivos interesses coletivos, através das suas associações sindicais, como lhes garante — ao não excluí-la — a possibilidade de intervenção das mesmas associações sindicais na defesa coletiva dos seus interesses individuais.*

(...)

(...) há que distinguir entre os *direitos e interesses das próprias associações sindicais* nomeadamente aquelas que pertencem a qualquer pessoa colectiva ou aqueles que lhes são especificamente reconhecidos pela Constituição ou a lei, como por um exemplo dos ns. 2 e 3 do art. 56º da CRP — *e os direitos e interesses colectivos dos trabalhadores* e, não já das associações sindicais, que a estas apenas cabe defender em nome e representação daqueles.

(...)

Com efeito, *a liberdade sindical não se esgota na faculdade de criar associações sindicais e de a elas aderir ou não aderir. Antes supõe a faculdade de os trabalhadores defenderem, coligados, os respectivos direitos e interesses perante a sua entidade patronal, o que se traduz, nomeadamente, na contratação colectiva e, também, a possibilidade de, também colectivamente —* porque só assim podem equilibrar as relações com os dadores de trabalho *— assegurarem o cumprimento das normas laborais, designadamente das resultantes da própria negociação coletiva* (os destaques não constam do original).

De acordo com o que foi exposto, o n. 1, do art. 56º da CRP, deve ser interpretado no sentido de reconhecer aos sindicatos a prerrogativa de, por um lado, defenderem os interesses coletivos dos trabalhadores e, por outro, de promoverem, coletivamente, a defesa dos interesses individuais destes. Essas atribuições em nada se confudem com as previstas, por exemplo, nos ns. 2 e 3 do mesmo dispositivo constitucional[34], e em outros dispositivos

---

(34) Art. 56º (Direitos das associações sindicais e contratação coletiva) (...) 2. Constituem direitos das associações sindicais: a) Participar na elaboração da legislação do trabalho; b) Participar na gestão das instituições de segurança social e outras organizações que visem satisfazer os interesses dos trabalhadores; c) Pronunciar-se sobre os planos económico-sociais e acompanhar a sua execução; d) Fazer-se representar nos organismos de concertação social, nos termos da lei; e) Participar nos processos de reestruturação da empresa, especialmente no tocante a ações de formação ou quando ocorra alteração das condições de trabalho. 3. Compete às associações sindicais exercer o direito de contratação coletiva, o qual é garantido nos termos da lei.

infraconstitucionais que reconhecem direitos às pessoas coletivas, porque, nestas situações, os direitos em referência relacionar-se-ão com os próprios interesses das associações sindicais. Com efeito, note-se que o acórdão distingue claramente três diferentes tipos de direitos/interesses de titularidade do sindicato. Direitos para: a) defender os seus interesses que lhes são "próprios"; b) promover a defesa coletiva dos interesses individuais dos trabalhadores associados; e c) defender os interesses coletivos dos trabalhadores. A legitimidade dos sindicatos no sentido de promover a defesa dos seus interesses próprios, inerentes à sua essência ou à sua condição de pessoa coletiva não apresenta grandes dúvidas, nem tampouco a legitimidade de defender os interesses de grupo dos trabalhadores associados. O cerne do debate é determinar como é realizada a defesa dos interesses individuais dos trabalhadores associados pelo sindicato, em seu nome. O tribunal, neste acórdão, sugere o caminho da defesa coletiva dos direitos individuais, via sindicato, para exigir o cumprimento de direitos assegurados em normas laborais, ao asseverar que somente desta forma é possível estabelecer um equilíbrio entre os trabalhadores e o empregador.

É evidente que essa modalidade de defesa não se prende à noção de ações plurais ou plúrimas[35]. Se é reconhecido ao sindicato a legitimidade para agir como autor em substituição dos titulares da relação material, significa dizer que é ele, sozinho, quem ocupa o polo ativo da ação judicial, havendo a possibilidade de os interessados atuarem no processo como assistentes, como se verá mais adiante. Os trabalhadores substituídos não devem ser considerados parte, ao contrário do que acontece em ações plurais em que os trabalhadores, em litisconsórcio facultativo, outorgam poderes para que um terceiro, em nome e em defesa de direitos alheios, os represente. De forma contrária, portanto, a defesa coletiva de interesses individuais parece ligar-se ao fenômeno da defesa de direitos relativos a vários indivíduos, feita de uma assentada só, por meio de ação judicial proposta pelo sindicato.

A forma de processamento dessa ação não é matéria tratada pela norma constitucional, nem poderia ser objeto de análise do acórdão. Entretanto, não é excessivo dizer, desde já, que a defesa coletiva deve se situar na esfera da defesa de interesses individuais homogêneos, que apresentem alguma similitude entre eles, ou seja, uma base ou origem comum. É este critério da homogeneidade que dá coerência à ação sindical. É, aliás, essa uniformidade da causa de pedir que é levada em consideração para fins de admissibilidade da ação judicial em que se deduzem pedidos similares, cujo resultado final deverá levar em consideração a realidade de cada trabalhador envolvido[36].

---

(35) Ações que apresentam uma pluralidade de pessoas no polo ativo e/ou passivo.
(36) José Lebre de Freitas (1996, p. 57, nota 48) ensina que somente é possível admitir-se a ação quanto
     à pluralidade passiva ou ativa de partes se a causa de pedir for idêntica. Essas considerações, em

São esses os pontos fundamentais do acórdão, com os seus respectivos desenvolvimentos, que interessa destacar para demonstrar o entendimento do TC, neste acórdão, acerca do alcance intepretativo do art. 56º, n. 1, da CRP. Todavia, não é despicienda a importância das declarações de voto de vencido, nem se pode menosprezar a sua indispensável contribuição para o amadurecimento das discussões. Nesse diapasão, citem-se algumas considerações do Conselheiro Fernando Alves Correia:

> *Esta compressão [da autonomia privada individual dos trabalhadores] torna-se patente sobretudo quando parece reconhecer-se às associações sindicais o poder de iniciar o procedimento, independentemente não só de solicitação nesse sentido formulada pelo interessado como também da própria anuência deste. Sublinho que, desta forma, se atribuem às associações sindicais mais do que poderes de representação legal,* solução que sempre seria de fundamentação altamente problemática, atendendo a que não estamos perante o suprimento de situações de incapacidade de exercício do trabalhador. *Vai-se muito além da atribuição de poderes de representação legal porque se procede a uma verdadeira transferência de titularidade de interesses.* Também o poder de intervir, conferido às associações, se e enquanto se processar nos termos expostos, incorre nos mesmos vícios (grifos não constam do original).

A propósito da ideia de limitação da autonomia privada individual dos trabalhadores, ao que parece, o fato de se adotar na prática a interpretação dada pelo TC ao art. 56º, n. 1, não afasta os trabalhadores substituídos, participantes da relação material controvertida, do acesso à justiça (acesso ao direito e aos tribunais), direito que é consagrado "a todos", de acordo com o art. 20º, n. 1, da CRP. Essas duas regras devem ser interpretadas à luz do princípio da unidade da Constituição, segundo o qual a lei fundamental deve ser considerada na sua integralidade de modo a "harmonizar os espaços de tensão existentes entre as normas constitucionais a concretizar" (CANOTILHO, 2003, p. 1223) e no sentido de evitar contradições. Devem ser analisadas sob a perspectiva do princípio da máxima efetividade e do princípio da concordância prática (ou o da harmonização). Pelo primeiro, entende-se que se deve aplicar às normas o sentido que lhes dê maior eficácia, ao passo que, pelo segundo, compreende a necessidade de haver uma combinação, uma concordância prática, entre as regras em conflito de modo a evitar o sacrifício total de uma delas (*ibidem*, pp. 1223/1225).

---

termos práticos, podem ser aplicadas à pluralidade de pretensões no caso de substituição processual de vários indivíduos.

Desta forma, a harmonização das duas regras constitucionais, considerando-as pertencentes a um mesmo sistema e dando-lhes a máxima efetividade, é a melhor solução para um eventual conflito de direitos fundamentais. Harmonizá-las, por sua vez, significa compreendê-las de modo a encontrar uma concorrência de legitimidades. Assim, o direito dos trabalhadores em se verem substituídos pelo sindicato não deve inviabilizar a faculdade que possui cada trabalhador de acionar a justiça, e vice-versa[37], sendo certo que, em princípio, as consequências do caso julgado em ação judicial de titularidade do sindicato em substituição processual interfere na esfera jurídica dos substituídos.

Quanto ao tema da representação, suscitado pelo voto dissidente, opta-se por analisá-lo em tópico seguinte, por razões metodológicas.

4.4. LEGITIMIDADE PARA ATUAR EM DEFESA DE INTERESSES INDIVIDUAIS, INDEPENDENTEMENTE DE PODERES DE REPRESENTAÇÃO E DE PROVA DE FILIAÇÃO: ACÓRDÃO 160/99[38]

Em sede de recurso proposto pelo sindicato interessado, o TC foi chamado a se pronunciar sobre a inconstitucionalidade de um conjunto de normas constantes de diplomas legais — arts. 77º da Lei de Processo dos Tribunais Administrativos, 46º do Regulamento do Supremo Tribunal Administrativo (RSTA) e 821º, do Código Administrativo (CA) —, quando interpretadas no sentido de negar a legitimidade ativa aos sindicatos para atuarem em defesa de interesses individuais dos trabalhadores, independentemente de mandato e de prova de filiação.

Adotou-se, como fundamentação do julgado, o entendimento central tecido nos acórdãos 75/85 e 118/97, para acolher a pretensão do recorrente e declarar a inconstitucionalidade dos preceitos. Ocorre que a doutrina, constante daqueles acórdãos, foi ampliada para reconhecer, expressamente,

---

(37) No caso português, verifica-se que a legislação infraconstitucional estabeleceu um mecanismo de comunicação entre sindicato e trabalhador a fim de tentar harmonizar, de certa forma, essa concorrência de legitimidades. O trabalhador tem a legitimidade ordinária para acionar a justiça quando um direito material seu for lesado. O sindicato possui legitimidade extraordinária para defender, coletivamente numa única ação, direitos individuais similares. A ação do sindicato não atingirá aquele trabalhador que, por iniciativa própria, propuser ação individual. Atingirá aqueles que, após serem comunicados sobre o objeto de uma futura ação judicial de iniciativa sindical, não se manifestarem contrariamente no prazo de 15 dias, findo o qual, na ausência de manifestação, presume-se que foi dada a autorização (art. 5º, n. 3, do CPT).

(38) Acórdão n. 160/99. Processo n. 197/98. Relator: Cons. Sousa e Brito. Orgão julgador: 3ª secção do TC. Data de julgamento: 10.3.1999.

e pela primeira vez, que o sindicato tem legitimidade "para fazer valer, contenciosamente, independentemente de expressos poderes de representação e de prova de filiação dos trabalhadores directamente lesados, o direito à tutela jurisdicional da defesa colectiva de interesses individuais dos trabalhadores que representam".

A Constituição parece, portanto, permitir que os sindicatos "representem", em processo administrativo e judicial, os interesses individuais dos trabalhadores filiados. Ademais, pelo fato de não haver qualquer restrição, o texto constitucional permite que essa atuação sindical seja realizada sem a demonstração de que os trabalhadores, diretamente interessados, são associados ao sindicato, e sem a apresentação de qualquer evidência de atribuição de poderes de representação para demandar em favor de direito alheio.

4.4.1. A polissemia do vocábulo "representação"

Após esse breve resumo, é possível verificar que a palavra "representação", considerando também as suas respectivas derivações de grafia, é polissêmica, além de ser largamente utilizada nas decisões judiciais sempre que está em causa o entendimento do art. 56º, n. 1, da CRP. Desta forma, convém discorrer sobre os vários significados da expressão para enfim verificar o que mais se adequa ao dispositivo em comentário.

4.4.1.1. Representação numa perspectiva de direito material e processual civil

Em primeiro lugar, o instituto pode ser analisado sob uma perspectiva de direito material, visto que, à luz do Código Civil português, são reconhecidas três formas de representação: a legal, a orgânica e a voluntária. A forma mais habitual de representação é a que decorre da vontade, da deliberação de uma das partes na relação jurídica. Esta ocorre quando o representante, por deliberação do representado (pessoa singular ou coletiva), age em defesa e em nome deste. Os misteres da representação voluntária desenvolvem-se no âmbito das relações cotidianas, cujo exemplo de maior expressão é a possibilidade do representante celebrar contratos no interesse e em nome do representado. Da mesma forma, essa modalidade de representação pode também se revelar no âmbito processual. Neste domínio, cite-

-se como exemplo a representação do advogado, mediante mandato judicial, em favor de seu cliente: o profissional, *in casu*, apresenta-se como estranho, como não interessado nas demandas ou relações jurídicas em que o representado for parte. Nada impede, todavia, que o representado outorgue outros poderes, de conteúdo mais específico ou especial, ainda no âmbito do mandato judicial para que o representante (procurador) possa ter maior autonomia na condução do processo, no sentido de poder confessar, transigir e desistir de matérias em discussão judicial, sempre no interesse do representado.

Quanto à representação legal, segundo Carlos Alberto da Mota Pinto, as partes, num negócio jurídico, devem ostentar capacidade jurídica negocial e capacidade negocial de exercício para que o objeto seja plenamente suscetível de produzir todos os seus efeitos jurídicos. Entretanto, existem algumas situações em que o negócio jurídico, embora seja realizado por incapaz de agir, é convalidado. Nestes casos, o defeito é suprido, ou por representação legal, que é a superveniência de um representante no âmbito negocial que irá defender o representado no nome e interesse deste, ou por meio da assistência, que é o consentimento anterior ou posterior de uma pessoa com a capacidade para o exercício de direitos (PINTO, 1999, pp. 215/216). Desta forma, a figura da representação, no tocante às pessoas singulares, afigura-se como um meio hábil para suprir a incapacidade do sujeito que não ostenta capacidade jurídica negocial e capacidade negocial de exercício[39]. É por meio da representação que uma terceira pessoa atua em nome e no interesse do incapaz[40].

Por fim, a representação orgânica refere-se à atuação de pessoas singulares como representantes de pessoas coletivas. Neste caso, os representantes serão aqueles cujos estatutos constitutivos determinarem, os que façam parte da administração ou os que forem por esta designada. Ainda nessa mesma modalidade de representação, admite-se também a possibilidade de outras entidades poderem substituir os órgãos da pessoa coletiva, detentores da capacidade negocial de exercício, se estes estiverem impossibilitados de agir (PINTO, 1999, p. 219).

4.4.1.2. REPRESENTAÇÃO NUMA PERSPECTIVA DAS RELAÇÕES COLETIVAS DE TRABALHO

Falar em representação, neste domínio, significa dizer, também, que as associações sindicais representam, de forma ampla, os trabalhadores que a

---

(39) Na seara processual, o CPC dispõe sobre a representação dos incapazes, dos menores, dos ausentes, dos incertos. Nesse sentido, ver arts. 10º, 11º, 14º, 16º, 17º, todos do CPC.
(40) Lembre-se o exemplo do suprimento da incapacidade dos menores pelo poder paternal e, subsidiariamente, pela tutela, conforme previsão legal disposta no art. 124º do Código Civil.

elas estão filiados, assim como podem representar eventualmente toda a categoria profissional, abrangendo, assim, os trabalhadores não filiados (MARTINEZ, 2007, pp. 1106/1107). A compreensão completa da ideia de "representar trabalhadores" passa pela própria razão de ser dessas associações sindicais. Os sindicatos são associações permanentes de trabalhadores no âmbito dos quais estes, reunidos, buscam a defesa e a promoção dos seus próprios interesses socioprofissionais, assim como, de forma coletiva, dinamizam a luta laboral, no sentido de relativizar a força do empregador na relação de trabalho individual. Importa não olvidar que as relações de trabalho são extremamente desiguais, sobretudo porque o detentor do capital econômico possui poderes suficientemente fortes para determinar os aspectos mais fundamentais do contrato de trabalho, ao passo que o empregado, sem forças reais e muitas vezes pressionado pelas circunstâncias, não encontra outra alternativa senão a de aceitar as condições estabelecidas. A reunião de trabalhadores numa entidade coletiva, que tem por vocação natural a negociação coletiva, apresenta-se muito mais forte para promover a defesa dos interesses socioprofissionais. É desta maneira que, nas relações coletivas de trabalho, o pressuposto da desigualdade, presente na contrato individual de trabalho, tende a ser relativizado, assim como a propagação de injustiças, decorrente da lógica da contratação individual, tende a encontrar um ponto de repouso. Todas essas considerações mais axiológicas têm o condão de traduzir o significado de representação do sindicato.

Dentro do contexto de representação dos trabalhadores, quanto aos interesses ostentados pelo sindicato, estes não se resumem a aspectos que se prendem a melhorias nas condições de trabalho de toda a categoria profissional, tampouco às medidas que devam ser pleiteadas exclusivamente em face do empregador. A atuação do sindicato pode ser compreendida num contexto muito mais amplo, e também num contexto muito mais restrito.

O primeiro enquadramento sugere que a atuação do sindicato, em sede de representação, deverá abranger igualmente uma função de natureza mais política, consubstanciada na possibilidade de contribuir para a produção de legislação que corresponda aos anseios dos trabalhadores em matérias como condições de trabalho, segurança social, impostos incidentes em rendimentos do trabalho, fiscalização do ambiente de trabalho, resolução de conflitos laborais, entre outros (LEITE, 2003, p. 110).

Para Jorge Miranda e Rui Medeiros, aliás, a compreensão mais extensiva do vocábulo "representem", constante do dispositivo constitucional em análise, resulta da leitura do dispositivo em articulação com outras normas constitucionais. Lembram, nesse sentido, o direito constitucional de as associações participarem na elaboração da legislação laboral (art. 56º, n. 2, alínea "a"), o direito das mesmas de manifestarem opinião acerca dos planos econômico-sociais (art. 56º, n. 2, alínea "c"), o direito de participarem da definição das principais medidas econômicas e sociais do Estado (art. 80º, alínea "g")[41]. Note-se que a participação das associações sindicais, no cumprimento desses mandamentos constitucionais, não é realizada no sentido de beneficiar apenas os trabalhadores a elas vinculados, até porque o resultado dessa manifestação sindical não pode gerar uma lei ou uma manifestação do poder público que, em princípio, beneficie ou cause prejuízos a alguns, sob pena de ferir o princípio constitucional da igualdade de tratamento.

Sob essa ótica, o conceito de "representação dos trabalhadores" a cargo do sindicato, por meio de uma leitura sistemática da Constituição, pode significar a atuação da entidade sindical como coadjuvante na promoção de um cenário melhor para todos os trabalhadores, indistintamente.

Na acepção mais restrita de representação, entende-se que o sindicato deve ser sensível aos interesses apresentados pelo trabalhadores individualmente considerados que, num contexto de liberdade sindical, optam por se sindicalizarem numa associação sindical específica. As decisões do TC, ao tratarem sobre o tema da representação sindical, inclinam-se para reconhecer esse tipo de representação, que não se refere à defesa dos interesses socioprofissionais — interesses coletivos, portanto — mas refere-se à defesa dos interesses individuais apresentados por um grupo de trabalhadores que se sente prejudicado por uma decisão da entidade patronal. É razoável, todavia, sustentar que, em regra, não há contradições entre a atuação sindical em defesa de interesses individuais e em defesa de interesses coletivos, porque se presume que o sindicato deve funcionar sempre como um corpo, todo ele coerente, entendendo-se portanto que a defesa de um tipo de interesse não deve inviabilizar ou dificultar a defesa do outro, e vice-versa[42].

4.4.2. Análise crítica da decisão: considerações sobre os limites subjetivos da substituição processual

Por tudo quanto foi exposto, o art. 56º, n. 1, da CRP, ao dispor sobre o direito das associações sindicais de representarem os trabalhadores, parece

---

(41) Os autores ressaltam ainda que "conforme sublinha o Tribunal Constitucional, o papel relevante que a Constituição atribui às associações sindicais na elaboração da legislação do trabalho, na gestão das instituições de segurança social, na elaboração e acompanhamento da execução dos planos econômico-sociais, na concertação social, na reestruturação das empresas revela que a Constituição não configura as associações sindicais numa perspectiva estritamente representativa dos interesses juslaborais dos seus associados (Acórdão 306/2003)" (MIRANDA e MEDEIROS, 2005, p. 554).

(42) Sobre liberdade sindical, veja-se Jorge Leite (2003, pp. 107/133).

não restringir o conceito de representação para compreender apenas aqueles interesses (coletivos) socioprofissionais da categoria. Tampouco parece fazer menção às figuras igualmente previstas no Código Civil ou no Código de Processo Civil: não se está diante de uma representação legal na qual o trabalhador necessariamente deve agir acompanhado do sindicato — como se fosse um agente incapaz — para que os seus interesses sejam atendidos ou que sejam relevantes para o mundo jurídico. Outrossim, o dispositivo também não condiciona o exercício do respectivo direito das associações sindicais a uma manifestação dos trabalhadores interessados por meio de procuração ou por mandato.

Pelo fato de não haver qualquer restrição, o dispositivo parece admitir a existência de um novo tipo de representação, uma representação constitucional, idêntica à figura da substituição processual, que permite ao sindicado agir, judicial e extrajudicialmente, em defesa de direitos alheios, individuais, sem que para isso seja necessário apresentar qualquer autorização dos trabalhadores interessados. Não é possível olvidar que se trata de um direito constitucional das associações sindicais e que, como tal, deve ser dotado de efetividade. Entretanto, é razoável que o direito encontre algum limite[43].

Importa discorrer agora sobre um eventual limite subjetivo à ação judicial proposta pelo sindicato.

Como visto, o acórdão em análise ampliou expressamente o entendimento formulado nos acórdãos passados (75/85 e 118/97) no sentido de ser possível a defesa de interesses individuais pelo sindicato, independentemente de manifestação expressa dos interessados e prova de filiação. Note-se que a amplitude da decisão abre a possibilidade de defesa, pelo sindicato, dos interesses de trabalhadores não filiados.

Partindo do pressuposto de que o art. 56º, n. 1, encerra uma regra clara, que permite aos sindicatos agirem em defesa dos seus trabalhadores associados, individualmente considerados, seria possível, na prática, que a decisão em análise permitisse entendimento tão amplo a ponto de admitir a defesa sindical dos não filiados? Seria possível que os reflexos de uma decisão, relativa a ação proposta pelo sindicato em defesa dos trabalhadores associados, atingissem os trabalhadores não associados?

Essas questões apresentam-se bastante delicadas.

---

(43) Pode-se dizer que já existe um limite. Em princípio, como a legitimidade que o sindicato possui é apenas a processual para demandar como substituto em defesa de outrem, ele não poderá, conforme se verá mais à frente, realizar atos que impliquem em disposição de direitos: renunciar ou acordar.

Em primeiro lugar, é possível que os interesses dos filiados de um determinado sindicato, trabalhadores de uma empresa, se confundam com os interesses apresentados por todos os trabalhadores que laboram para o mesmo empregador e sob as mesmas condições. Suponha-se que o sindicato, em sua petição inicial, afirme que todos os trabalhadores de uma determinada empresa não recebem devidamente o equipamento individual de segurança. Nesse sentido, formula pedido de condenação em obrigação de fazer com o objetivo de que a empresa passe a conceder, sob pena de multa, os respectivos equipamentos para que sejam evitados danos à saúde dos empregados. A empresa poderia apresentar exceção, nos moldes do art. 487º, n. 2, do CPC[44], tendo em vista que o sindicato não é parte legítima para deduzir direito em benefício de trabalhadores não associados.

Pelo teor da norma Constitucional (art. 56º, n. 1, da CRP), parece ser razoável que a empresa apresente exceção, em sede de contestação, no sentido de obstar a apreciação do mérito. Entretanto, considerando que o sindicato é, à partida, dispensado de apresentar procurações e provas de filiação, a identificação dos interessados não terá que ser feita, pelo menos num primeiro momento. Desta forma, abre-se a possibilidade de o sindicato elaborar alegação genérica para apenas em etapa posterior, possivelmente na fase de liquidação da sentença (quando estiver em causa uma obrigação de pagar), exigir-se a identificação de todos os interessados, inclusive para que seja possível fiscalizar o cumprimento da sentença[45]. Em sendo assim, a matéria de mérito das ações propostas pelo sindicato deveria forçosamente ser enfrentada, desde que o sindicato fizesse prova de que defende verdadeiramente os interesses individuais dos trabalhadores. A empresa poderia cumprir a sentença em relação a alguns — os trabalhadores identificados posteriormente como associados — e não em relação aos outros? Em tese, sim. Mas o que dizer em relação à indisponibilidade do direito ou em relação ao princípio da igualdade de tratamento?

Trata-se de desenvolvimentos processuais que não foram enfrentados pelo TC, porque fogem do objeto do recurso. São vicissitudes que podem ser extraídas da questão da legitimidade sindical, mas não são tratadas na

---

(44) Art. 487º (Defesa por impugnação e defesa por exceção). (...) 2 — O réu defende-se por impugnação quando contradiz os factos articulados na petição ou quando afirma que esses factos não podem produzir o efeito jurídico pretendido pelo autor; defende-se por exceção quando alega factos que obstam à apreciação do mérito da ação ou que, servindo de causa impeditiva, modificativa ou extintiva do direito invocado pelo autor, determinam a improcedência total ou parcial do pedido.

(45) A conclusão a que se chegará mais adiante é de que não é necessária a identificação dos trabalhadores quando a sentença for mandamental. A fiscalização quanto ao cumprimento da sentença poderá ser feita sem a exposição dos trabalhadores. O sindicato é quem informará a Justiça sobre o eventual incumprimento da sentença para que as medidas cabíveis sejam tomadas.

doutrina processual trabalhista portuguesa. De qualquer forma, é preciso que as primeiras reflexões sejam feitas, mesmo que superficialmente.

Não é de todo absurdo pensar numa legitmidade mais ampla do sindicato, nos moldes identificados por Jorge Leite (2003, p. 110), para admitir a atuação sindical, inclusive no judiciário, em "defesa de interesses laborais em sentido estrito". Deste modo, da mesma forma que o sindicato deve participar da elaboração da legislação laboral em matéria relativa às condições de trabalho, deveria também apresentar legitimidade para propor ação com a finalidade de exigir abstenção de prática ilegal ou mesmo reparação em situações de descumprimento de legislação relativa a condições de trabalho, sem limitar o universo dos sujeitos. O sindicato seria impulsionado pelos seus associados, diretamente interessados na resolução do conflito. Entretanto, se se verificasse que a infração ao direito atinge indistintamente sindicalizados e não sindicalizados, tratando-se de direitos indisponíveis, imperativos, intransigíveis, irrenunciáveis, cujas regras devem ser observadas pelo empregador inexoravelmente[46], não há razão para que exigência judicial quanto ao cumprimento da obrigação de fazer[47] não se estendesse em favor de todos os trabalhadores da empresa. Além disso, a necessidade urgente no cumprimento de certos direitos, relacionados por exemplo com a dignidade da pessoa humana, conferiria, por si só, legitimidade ao sindicato para delatar à Justiça a irregularidade, de forma a que fosse restabelecido o *status quo*, o empregador punido e os trabalhadores reparados.

A título de exemplo, imagine-se a hipótese de contratação de trabalhadores, por uma determinada empresa, em condições desumanas, em regime de servidão. O argumento fundado na liberdade negativa de associação, direito previsto no art. 55º da CRP, não seria suficiente para impedir que o judiciário concedesse tutela de urgência, a pedido do sindicato, para que a violência fosse cessada em relação a todos os trabalhadores vinculados à empresa fictícia. Em sede de processo principal, não seria razoável que o judiciário trabalhista exigisse a abstenção de prática contrária à dignidade dos trabalhadores, somente em relação àqueles que fossem filiados ao sindicato autor.

---

(46) São exemplos de "direitos irrenunciáveis", para usar a expressão de Gomes Canotilho, os direitos inerentes à dignidade da pessoa humana, os direitos, liberdades e garantias dos trabalhadores, enquanto seres humanos e na condição de trabalhadores, e das suas organizações sindicais, assim como os direitos reconhecidos como de natureza análoga aos direitos, liberdades e garantias. A inalienabilidade de direitos, liberdades e garantias está subjacente à ideia de irrenunciabilidade. Significa dizer que não é possível contratualmente dispor de algumas matérias, mesmo que determinado acordo seja realizado de forma racional e voluntária. Contrariar essa imposição significa viciar o dispositivo ou todo o conteúdo contratual de forma irreparável, sendo nula, em princípio, a disposição sobre matéria irrenunciável (CANOTILHO, 2003, pp. 464/465).

(47) Relativamente a uma obrigação de pagar, a aplicação desse raciocínio parece ser abusiva.

Se, por outro lado, o direito em causa é disponível, ou seja, situa-se de certa forma na esfera de liberalidade do trabalhador, colocam-se vários problemas em relação à extensão da prerrogativa do sindicato para defender interesse de trabalhadores não sindicalizados, sobretudo em virtude do direito à liberdade negativa de associação. Isto porque se o trabalhador optou por não se filiar em um determinado sindicato, é porque não quer que este o represente.

Esta regra que se insere no âmbito da liberdade sindical negativa poderia ser relativizada. Considere-se a seguinte situação hipotética: imagine-se o descumprimento, por parte da empresa, de norma coletiva que previsse uma determinada vantagem pecuniária, uma espécie de prêmio aos trabalhadores que formam o sindicato subscritor da convenção coletiva; imagine-se que um trabalhador, não filiado, se aproveitasse do mencionado instrumento normativo, em virtude do que dispõe o art. 497º, n. 1, do CT, segundo o qual, "caso sejam aplicáveis, no âmbito de uma empresa, uma ou mais convenções colectivas ou decisões arbitrais, o trabalhador que não seja filiado em qualquer associação sindical pode escolher qual daqueles instrumentos lhe passa a ser aplicável"[48]. Pergunta-se: se não há qualquer vedação constitucional ao exercício da substituição processual em relação a direitos disponíveis, embora fosse necessária talvez uma melhor regulamentação infraconstitucional, o sindicato não poderia sair em defesa do tal trabalhador não associado a quem aproveita o instrumento coletivo, juntamente com os outros trabalhadores?

Neste caso, não há materialmente nada que distinga os trabalhadores associados do que não é associado. O trabalhador não associado deu credibilidade ao sindicato ao optar pelo instrumento coletivo a que deve ser submetido o seu contrato de trabalho. No campo das ideias, e considerando que não há regulamentação legislativa dessa hipótese, o direito que aproveita aos trabalhadores filiados deve aproveitar ao trabalhador não filiado. Não há qualquer incompatibilidade que afaste o segundo dos benefícios de uma eventual ação de cumprimento promovida pelo sindicato. Além do mais, todo direito material deve ter um correspondente processual. Se o direito material surgiu da interação entre o sindicato e a empresa, é razoável que a resolução do litígio possa ser feita por meio da substituição processual de todos os beneficiários.

Independentemente dessa discussão sobre os limites subjetivos da substituição processual pelo sindicato, é imperioso destacar o ensinamento

---

(48) Situação semelhante é aquela proporcionada pelas portarias de extensão, previstas no art. 514º, n. 1, do CT, segundo o qual, "a convenção coletiva ou decisão arbitral em vigor pode ser aplicada, no todo ou em parte, por portaria de extensão a empregadores e a trabalhadores integrados no âmbito do sector de atividade e profissional definido naquele instrumento".

de Gomes Canotilho e Vital Moreira, segundo o qual, mesmo quando o sindicato verdadeiramente promove a defesa dos interesses dos trabalhadores filiados, os benefícios dessa atuação podem refletir-se em todos os trabalhadores da respectiva categoria profissional, isto é, podem atingir aqueles não filiados ou os que estejam filiados em outra associação sindical (CANOTILHO; MOREIRA, 2007, p. 742). Com efeito, uma vez que a atuação sindical pode também se materializar na propositura de um processo judicial, é possível que esses reflexos surjam a partir da prolatação de uma sentença. Imagine-se que o sindicato, em substituição processual dos trabalhadores filiados, consegue que a sua tese, a propósito de uma específica interpretação de uma norma imperativa heteroconformada, seja acolhida, de modo a condenar pecuniariamente uma determinada empresa. Com fundamento na equidade e na igualdade dos tratamentos, o trabalhador não abrangido pela primeira ação poderá exigir judicialmente a respectiva vantagem, por intermédio de uma ação individual.

4.5. OS TRABALHADORES INTERESSADOS DEVEM FIGURAR COMO LITISCONSORTES NECESSÁRIOS NA DEMANDA JUDICIAL PROPOSTA PELO SINDICATO EM DEFESA DOS INTERESSES DOS MESMOS? HIPÓTESE NÃO ENFRENTADA PELO TRIBUNAL CONSTITUCIONAL, MAS SUSCITADA PELO ACÓRDÃO 210/00[49]

O recurso ao TC foi proposto por uma associação sindical para questionar a inconstitucionalidade da interpretação do Supremo Tribunal de Justiça de uma norma do CPC que teria por consequência a impossibilidade desta associação agir sozinha, em nome próprio, em defesa de interesses individuais. Segundo o entendimento do STJ, transcrito no acórdão, quando estão em jogo interesses individuais e há a participação judicial do sindicato, os trabalhadores, aqueles que supostamente têm os seus direitos lesados, devem compor o polo ativo da demanda como litisconsortes ativos necessários. Esta regra está prescrita no art. 28º do CPC, que trata sobre o litisconsórcio necessário, e deve ser aplicada, consoante o posicionamento do STJ, com o propósito de preencher a lacuna deixada pelo texto do antigo art. 6º, n. 1, do CPT, uma vez que este dispositivo "não estipula a intervenção de todos os interessados nas acções respeitantes aos interesses coletivos tutelados".

---

[49] Acórdão n. 210/00. Processo n. 1127/98. Relator: Cons. Vítor Nunes de Almeida. Órgão julgador: 1ª secção do TC. Data de julgamento: 5.4.2000.

Sobre a existência, ou não, de lacuna no Processo do Trabalho a ser preenchida pelo CPC, o TC não se pronunciou, até porque é defeso fazer juízo de valor sobre a boa ou má aplicação da legislação pelo tribunal *a quo*, em sede de recurso de constitucionalidade. Nesse contexto, é importante lembrar que as decisões, de um modo geral, independentemente da sua natureza — política, administrativa ou judicial (REGO, 2004, p. 4) — não constituem objeto idôneo de fiscalização, assim como os atos administrativos propriamente ditos, os atos políticos ou os atos de governo em sentido estrito[50].

Relativamente ao acórdão, verificou o TC que o STJ, embora tivesse relacionado a "deficiência" na legitimidade — em virtude da não formação do litisconsórcio necessário — à improcedência da ação, julgou a matéria de fundo levando em conta a prerrogativa do sindicato de participar como autor da demanda. Em outras palavras, o TC reconheceu coerência ao argumento da decisão guerreada, que admitiu a existência da legitimidade sindical, mas que, por outro lado, concluiu que o sindicato, sozinho, não tinha direito ao pleito, isto é, que o direito de ação invocado simplesmente não existia para o sindicato. Portanto, segundo a decisão do STJ, apenas existiria esse direito de ação se os trabalhadores interessados participassem do processo, conjuntamente com o sindicato, como litisconsortes. Nesse sentido, observe--se o seguinte excerto da decisão do STJ que corrobora com o posicionamento do Tribunal:

> (...) não tendo o Autor aquele direito sobre a Ré, a acção por ele proposta, sem a intervenção de todos os interessados, terá de improceder, *independentemente da declaração da sua legitimidade.*
>
> (...)
>
> Pelo exposto e considerando, em resumo e em conclusão, que *não tendo o Autor legitimidade para propor esta acção, por falta de intervenção de todos os outros interessados directos também eles, necessariamente sujeitos activos da relação material controvertida, não lhe pode ser reconhecido o direito que peticionou,* decide-se conceder a revista, revogar a decisão recorrida e absolver a Ré do pedido (os destaques não constam do original).

O TC asseverou ainda, não obstante a prática judiciária recorrente de relacionar problemas de legitimidade processual com a absolvição de instân-

---

(50) Esse esclarecimento é dado no acórdão 26, de 15 de fevereiro de 1985. Todas essas exceções mencionadas, segundo o entendimento firmado neste aresto, constituem atos de aplicação, execução ou simples utilização das normas jurídicas (regra de conduta ou critério de decisão), seja de normas infraconstitucionais, seja de normas constitucionais. In: *Acórdãos do Tribunal Constitucional*, Imprensa Nacional Casa da Moeda, v. 5, 1985.

cia, que há autores que consideram a legitimidade como "condição de ação", isto é, como condição de fundo, como requisito imprescindível para a procedência da ação. Sendo intuitivo concluir que, sob esse ponto de vista, havendo problemas de legitimidade, o resultado será sempre o da improcedência da ação.

4.5.1. Análise crítica da decisão: incabível formação de litisconsórcio necessário

Partindo-se do pressuposto de que o sindicato tem legitimidade para agir, como autor, em defesa de interesses individuais dos trabalhadores associados, como ficou reconhecido no acórdão 75/85, e que essa prerrogativa deve ser materializada a partir da defesa coletiva desses interesses, isto é, por meio de defesa de vários indivíduos, de uma única assentada, por meio de ação judicial, consoante intepretação do acórdão 118/97, e considerando, ainda, que essa atuação da entidade coletiva deve ser concretizada, independentemente de poderes expressos de representação e prova de filiação, conforme o que está estabelecido no acórdão 160/99, tudo leva a crer que a legitimidade sindical, embora enfrentada na decisão recorrida como questão de fundo, e não como questão de forma, foi interpretada equivocadamente. E essa interpretação fere todo o desenvolvimento doutrinário do TC acerca da compreensão do art. 56º, n. 1, da CRP. Senão, veja-se.

Em nenhum momento a prerrogativa de os sindicatos defenderem "interesses individuais dos trabalhadores que representem" dá margem para interpretações mais restritas, como a que versa sobre a necessidade de os trabalhadores interessados atuarem em litisconsórcio, sob pena de ser impossível conhecer-se do mérito ou admiti-lo propriamente.

A atuação do sindicato isoladamente basta para a defesa desses interesses individuais, e é nesse sentido que todas as decisões acima relatadas foram proferidas. Observe-se que as questões postas ao TC foram todas apresentadas no sentido de obter o reconhecimento do direito, à luz da Constituição, para que o sindicato, sozinho, pudesse representar os trabalhadores filiados no tocante aos seus interesses individuais. A bem da verdade, a possibilidade de o sindicato agir como substituto processual é a tradução do mecanismo de defesa dos seus associados por excelência e, para além disso, tem como principais propósitos o de diminuir quantitativamente o número de partes, de modo a tornar o julgamento mais célere, econômico, simples, bem como o de reduzir o número de demandas judiciais baseadas em situações semelhantes. Note-se que, se a pretensão de um conjunto de trabalhadores estiver relacionada com uma decisão específica da empresa, relacionada, por exemplo, com a não concessão do subsídio de férias, o juízo de valor extraído da análise daquela situação servirá igualmente para todos os trabalhadores substituídos. Outrossim, se as pretensões estiverem relacionadas com uma origem comum, ou, por exemplo, com um ato de despedimento coletivo que não cumpre com as exigências legais, o pronunciamento do tribunal acerca da legalidade ou ilegalidade da medida será fundamental para analisar o cabimento de eventual reintegração ou indenização para cada um dos substituídos. Esses exemplos evidenciam a possibilidade de o sindicato, em defesa coletiva, relativamente a direitos homogêneos ou fundados em origem comum, substituir os trabalhadores interessados.

Com efeito, não faz sentido adotar aqui o entendimento do art. 28º do CPC, segundo o qual:

> 1. Se, porém, *a lei ou o negócio exigir a intervenção dos vários interessados na relação controvertida*, a falta de qualquer deles é motivo de ilegitimidade.
>
> 2. É igualmente necessária a intervenção de todos os interessados quando, pela *própria natureza da relação jurídica*, ela seja necessária para que a decisão a obter produza o seu efeito útil normal. A decisão produz o seu efeito útil normal sempre que, não vinculando embora os restantes interessados, possa regular definitivamente a situação concreta das partes relativamente ao pedido formulado (grifos não constam do original).

Primeiro, porque a Constituição não faz qualquer exigência acerca da intervenção necessária dos substituídos, nem seria possível extrair dela essa regra, tendo em vista a própria teleologia da substituição processual[51]. Segundo, porque não há relação jurídica entre sindicato e trabalhadores substituídos de modo a reclamar a aplicação do n. 2, do art. 28º do CPC. Os interesses dos trabalhadores em jogo são essencialmente individuais, mas podem ser exigidos coletivamente, tendo em vista que a semelhança entre as pretensões torna possível que a discussão seja feita num único processo, em sede de defesa coletiva, pelo sindicato. Trata-se, pois, de direitos divisíveis. Isto é, cada trabalhador pode isoladamente ou em conjunto — em litisconsórcio voluntário e não necessário — propor a demanda judicial, mas, em todo o caso, estes direitos divisíveis podem ser defendidos pelo sindicato

---

(51) Destaque-se que: "(...) não há que se falar em substituição processual se ambos, legitimado ordinário e extraordinário, figuram simultaneamente no processo, em posições equivalentes, ou seja, como parte principal. Em tal hipotese, tem-se a figura do litisconsórcio e não da substituição processual". (CARVALHO, 2006, p. 141).

numa ação judicial de cariz coletivo. É importante lembrar que o interesse dos trabalhadores, tendente a ensejar uma determinada pretensão judicial, está fundado numa *relação direta ou imediata* com o direito em litígio, ao passo que o sindicato apresenta um *interesse mediato*, na medida em que está relacionado com a "representação" dos seus trabalhadores associados. Desta forma, o sindicato não participa sequer da relação jurídica que der origem à demanda a ser por ele proposta.

Assim sendo, não faz qualquer sentido falar em litisconsórcio necessário entre o sindicato e todos os interessados.

4.6. O SINDICATO, NA DEFESA COLETIVA, DEFENDE INTERESSES DE NATUREZA INDIVIDUAL, MÚLTIPLA E SIMILAR: ACÓRDÃO 103/2001[52]

A jurisprudência do TC foi reiterada, nesta decisão, para reconhecer a legitimidade ativa dos sindicatos para atuarem em defesa de interesses individuais, em virtude do art. 56º, n. 1, da CRP. No essencial, a questão, aliás, é idêntica à do acórdão 160/99, tendo em vista que tanto naquela situação, como nesta, o sindicato, em sede de recurso, no âmbito do controle concreto de constitucionalidade, afirmou que a sua legitimidade para atuar em defesa dos interesses individuais dos Técnicos de Diagnósticos e Terapêutica da Área de Análises Clínicas de um determinado Hospital fora denegada, em face das normas do art. 46º do RSTA e do art. 821º do CA.

Com efeito, foi julgada inconstitucional, no caso concreto e sem aposição de quaisquer votos dissidentes, a conjugação do art. 46º, n. 1, do RSTA, com o art. 821º, n. 2, do CA, e, na parte dos fundamentos, a argumentação dos acórdãos 75/85, 118/97 e 160/99 foi sistematizada e sintetizada. O que interessa nesta decisão é identificar algumas nuances que não podem passar desapercebidas, uma vez que enriquecem a doutrina do TC, relacionadas com o vocábulo "representação" e suas derivações, e com o conceito de defesa coletiva dos interesses individuais.

Em primeiro lugar, verifica-se que há de fato uma grande confusão semântica ainda em relação ao vocábulo representação, que destoa completamente do sentido empregado no art. 56º, n. 1, da CRP. Nesse sentido, consta do acórdão a transcrição da decisão do Tribunal Administrativo do Círculo

---

(52) Acórdão n. 103/01. Processo n. 421/00. Relator: Cons. Vítor Nunes de Almeida. Órgão julgador: 1ª secção do TC. Data de julgamento: 14.3.2001.

de Lisboa, que, ao denegar provimento ao recurso, tendo em vista a falta de legitimidade do recorrente, afirmou:

> O recorrente alega realmente que interpõe o presente recurso em representação daqueles trabalhadores.
>
> *A verdade é que não consta dos autos que os mesmos trabalhadores lhes tenham concedido poderes de representação* (grifos não constam do original).

Irresignado, o sindicato recorreu para o Tribunal Central Administrativo, apresentando como fundamento do recurso o entendimento vertido no acórdão 118/97, que decidiu a favor da legitimidade sindical para iniciar e intervir em processo administrativo em defesa dos interesses dos trabalhadores, e o TCA, ao revés disso, entendeu aplicáveis os argumentos dos votos de vencido apostos no acórdão 160/99, decidindo da seguinte forma:

> *Aceitar a tese do recorrente seria, pois, admitir no contencioso administrativo o que se não logra no foro laboral: atribuir às associações sindicais poderes de representação à revelia dos próprios representados* (grifos não constam do original).

Finalmente, apresenta o sindicato recurso ao TC, e, nas suas conclusões, sustenta que:

> Podendo, assim, estar em juízo, para fazer valer tal tutela, em nome próprio, embora subjazendo, e estando implícito sempre, *que o fazem no interesse e em representação dos trabalhadores que representem.*
>
> Tratando-se, portanto, de *uma representação colectiva por natureza e não de representação conferida caso a caso ou **ad hoc*** (grifos não constam do original).

Observe-se que, mesmo após 15 anos de desenvolvimento jurisprudencial sobre o tema, nos dois primeiros trechos a palavra representação foi tratada como sinônimo de mandato, ao passo que no último optou-se por chamá-la de 'representação coletiva', termo que não se encaixa nas terminologias do direito comum, mas pode ser entendido sob a perspectiva de direito coletivo, numa modalidade mais restrita de representação, para defender interesses individuais homogêneos, numa espécie de representação anômala. Em todo o caso, o fato de não se adotar a terminologia correta, substituição processual, para identificar a prerrogativa constitucional em referência, não só confunde o intérprete, como dá margem para a obtenção de outros significados que fogem dos limites interpretativos estabelecidos pelo TC.

Por fim, destaque-se o seguinte fragmento do *decisum*:

> De acordo com tudo quanto fica exposto, representando o caso dos autos a reacção contra *um despacho de natureza genérica, cujo conteúdo é susceptível de afectar uma generalidade de trabalhadores de forma homogénea, o reconhecimento da legitimidade do sindicato em intervir na defesa desses interesses que, não sendo colectivos, são de natureza individual múltipla e similar, o que permite o seu tratamento de uma forma colectiva*, não só não afecta o conceito constitucional de liberdade sindical como se insere claramente no âmbito da jurisprudência já definida pelo Tribunal Constitucional (grifos não constam do original).

Veja-se que há uma complementariedade entre o que ficou dito no acórdão em análise com tudo o que o TC produziu sobre a matéria. Em se tratando de direitos individuais, a defesa coletiva do sindicato somente se processa se estiverem em causa direitos múltiplos, isto é, direitos de vários trabalhadores, e desde que estes sejam similares, provenientes de uma origem comum. Ademais, chega-se à conclusão, pelo critério da exclusão, que os interesses *heterogêneos* dos trabalhadores já não podem ser defendidos coletivamente pelos sindicatos. Podem sê-lo somente aqueles direitos que apresentem alguma similitude, também porque há limitações em matéria processual relacionadas com a cumulação de pedidos. Também é possível extrair, do entendimento exposto, que os direitos puramente individuais não são defensáveis, em sede de substituição processual, pelos sindicatos. Esses direitos que apresentam alguma particularidade ou singularidade que os afasta do grupo devem ser perseguidos pelo próprio interessado. Esta regra tem a sua lógica: não é razoável que o sindicato dispenda forças para, em seu nome, defender direitos que podem muito bem divergir e até contrariar o interesse de grupo.

Capítulo V

A Substituição Processual no Código de Processo do Trabalho Português

5.1. Considerações iniciais

Algumas das decisões do TC acima colacionadas, que dizem respeito ao tema da legitimidade sindical, estão relacionadas com julgamentos proferidos em sede de controle concreto e abstrato de constitucionalidade que analisam sobretudo normas de procedimento e processo administrativo. Nesta senda, o atual art. 310º, ns. 2 e 3, da Lei n. 59, de 11.9.2008 (dispositivo que substitui o art. 4º, n. 3, do Decreto-Lei n. 84, de 19.3.1999, ao mesmo tempo que o reproduz), que trata sobre a legitimidade sindical nos processos e procedimentos administrativos, mas que não será abordado neste trabalho por questões de espaço, mostra-se bastante consonante com o entendimento construído pelo TC sobre o alcance interpretativo do art. 56º, n. 1, da CRP. A ideia de legitimidade sindical mais alargada, no sentido de a entidade sindical atuar administrativa e judicialmente em favor de interesses individuais homogêneos dos trabalhadores sindicalizados, não pode se circunscrever às situações relacionadas ao procedimento administativo (pré-litígio) e à sua correspondente fase contenciosa[53]. Fica evidente que a interpretação

---

(53) Convém ressaltar que há julgados nos tribunais administrativos nos quais algumas das decisões do TC, que foram analisadas no capítulo anterior (principalmente os acórdãos 75/85, 118/97 e 160/99,

do dispositivo constitucional que o Tribunal construiu ao longo dos anos para poder responder às questões objetivas que lhe foram postas deve orientar toda a atividade sindical, seja para atender aos interesses dos trabalhadores da administração pública, seja para atender aos interesses dos trabalhadores do setor privado.

Desta forma, não existem dúvidas de que o art. 5º do Código de Processo do Trabalho, que torna mais densa e mais concreta a questão da legitimidade sindical no setor privado, deve ser interpretado em conformidade com a Constituição, sobretudo a partir da ótica do TC. É possível, todavia, que o intérprete, ao analisar a norma infraconstitucional mencionada, se convença de que existem elementos textuais que apontam para uma contradição entre o legislador constituinte e o legislador ordinário. Por outro lado, há quem analise o artigo e não encontre nenhum problema digno de nota[54], apesar de defeitos quanto à técnica legislativa na redação do artigo poderem ser apontados, principalmente no tocante ao n. 2, porque, em rigor, as palavras "substituição" e "representação" não são sinônimas, nem os institutos são idênticos. Veja-se, portanto, o artigo na sua íntegra:

Legitimidade das associações sindicais e patronais

> 1 — As associações sindicais e patronais são partes legítimas como autoras nas ações relativas a direitos respeitantes aos interesses coletivos que representam.
>
> 2 — As associações sindicais podem exercer, ainda, o direito de ação, em representação e substituição de trabalhadores que o autorizem:
>
> a) Nas ações respeitantes a medidas tomadas pela entidade patronal contra trabalhadores que pertençam aos corpos gerentes da associação sindical ou nesta exerçam qualquer cargo;

---

são interpretadas no sentido de admitir que a substituição processual deve ser uma prerrogativa sindical a ser utilizada em defesa de direitos individuais similares de um grupo de trabalhadores, mas também em defesa de direitos de um único trabalhador. Essa interpretação é geralmente conseguida após a conjugação do art. 56º, n. 1, da CRP, com o art. 4º, n. 3, do Decreto-Lei n. 84/1999, segundo o qual, "é reconhecida às associações sindicais legitimidade processual para defesa dos direitos e interesses coletivos e para a defesa coletiva dos direitos e interesses individuais legalmente protegidos dos trabalhadores que representem (...)". Portanto, se o sindicato defende coletivamente interesses coletivos e interesses individuais, essa modalidade de "defesa coletiva" parece estar relacionada, segundo esse ponto de vista, com a defesa proposta por entidade coletiva, independentemente do número de trabalhadores a serem substituídos, e não com a defesa de muitos trabalhadores numa única ação (Processo 05994/10. Relatora: Teresa de Sousa. Órgão julgador: CA-2º Juízo do Tribunal Central Administrativo do Sul. Data do julgamento: 22.4.2010).

(54) Em comentário ao tema da legitimidade, Paulo Sousa Pinheiro (2010, p. 58) reproduz a previsão do artigo sem suscitar grandes problemas. Pedro Romano Martinez (2007, p. 1288), na parte relativa à legitimidade, constante do seu manual, também não faz qualquer consideração que ultrapasse a literalidade da norma processual, somente ressalvando que a legitimidade "em representação e substituição" dispensa mandato judicial.

b) Nas ações respeitantes a medidas tomadas pela entidade patronal contra os seus associados que sejam representantes eleitos dos trabalhadores;

c) Nas ações respeitantes à violação, com carácter de generalidade, de direitos individuais de idêntica natureza de trabalhadores seus associados.

3 — Para efeito do número anterior, presume-se a autorização do trabalhador a quem a associação sindical tenha comunicado por escrito a intenção de exercer o direito de ação em sua representação e substituição, com indicação do respectivo objeto, se o trabalhador nada declarar em contrário, por escrito, no prazo de 15 dias.

4 — Verificando-se o exercício do direito de ação nos termos do n. 2, o trabalhador só pode intervir no processo como assistente.

5 — Nas ações em que estejam em causa interesses individuais dos trabalhadores ou das entidades patronais, as respectivas associações podem intervir como assistentes dos seus associados, desde que exista da parte dos interessados declaração escrita de aceitação da intervenção.

Observe-se que o dispositivo regulamenta sobretudo as hipóteses de legitimade sindical no processo para a propositura de ações judiciais. Note-se que a legitimidade é subdividida em ordinária, exercida nos casos em que estiverem em causa interesses coletivos, e extraordinária, quando estiverem em causa interesses individuais. No âmbito desta última legitimidade, o dispositivo legal impõe certas condições que serão analisadas pormenorizadamente a seguir, assim como estabelece a que título os trabalhadores interessados poderão intervir no processo proposto pelo sindicato e sob que circunstâncias o sindicato poderá intervir no processo individual, quando evidentemente este não for autor da demanda judicial.

5.2. LEGITIMIDADE ORDINÁRIA DAS ASSOCIAÇÕES SINDICAIS: ART. 5º, N. 1, DO CPT

Preliminarmente, é certo que os sindicatos poderão mover demanda judicial sempre que as questões a serem tratadas toquem o seu interesse coletivo[55], em função do que dispõe o n. 1, do art. 5º do CPT. Portanto,

---

(55) Em rigor, o direito dos sindicatos a participar da elaboração da legislação laboral, por exemplo (art. 56º, n. 2, "a", da CRP), não se enquadra no conceito de direito coletivo explorado nesta dissertação, antes deveria ser considerado como um "direito próprio" da associação sindical. Mas não cabe

quando se tratar de direitos próprios da entidade coletiva, ou direitos coletivos decorrentes dos interesses socioprofissionais dos trabalhadores associados, o sindicato poderá funcionar como autor numa demanda porque tem o direito de exigir cumprimento judicial relativamente a direitos substantivos que a lei e a Constituição lhes asseguram.

5.3. LEGITIMIDADE EXTRAORDINÁRIA DAS ASSOCIAÇÕES SINDICAIS: ART. 5º, N. 2, DO CPT

No tocante ao n. 2, do art. 5º, que é complementado pelas situações descritas nas três alíneas seguintes, o sindicato tem a prerrogativa de agir como parte numa ação judicial, desde que seja em "representação e substituição" de trabalhadores. Desde já, é preciso ter em mente que sempre que se tratar de defesa judicial de interesses individuais promovida pelo sindicato, estar-se-á diante de uma substituição processual. Isto porque o sindicato se posiciona na demanda como autor no lugar dos trabalhadores diretamente interessados. Não se trata, pois, de representação, como sugerem António Vilar[56] e Albino Mendes Baptista[57] ao aduzirem que o sindicato atua em nome e no interesse de outrem, apesar de traçarem diferenças entre a substituição e a representação.

Ainda sobre esse assunto, Mendes Baptista tem opinião bastante particular. Afirma que o que está em discussão no artigo mencionado não se refere à questão de legitimidade das partes. Sob o seu ponto de vista, trata-se antes de uma questão de representação e substituição, enquanto que a legitimidade, quem a possui, é o trabalhador[58]. Não obstante, afirma em

---

dúvida de que a norma em análise pretendeu abranger sob a designação de direito coletivo também este tipo de direitos. De outra forma, uma lei ordinária restringiria injustificadamente um direito constitucional dos sindicatos.

(56) Senão, observe-se: "(...) enquanto nas alíneas a) e b) do referido n. 2 estamos perante um direito de ação em representação, porque em nome de outrem e no interesse de outrem, na alínea c) trata-se de um direito de ação em substituição, na medida em que se age em nome próprio [sic] de um interesse de outro" (VILAR, 2000, p. 194).

(57) "Nas situações previstas nas alíneas a e b do n. 2, opera o fenómeno de **representação**, já que se defende um interesse de outrem em nome de outrem, quando estando em causa o exercício das funções ou cargos sindicais, a entidade patronal tenha tomado medidas contra os trabalhadores que exerçam essas funções ou cargos. Por sua vez, na situação prevista na alínea c do n. 2, o termo adequado é **substituição**, uma vez que se trata da defesa em nome próprio de um interesse alheio" (BAPTISTA, 2002, p. 41).

(58) Em que pese o entendimento do autor, lembre-se que as associações sindicais passam a ter personalidade jurídica após o registro dos seus estatutos no Ministério do Trabalho (art. 447º, n. 1, do CT) e que "quem tiver personalidade jurídica tem igualmente personalidade judiciária" (o art. 5º, n. 2, do CPC), sendo que esta personalidade judiciária, de acordo com o n. 1 do mesmo dispositivo, nada mais é do que "a suscetibilidade de ser parte" no processo. Essas regras, combinadas com as

seguida que as associações podem exercer efetivamente o direito de ação "em representação e substituição de trabalhadores que autorizem"[59]. Duas questões merecem nota.

Em primeiro lugar, se se reconhece que a associação sindical tem direito de ação, é porque lhe é reconhecida a legitimidade processual, muito embora o sindicato, nas situações descritas no art. 5º, n. 2, do CPT, não apresente legitimidade substantiva relacionada com o direito material, que é necessária para poder dispôr do direito em litígio[60]. A bem da verdade, o Código de Processo Civil, ao tratar sobre o conceito de legitimidade, em seu art. 26º, n. 1, dispõe que: "o autor é parte legítima quando tem interesse directo em demandar; o réu é parte legítima quando tem interesse directo em contradizer". Pela leitura do dispositivo, fica evidenciada a influência individualista que norteia o CPC. Talvez seja esta a razão pela qual o referido autor tenha defendido que, mesmo quando a associação sindical, nos termos do art. 5º, n. 2, do CPT, defende direitos individuais, a legitimidade é exclusivamente do trabalhador que é substituído ou representado. Na realidade a visão do autor se coaduna com o conceito de legitimação processual formulado por Liebman, com base no contexto de liberalismo clássico, que relaciona a legitimação para agir com a "pertinência subjetiva da ação" (CARVALHO, 2006, pp. 126/137). Entretanto, não há dúvidas de que o direito de ação que tem o sindicato deve se inserir no campo da *legitimatio ad causam*. Aliás, também se traduzirá em legitimidade processual o direito de ação de algumas pessoas para proporem ações na defesa de direitos transindividuais, segundo o teor

---

disposições do art. 5º do CPT, traduzem efetivamente a possibilidade de os sindicatos poderem funcionar como parte — porque possuem legitimidade processual ativa — quando interesses coletivos e individuais estiverem em jogo. De qualquer forma, cumpre ressaltar que desde há muito a doutrina que se ocupa do estudo do direito processual (mormente a alemã, a italiana e a brasileira) tem se debruçado sobre o conceito de parte, sobretudo em vista da autonomia do direito processual sobre o direito material, sendo certo que já é incontroversa a ideia de que existe parte em sentido processual, que muitas vezes pode não coincidir com a concepção de parte em sentido material (CARVALHO, 2006, pp. 101/115).

(59) "As associações podem intervir judicialmente para defender interesses individuais dos trabalhadores, mas neste caso já não é de legitimidade das partes que se trata, mas de **representação e substituição**. A legitimidade essa cabe ao trabalhador. Assim, as associações sindicais podem exercer, ainda, o direito de ação em representação e substituição de trabalhadores que o autorizem." (BAPTISTA, 2002, p. 41).

(60) J. P. Remédio Marques, a propósito da distinção entre a legitimidade processual e legitimidade substantiva, explica que: "esta [a legitimidade substantiva] traduz o poder de disposição atribuído pelo direito substantivo ao autor do ato jurídico", ao passo que a legitimidade processual refere-se a "um pressuposto de cuja verificação depende o conhecimento do mérito da causa". (MARQUES, 2011, p. 375). Explica ainda que existe a legitimidade que possuem as "partes materiais", ou seja, "aquelas que são titulares do direito controvertido", aquelas "que tenham poderes de disposição sobre o bem ou direito objeto do litígio", e existe a legitimidade das "partes formais", ou seja, "as que não são titulares do bem ou direito controvertido, ou que não são atingidas diretamente pelo correspondente dever de prestar ou sujeição decorrente do exercício de um direito potestativo" (*ibidem*, p. 373).

do art. 26º-A, do CPC, assim como a defesa de interesses difusos, coletivos e individuais homogêneos[61], regulamentada pela lei de participação procedimental e ação popular, Lei n. 83/1995, que será estudada de forma mais aprofundada a seguir, na seara do direito laboral[62].

Em segundo lugar, é preciso distinguir duas situações diferentes previstas no art. 5º, n. 2, do CPT. Nas duas primeiras alíneas há concomitantemente o interesse do sindicato e o interesse individual do trabalhador lesado[63], e daí que a aplicação do termo "representação", na falta de outro vocábulo que melhor traduza o fenômeno, não seja tão despropositado. Porém, não se pode esquecer que o sindicato, nessa representação, age em nome próprio e não em nome de outrem. Já na última alínea, é descrita uma situação em que os interesses são exclusivamente individuais e daí que seja mais apropriado falar em substituição. Não se pode confundir os dois institutos, ou tomá-los como sinônimos, porque verdadeiramente não o são.

5.3.1. LEGITIMIDADE SINDICAL PARA A AÇÃO QUANDO A CONDUTA DO EMPREGADOR CARREGAR UM GÉRMEN ANTISSINDICAL

O que diferencia o interesse coletivo do interesse individual homogêneo, como visto, é a forma de articular causa de pedir e pedidos. No caso de ação com o objetivo de afastar uma conduta empresarial de conteúdo antissindical, por exemplo, o interesse em causa é coletivo. Já nos casos em que um trabalhador, ou um conjunto deles, tem o seu direito violado pelo simples fato de pertencer aos quadros do sindicato, uma ação que vise tutelar o direito do trabalhador trará como causa de fundo a sua condição de dirigente sindical, mas os pedidos da ação serão formulados em benefício sobretudo do trabalhador para que seja paga a quantia que lhe é devida, para que seja restituído no seu posto de trabalho, para que seja indenizado pelo assédio que sofreu, etc. Neste último caso, o interesse será individual. Tratando-se de lesão que atinja vários trabalhadores da mesma forma, estar-se-á diante de um interesse individual homogêneo.

---

(61) Muito embora a lei que regulamenta a ação popular não faça essa tripartição quanto aos interesses protegidos, essa classificação, cuja origem se encontra no direito brasileiro (Lei n. 8.078, de 11.9.1990, que regulamenta o Código de Defesa do Consumidor), já é admitida pela doutrina e pela jurisprudência portuguesas (TEIXEIRA, 1996, p. 5).

(62) Existem outros exemplos de legitimidade de terceiros, estranhos à relação material controvertida, como leciona José João Baptista, constantes dos arts. 606º (sub-rogação do credor ao devedor, considerando o correlato direito de ação), 71º, n. 2 (direito de ação do cônjuge sobrevivo para a tutela da personalidade), e 73º (legitimidade para a defesa do nome depois da morte), todos do Código Civil (BAPTISTA, 2006, p. 176).

(63) Os interesses aqui estão circunscritos às noções de interesse coletivo e interesse individual que são discutidos no direito substantivo do trabalho e já foram conceituados anteriormente.

Portanto, se o caso concreto enquadrar-se na primeira situação, o dispositivo processual a ser invocado será o art. 5º, n. 1, do CPT. O sindicato aqui apresentará legitimação ordinária para agir. Se por outro lado, se tratar da segunda hipótese, o sindicato poderá agir como substituto processual, consoante as disposições do art. 5º, n. 2, "a" e "b", do CPT. Substituição porque os interesses imediatos a serem tutelados serão individuais, de muitos ou de um só trabalhador. Portanto, o sindicato agirá em seu nome, mas em defesa de direitos de outrem.

Acontece que o sindicato, neste tipo de situação, apresenta algum interesse em termos materiais (e não processuais), na medida em que possui um especial interesse em rechaçar toda e qualquer conduta antissindical[64]. É preciso tomar em consideração que o exercício da luta sindical de forma livre, por meio de uma adequada representação dos trabalhadores perante a entidade empregadora, constitui direito fundamental. O interesse apresentado pelo sindicato aqui não é tangencial, nem de menor importância em relação aos direitos individuais implicados. O efeito da providência judicial positiva, independentemente dos pedidos formulados, é de fundamental importância para a valorização e para o incremento da luta sindical, muito embora a tutela jurisdicional pretendida seja direcionada sobretudo para resolver questões relativas a interesses individuais. Portanto, as hipóteses prescritas nas alíneas "a" e "b" do dispositivo deixam transparecer uma preocupação do direito processual trabalhista em permitir que o sindicato atue em circunstâncias que o atinjam ou que interfiram na sua luta. Note-se que os interesses individuais lesados são os principais, ao passo que o interesse do sindicato, apesar de ser relevante, é secundário, tendo em vista o objetivo primordial da ação que é tutelar o interesse individual.

É por isso que talvez não seja despropositada a expressão adotada pela lei para distinguir esses casos daqueles atinentes à substituição processual pura em que um terceiro, estranho à relação jurídica, propõe ação para defender interesses que lhes são alheios.

---

(64) O professor João Reis (2004, p. 373), aliás, ensina que o comportamento antissindical não se restringe à relação jurídica estabelecida entre o sindicato e a empresa, mas também abrange a relação entre empregador e empregado, havendo, desta forma, tanto interesse do trabalhador diretamente envolvido como do sindicato na composição do litígio. O autor faz essa afirmação ao comentar a legislação laboral italiana, que, apesar de ser muito restritiva às ações judiciais sindicais, concede legitimidade aos sindicatos para demandar judicialmente a entidade empregadora que lesar um direito individual de um trabalhador e, ao mesmo tempo, "limitar o exercício da liberdade e da atividade sindical". Senão, veja-se: "o comportamento antissindical não se confina às relações entre o empregador e o sindicato, podendo verificar-se também nas relações entre empregadores e trabalhadores individuais. Mais do que o interesse próprio do trabalhador, o art. 28º do Estatuto acolhe um interesse próprio do sindicato. No entanto, um mesmo comportamento pode configurar simultaneamente uma violação do contrato e uma ofensa à liberdade sindical, sendo, nessa medida qualificável como uma conduta pluriofensiva".

Aquilo a que a lei chama de representação para designar as hipóteses do art. 5º, n. 2, "a" e "b" (porque a hipótese de alínea "c" se encaixa no conceito de substituição processual já amplamente discutido) parece ser, na verdade, uma espécie de substituição "impura", ou aquilo que Nelson Jobim designou de substituição do "tipo 1" ou "figura intermediária" parafraseando Calamandrei, já que a de "tipo 2" se refere à substituição processual em que os interesses são exclusivamente dos substituídos[65]. Portanto, nesta espécie de substituição impura, o sindicato verdadeiramente partilha do interesse material porque a lesão de direitos individuais apresenta um conteúdo antissindical.

Uma outra questão que também pode ser extraída das duas primeiras alíneas do art. 5º, n. 2, do CPT, é que os dispositivos parecem admitir a substituição de um único trabalhador, apesar de o texto legal ter sido redigido no plural para reconhecer legitimidade sindical quando houver lesão de direitos dos membros dos "corpos gerentes da associação sindical", dos que "nesta exer[ça] qualquer cargo" ou dos "representantes eleitos dos trabalhadores". A lei parece consagrar a substituição de um único trabalhador porque não aponta qualquer condição que indique a necessidade de a lesão atingir vários trabalhadores. Desta forma, e não obstante o que se tem defendido até agora, essa possibilidade não contraria a Constituição, ou a sua interpretação, simplesmente amplia o leque de proteção aos trabalhadores. Essa extensão da proteção revela uma preocupação do sistema jurídico trabalhista em, por um lado, resguardar o interesse apresentado pelo sindicato e, por outro, possibilitar uma defesa especial dos interesses do trabalhador ou dos trabalhadores que se dedicam à organização da atividade sindical. Note-se que o interesse individual de um trabalhador, nessas condições, também é compartilhado, em termos sociológicos, por todos os membros do sindicato, porque uma conduta que tem o propósito de enfraquecer a associação sindical atinge todos que a compõem. Esse tipo de lesão também atinge, de certa forma, toda a comunidade que está sujeita ao ordenamento jurídico, uma vez que esse tipo de lesão representa uma espécie de negativa a uma série de valores que surgiram no Estado Democrático de Direito.

5.3.2. LEGITIMIDADE EXTRAORDINÁRIA NAS AÇÕES FUNDADAS EM INTERESSES INDIVIDUAIS HOMOGÊNEOS: ART. 5º, N. 2, "C", DO CPT

Relativamente à terceira alínea, o CPT reafirma a possibilidade de os sindicatos defenderem interesses individuais de idêntica natureza, desde

---

(65) Voto proferido no julgamento em plenário do STF do Brasil (Processo n. 193.503-1/SP, relator originário: Ministro Carlos Velloso, relator superveniente: Ministro Joaquim Barbosa, Plenário do STF, decisão publicada no Diário da Justiça em 24.8.2007)

que a lesão a direitos assuma um caráter de generalidade. Nesta hipótese, o sindicato apresenta um interesse mediato, porque estarão em disputa, na realidade, direitos de natureza individual. Cumpre ressaltar que o fato de os trabalhadores optarem por se associarem a um sindicato denota que esses mesmos trabalhadores confiam no desempenho da entidade coletiva naquelas atividades para as quais está inclinada. O sindicato, por sua vez, lançará mão de todas as armas legais para desempenhar de forma satisfatória o seu mister e assim proteger não apenas o grupo, mas também lutar por novas conquistas que interfiram na qualidade de vida de cada um dos trabalhadores filiados. Desta forma, apesar de o sindicato não apresentar interesse direto nas ações propostas com vistas a defender coletivamente interesses individuais de origem comum, em sede de substituição processual, há um liame bastante significativo entre o sindicato e cada trabalhador implicado, que legitima a participação da associação sindical como autora, ao mesmo tempo que permite a ausência de participação dos diretamente interessados.

5.3.2.1. SUBSTITUIÇÃO PROCESSUAL DE QUANTOS?

Quanto à quantidade de trabalhadores que podem ser substituídos numa ação judicial — questão que pode ser suscitada a partir da leitura do art. 5º, n. 2, "c", do CPT, mas a que a lei não responde — é possível afirmar, por um lado, que não há lugar para a substituição de um único trabalhador, e, por outro, que não há a obrigatoriedade de o sindicato substituir todos os trabalhadores filiados.

Em primeiro lugar, já está assente que o art. 56º, n. 1, da CRP, segundo o qual, "compete às associações sindicais defender e promover a defesa dos direitos e interesses dos trabalhadores que representem", permite a defesa de interesses coletivos (inclusive os interesses socioprofissionais dos trabalhadores) e a defesa coletiva de interesses individuais, pelos sindicatos. Ora, esta defesa coletiva nada mais é do que a defesa de muitos num só processo, muito embora alguma jurisprudência ainda se incline no sentido de admitir que esse critério é atendido pelo simples fato de o sindicato constituir uma entidade coletiva. Uma defesa coletiva, ou simplesmente ação coletiva, não pode ser assim caracterizada pelas especificidades que apresenta a parte autora, nomeadamente sobre o tipo de pessoa que está implicada no processo: se é uma pessoa individual ou uma pessoa coletiva, ou mesmo se é uma entidade sem personalidade jurídica. Convém não esquecer que uma entidade coletiva pode levar a tribunal uma questão relacionada com um direito seu de personalidade, ou um direito de natureza patrimonial, e nem por isso essa ação terá natureza coletiva⁽⁶⁶⁾. Portanto, se a defesa dos interesses individuais pelo sindicato só pode ser realizada por meio da defesa coletiva, logo, a ação será sempre em favor de vários, nunca de um único trabalhador.

Em segundo lugar, quando apenas um único trabalhador associado apresenta um interesse específico em propor uma ação, porque nenhum outro trabalhador se encontra em idêntica situação, significa dizer que esse interesse é puramente individual, ou essencialmente individual. Nesse contexto, pode-se dizer que as características pessoais que o trabalhador apresenta o afastam do grupo e que a situação específica na qual o trabalhador está implicado o torna diferente dos demais[67]. De qualquer forma, não há legitimidade processual ativa do sindicato, nem em termos legais, porque a defesa de um trabalhador não se amolda ao conceito de defesa coletiva, nem tampouco há legitimidade no que se refere à *ratio* do sindicato, pelo simples fato de ser incoerente com a natureza coletiva da entidade sindical que esta mova toda a sua estrutura para defender um único associado, em substituição processual, sem que essa ação aproveite aos demais, sem que essa iniciativa traga algo de produtivo para a luta sindical. É importante levar em consideração também que o instituto da substituição processual não pode ser interpretado em termos de tal modo irrestritos que possibilitem ao sindicato substituir um único trabalhador, até porque a entidade coletiva simplesmente não reúne as condições para substituir adequadamente um trabalhador que apresente uma característica específica ou passe por uma circunstância peculiar. A defesa do direito ou do interesse em litígio será realizada de forma mais eficaz se o trabalhador estiver presente no processo, se este funcionar como parte, determinando quais as provas que pretende apresentar e podendo transigir ou renunciar a direitos, se assim o entender. Essa restrição não impede, por óbvio, que o trabalhador individualmente prejudicado possa procurar auxílio da sua entidade representativa de classe

---

(66) Importa aqui invocar as lições de Castro Mendes (2010, pp. 21/24) que definem a ação coletiva como aquela: "utilizada em contraposição às ações individuais, mas com um sentido peculiar, que pode ser encontrado a partir da existência de uma pluralidade de pessoas, que são as titulares dos interesses ou direitos em litígio, substituídas, no processo, pela parte dita ideológica (...). A existência de várias pessoas integrando a relação processual, ainda que em número elevado, não qualifica o caráter coletivo da ação. O fenômeno, conhecido como litisconsórcio, seja ativo, passivo ou misto, é típico do processo individual, na medida em que significa a mera cumulação de demandas singulares. (...). Observe-se, ainda, que o caráter coletivo pode ou não ser da essência do direito tutelado. Na primeira hipótese [direito coletivo], a pretensão diz respeito à coletividade ou ao grupo como um todo, sendo a indivisibilidade a sua característica básica. A providência almejada não poderá ser fracionada ou concedida a título individual, reclamando, portanto, a solução uniforme (...). No caso dos direitos individuais homogêneos, não se trata propriamente, da defesa de um direito coletivo, mas sim, da defesa coletiva de direitos individuais, o que nem por isso a descaracteriza como ação coletiva (...)".

(67) Pense-se num trabalhador com uma qualificação técnica superior à dos demais; pense-se, por outro lado, numa conduta assediante do empregador dirigida a um único trabalhador.

para buscar assistência jurídica ou para que esta o represente em função de outorga de poderes mediante instrumento de mandato.

Em terceiro lugar, é importante ter em atenção o texto legal constante do art. 5º, n. 2, "c", do CPT, que traz implicitamente a ideia de defesa de vários trabalhadores pela ação sindical, ao inscrever a condição de que a lesão a direitos deve apresentar caráter de generalidade e que esses direitos individuais, reclamados judicialmente, precisam apresentar natureza idêntica. Pode-se entender por violação de direitos de natureza idêntica aquelas lesões a direitos fundadas numa origem comum, ou seja, lesões proporcionadas em razão de uma mesma decisão patronal, ou de um mesmo fato ou circunstância ilícita que gerou um dano aos trabalhadores. Relativamente ao termo "generalidade", constante da norma em apreço, trata-se de um conceito indeterminado e, como tal, carece dos esforços da atividade doutrinária e jurisprudencial[68] a fim de que seja decifrado o sentido e o

---

(68) O Tribunal do Trabalho de Braga, no julgamento de um caso concreto, a propósito do pressuposto do "caráter de generalidade" constante do art. 5º, n. 2, "c", do CPT, afirmou o seguinte: "(...) a violação com carácter de generalidade não se verifica, dado que apenas uma pequena minoria de motoristas [12 motoristas manifestaram o interesse pela ação sindical, sendo certo que 17 estavam em situação de precariedade — em função dos contratos a tempo parcial — que deu origem a lesão de direitos], num universo de 131 é que autorizaram o ora Autor a propor a presente ação em sua representação e substituição. Essa minoria continuaria a existir, mesmo que se contassem apenas os motoristas contratados a tempo parcial. Temos, assim, que a decisão a proferir nesta ação nunca vincularia a maioria dos trabalhadores da Ré com a mesma categoria profissional". Contrariamente a esse posicionamento entendeu o Tribunal da Relação do Porto, ao analisar idêntica matéria, o seguinte: "[quando a lei se refere ao caráter de generalidade da lesão,] não se trata da violação de direitos individuais da generalidade dos trabalhadores da violadora, da generalidade dos trabalhadores da categoria violada, nem mesmo da generalidade dos trabalhadores cujos direitos tenham sido violados. Trata-se apenas da violação generalizada de direitos individuais de trabalhadores associados àquele a quem a norma autoriza o exercício do direito de ação. Não seria concebível que a norma atribuísse o direito de ação a quem nenhuma relação, neste caso, de proteção, tivesse com aqueles cujos direitos tinham sido violados, ainda que esses direitos se pudessem afirmar como indisponíveis". Em seguida, o TRP apresenta a seguinte justificativa: "se os trabalhadores têm liberdade para se inscreverem na associação sindical que entenderem mais adequada para defender e promover a defesa dos seus direitos e interesses, porque razão haveriam de ficar dependentes, para a intervenção da associação sindical escolhida — e paga — de formarem maioria com outros trabalhadores cujos direitos tivessem sido também violados? Que interesse ou que princípio de ordem constitucional justificaria o sacrifício dos princípios contidos nos arts. 55º e 56º da Constituição? O da iniciativa privada previsto no art. 61º? O incentivo da atividade empresarial privada previsto no art. 85º? (...) Uma última nota para dizer que violaria, com o mesmo sentido que apontámos acima, o princípio da liberdade sindical, a interpretação da al. c do n. 2 do art. 5º do CPT que reportasse a generalidade da violação dos direitos à generalidade dos trabalhadores associados de determinada associação sindical, independentemente das circunstâncias da violação, quer dizer, a generalidade da violação tem de afirmar-se perante os direitos individuais de idêntica natureza. Se forem associados do Recorrente motoristas a tempo completo relativamente aos quais não há qualquer violação, não há que contar com estes para formar a maioria generalizada dos ofendidos. Do mesmo modo, se forem associados trabalhadores administrativos, não fará nenhum sentido fazer depender a defesa dos direitos dos motoristas a tempo parcial, da violação — que possivelmente nem estaria nunca em causa — por exemplo, do direito à refeição em função do horário praticado" (Processo n. 766/09.2TTBRG.P1. Relator: Eduardo Petersen Silva. Órgão julgador: Tribunal da Relação do Porto. Data do julgamento: 14.3.2011).

alcance do mandamento legal. A lei, ao exigir que a violação de direitos individuais de idêntica natureza apresente um "carácter de generalidade" para que seja a causa passível de substituição processual pelo sindicato, parece não ser peremptória no sentido de exigir que efetivamente todos os trabalhadores, de uma determinada categoria, sejam atingidos por uma decisão empresarial. Se a lei pretendesse imprimir essa exigência, no sentido de que a decisão empresarial, suscetível de reclamação via substituição processual, devesse atingir a totalidade dos empregados ou mesmo a totalidade de empregados de uma certa categoria profissional, teria abdicado da expressão "carácter de generalidade" para aplicar expressões do tipo: "violações generalizadas", "violações de direitos de todos os trabalhadores". Com efeito, pelo que é possível inferir da norma, uma violação a direitos com caráter de generalidade parece pressupor a existência de uma decisão da entidade empregadora que vise atingir não apenas um ou dois trabalhadores isoladamente, mas um sem número de trabalhadores, indistintamente, de acordo com certas características que apresentem ou de acordo com a posição que ocupam na empresa. Uma medida que pretenda, por exemplo, diminuir ilicitamente os salários das cozinheiras de um restaurante, sem contudo alterar os salários do *chef* de cozinha ou dos empregados de mesa, sinaliza uma certa generalidade.

Por fim, o limite máximo de trabalhadores substituídos numa única ação judicial, tendo em vista o silêncio da lei, deve ser orientado pelo bom-senso. O número de substituídos não pode servir de entrave para o pronunciamento judicial, assim como não pode inviabilizar a análise pelo Tribunal da situação individual de todos os trabalhadores interessados. Não serviria ao contento da ação coletiva, em razão do número de substituídos, se a produção de provas não fosse suficientemente eficaz para convencer o juízo, ou se o cumprimento do julgado fosse inexequível.

É preciso ainda levar em consideração que as ações coletivas no ramo trabalhista também têm o propósito de trazer ao conhecimento do judiciário demandas que, de outra forma, não seriam sequer formuladas. Leve-se em consideração, por exemplo, a situação de vulnerabilidade dos trabalhadores e o receio que possui qualquer trabalhador de fragilizar a sua relação com o empregador ao processá-lo numa demanda individual; e ainda o desestímulo do trabalhador ao equacionar a lesão sofrida com os custos com o processo (MOTA, 2008, p. 24). Ademais, as ações coletivas proporcionam uma grande economia processual, na medida em que uma única decisão, que resolverá o objeto de controvérsia comum, servirá a vários trabalhadores (uniformidade da sentença) e todo o serviço burocrático de preparação e condução do processo só será posto em movimento uma vez. Todavia, se a primeira premissa — a de que existe numa ação de defesa coletiva uma proteção dos trabalhadores substituídos pelo fato de eles não participarem do processo — não for reforçada, por exemplo, pela premissa da economia processual, isto é, se o número de substituídos ou de questões individuais versadas num único processo não proporcionar economia, mas, pelo contrário, causar mais dispêndio, é razoável que a ação coletiva seja desmembrada em outra ou outras ações igualmente coletivas para não comprometer a prestação jurisdicional.

5.4. A EXIGÊNCIA DA COMUNICAÇÃO PELO SINDICATO SUBSTITUTO PREVISTA NO ART. 5º, N. 3, DO CPT

As prerrogativas que possuem os sindicatos de iniciarem e intervirem numa ação judicial não devem ser levadas a efeito sem quaisquer limites quanto aos interesses individuais dos trabalhadores. É por isso que a lei exige, no art. 5º, n. 3, do CPT, que o sindicato faça uma comunicação escrita sempre que tiver a intenção de ajuizar uma ação em defesa dos trabalhadores diretamente interessados, nos moldes do art. 5º, n. 2, do CPT, com a informação do objeto da ação, presumindo-se autorizado o sindicato sempre que o trabalhador se quedar inerte ultrapassado o prazo de 15 dias.

Pergunta-se: como compatibilizar essa regra da comunicação do sindicato aos trabalhadores interessados, e a prova dessa informação nos autos do processo, com o entendimento esposado pelo TC, segundo o qual o sindicato pode propor ação em favor dos interesses individuais dos trabalhadores, sem a necessidade de os identificar, seja pela prova de filiação, seja pela apresentação de instrumento de mandato?[69] Note-se que o entendimento do TC acerca do art. 56º, n. 1, da Constituição, e o fim da norma infraconstitucional, parecem querer resguardar os trabalhadores interessados, mantendo-os numa espécie de anonimato, sob o manto da ação sindical, tendo em vista que se permite que os trabalhadores não participem do processo. Ora, poder-se-ia sustentar que a prova dessa comunicação deve ser considerada uma condição de admissibilidade da ação[70], ou seja, um

---

(69) Se se tratar de ação em defesa de um único trabalhador que tenha seus direitos individuais infringidos pela sua condição de dirigente sindical, a questão da necessidade de não o expor nem se coloca, porque necessariamente o seu caso particular será tratado em todos os detalhes para que o tribunal decida do mérito. De qualquer forma, se a substituição for de muitos trabalhadores, impõe-se protegê--los, sem que detalhes que os identifiquem venham aos autos.

(70) É assim que entende o Professor João Reis (2004, p. 394), ao afirmar o seguinte: "daqui [art. 5º, n. 3, do CPT] parece resultar o ónus para o sindicato de apresentar em tribunal, naturalmente junto com a petição inicial, a prova de que cumpriu essa obrigação [a de informar por escrito o objeto da futura ação]".

pressuposto processual, sem o qual seria impossível conhecer-se da matéria de fundo. Nesse sentido, o sindicato ao propor a ação não poderia dispensar a apresentação das informações escritas.

A resposta à questão não passa por inviabilizar uma norma em favor da outra, mas sim por conciliá-las. Deve-se fazer uma interpretação da lei ordinária à luz da Constituição: por um lado, admite-se a necessidade de o sindicato proceder ao envio das informações escritas aos trabalhadores interessados sobre o objeto da futura ação, justamente porque é preciso delimitar os efeitos do caso julgado numa fase mais avançada da ação judicial; por outro lado, mantêm-se as características da substituição processual para reconhecer o direito de o sindicato propor a ação sem a necessidade de identificar os trabalhadores interessados[71], pelo menos num primeiro momento, uma vez que a legitimação do sindicato, apesar de extraordinária, é autônoma em relação à legitimação dos trabalhadores diretamente interessados.

Não há qualquer incompatibilidade entre a regular marcha processual e a proteção desses trabalhadores pela sua não exposição. Se a lesão a direitos tem uma natureza idêntica, isto é, se ela visa atingir com a mesma intensidade todos os trabalhadores, o provimento judicial beneficiará igualmente a todos. Pense-se, por exemplo, numa ação judicial promovida pelo sindicato que tem o propósito de reclamar diferenças salariais, tendo em vista a ilicitude da decisão patronal que subtraiu valores da remuneração dos trabalhadores. Esta matéria, à primeira vista, circunscreve-se a questões de direito: o sindicato provará que houve uma decisão da entidade patronal nesse sentido e fundamentará a sua pretensão nos diplomas jurídicos que entender. Nessa linha de raciocínio, não há a necessidade de os trabalhadores, ou de apenas alguns, se revelarem, tendo em vista o caráter nocivo que esta atitude pode representar em contratos de trabalho em curso. Entretanto, se a questão controvertida nos autos disser respeito à matéria de fato, cuja prova testemunhal é imprescindível para o sucesso da ação, alguns trabalhadores podem ser chamados como testemunhas. Observe-se que, neste caso, os trabalhadores participam do processo sob outro estatuto, o de testemunha, cuja função é imprescindível para a busca da verdade real, princípio próprio do processo do trabalho. A bem da verdade, estão em situações diferentes aquele que, por um lado, aparece no processo como protagonista, como o "responsável" pela origem do processo, e, por outro, aquele que comparece

---

(71) Convém destacar o ensinamento do Professor João Reis (2004, pp. 366/367) que, ao criticar a legislação francesa que exige a identificação dos trabalhadores, em ações de substituição processual por associações sindicais em defesa de interesses individuais, afirma o seguinte: "na verdade, se uma das razões que levaram a admitir o mecanismo da substituição foi a de evitar situações de represálias por parte dos empregadores em relação aos trabalhadores que 'ousassem' enfrentá-los, há de reconhecer-se que este desiderato sai enfraquecido".

em juízo para contribuir para a justiça como testemunha. É certo que o trabalhador, como interessado e como testemunha, poderá sofrer represálias. Mas também é certo que essas represálias serão muito menos intensas em função da participação efetiva do sindicato. E mais: o sindicato, como autor, pode gerir a sua prova, ao escolher os trabalhadores que farão parte da sua arma processual em benefício de todos os trabalhadores, podendo escolher os menos vulneráveis, os delegados sindicais ou aqueles que constam da comissão de trabalhadores, por exemplo.

Ademais, é preciso ter em conta que a simples junção, aos autos do processo, das cartas enviadas pelo sindicato para os trabalhadores interessados, com os respectivos avisos de recepção, não tem o condão de fazer prova da autorização para a propositura do processo. Não se pode olvidar que o trabalhador tem 15 dias, a contar da comunicação, para exprimir a sua vontade acerca da ação a ser proposta pelo sindicato. Findo esse prazo sem a manifestação do trabalhador é que se presume que este concorda. Desta forma, não há como demonstrar que o trabalhador silente não se manifestou, a não ser pelo seu chamamento para se pronunciar no processo, solução que não encontra amparo legal, que fere a teleologia do dispositivo constitucional já citado e é contrária à ideia de substituição processual.

É preciso ter em mente que esse sistema de comunicação é imprescindível para definir os efeitos do caso julgado, uma vez que o acesso à justiça (acesso ao direito e à tutela jurisdicional efetiva), consubstanciado na faculdade de propor ação individual sempre que houver lesão a direitos, é assegurado constitucionalmente (art. 20º). Sendo certo que, no âmbito laboral, nas situações previstas no art. 5º, n. 2, do CPT, os trabalhadores que não exercerem o seu direito de autoexclusão ficarão abrangidos pela decisão judicial transitada em julgado. Nesse contexto, pode-se dizer que o legislador utilizou o critério *opt-out*[72] para determinar os efeitos do julgamento em sede de ação sindical com legitimação extraordinária. Esse critério não só é usado na legislação laboral, como é usado na lei de ação popular portuguesa (art. 19º da Lei n. 83, de 31.8.1995), assim como nas legislações estrangeiras que preveem a defesa coletiva de direitos, como é o caso das legislações australiana e canadense[73]. Portanto, a necessidade de realizar a identificação

---

(72) Esse critério, também conhecido por "sistema da exclusão", adotado pela maioria dos países, se materializa na possibilidade de os interessados, em ações coletivas metaindividuais, no prazo fixado por lei ou pelo órgão judicial, se autoexcluírem. Ao passo que, segundo o critério da inclusão, também denominado de *opt-in*, aqueles que desejarem ser atingidos pelos efeitos do provimento judicial coletivo devem expressar manifestamente a sua vontade, como acontece na Inglaterra e na China (MENDES, 2010, pp. 187/188).

(73) Pelo menos parece ser assim que são interpretados o art. 33º-E, da *Federal Court of Australia Amendment Act* 181, de 4.12.1991, e a regra 114 da *Federal Court Rule* do Canadá. Neste último caso, pela leitura da lei, infere-se que os indivíduos que forem informados, segundo determinação

dos trabalhadores, por meio da comprovação do envio das respectivas informações escritas sobre o objeto do processo a ser iniciado, como medida a ser feita no início do processo, parece também não se coadunar com a gênese desse tipo de ação coletiva. Observe-se, outrossim, que a ideia das ações coletivas, ao redor do mundo, é tornar mais simples, mais econômico e efetivo o processo, ao adotar procedimentos que tendem a tornar a ação menos complexa (MENDES, 2010, pp. 25/37). Note-se que, numa substituição processual de cinquenta trabalhadores, seria irrazoável, em termos de economia e celeridade processuais, deixar a cargo da secretaria, ou mesmo do juiz, a verificação do controle das cartas enviadas pelo sindicato aos seus associados, tendo em vista inclusive o prazo de 15 dias para manifestar a discordância, para fins de verificar o cumprimento do eventual pressuposto processual.

Portanto, a prova de que houve a comunicação prévia dos trabalhadores acerca da ação pelo sindicato não deve identificá-los. A junção das comunicações escritas, de qualquer maneira, não prova que os trabalhadores aceitaram a propositura da ação sindical. Não se pode exigir a presença de todos os substituídos em juízo para saber deles se efetivamente aceitam ou não o processo a ser iniciado em defesa de seus interesses, porque essa solução contraria a *ratio* da substituição processual e não há norma processual que assim o determine. Tudo isso leva a concluir que não se pode considerar a exigência constante do art. 5º, n. 3, do CPT, como um pressuposto processual. Quando muito, essa exigência apenas servirá para garantir os efeitos da coisa julgada. Em termos práticos, também servirá como indício de prova material para acusar a litispendência ou o caso julgado numa ação idêntica proposta no futuro pelo substituído ou para definir os rumos da execução.

5.5. INTERVENÇÃO DOS TRABALHADORES NA AÇÃO COLETIVA SINDICAL E INTERVENÇÃO SINDICAL NAS AÇÕES INDIVIDUAIS: ART. 5º, NS. 4 E 5, DO CPT

O dispositivo legal em análise levanta outra questão que se prende com a possibilidade de intervenção no processo, por meio da assistência, daqueles trabalhadores que assim desejarem, conforme o disposto no art. 5º, n. 4, do CPT. Ressalte-se que a forma inversa também é permitida para admitir a

---

do Tribunal, sobre a ação proposta pelo representante do grupo podem, se assim desejarem, optar por não serem abrangidos pelo resultado futuro da ação judicial. Portanto, a decisão judicial vinculará todos os demais, que não exerceram o direito de autoexclusão, a menos que o Tribunal julgue de forma diferente. É esta a interpretação de Aluisio Gonçalves de Castro Mendes (2010, pp. 143/144).

intervenção da associação sindical, como assistente, em ação individual iniciada por um associado seu ou por vários associados em litisconsórcio facultativo, consoante o n. 5 do mesmo dispositivo. No tocante à primeira hipótese, tem-se como pressuposto a legitimação extraordinária do sindicato para agir como autor em processo judicial na defesa de interesses individuais dos trabalhadores associados. Significa dizer que os trabalhadores interessados na demanda não devem compor a lide como litisconsortes necessários, como visto anteriormente, mas, caso desejem, podem intervir no processo como assistentes.

O conceito da assistência é o previsto no art. 335º do CPC, que dispõe o seguinte: "estando pendente uma causa entre duas ou mais pessoas, pode intervir nela como assistente, para auxiliar qualquer das partes, quem tiver interesse jurídico em que a decisão do pleito seja favorável a essa parte". Assim como o conceito, todos os atos relacionados com esse instituto devem ser orientados pela regulamentação do CPC, prevista nos arts. 335º a 341º, tendo em vista que o CPT é omisso e não há qualquer incompatibilidade, nesse particular, entre o regime comum e o processo do trabalho. Com efeito, destacam-se as seguintes características: o assistente ocupa a posição de um auxiliar de uma das partes (art. 337º, n. 1), muito embora apresente direitos e deveres idênticos aos de uma parte (art. 337º, n. 2), podendo inclusive prestar depoimento (art. 337º, n. 3), assim como substituir a parte revel, nos termos do art. 338º. Outrossim, havendo dúvidas quanto ao momento processual adequado para o exercício da assistência, a resposta deve ser aquela prescrita no art. 336º, n. 1, do mesmo diploma, cujo teor aponta para a possibilidade de o assistente intervir no processo a qualquer tempo, devendo aceitar o processo no estado em que se encontrar.

Por fim, quanto à possibilidade de o sindicato intervir como assistente numa ação judicial proposta pelo trabalhador, de acordo com o art. 5º, n. 5, do CPC, não obstante a opção do legislador em colocar as expressões "interesses dos trabalhadores" e "assistentes dos seus associados" no plural, não há qualquer exigência da lei, pelo menos em termos expressos, no sentido de que a ação seja proposta por muitos trabalhadores, ou em litisconsórcio para usar o termo técnico, para que o sindicato representativo possa intervir no processo. Nem faz sentido que assim se entenda. O assistente não é parte, mas tão somente um auxiliar da parte, que poderá participar do processo se houver declaração escrita nesse sentido. Uma questão porém poderá ser suscitada: de acordo com a disciplina do CPC, o assistente deve apresentar algum interesse jurídico. Se o sindicato, em princípio, não apresentar um interesse direto nas pretensões individuais dos seus trabalhadores associados, logo, não apresentará interesse jurídico. Contudo, é possível defender que aquela ligação ideológica, de colaboração, aquela relação de solidariedade existente entre o sindicato e as pretensões individuais dos trabalhadores sindicalizados sinaliza uma espécie de interesse *lato sensu*, até porque não se pode olvidar a importância dos interesses individuais na formação do interesse coletivo. Não parece que haja, portanto, qualquer empecilho à possibilidade de o sindicato figurar como assistente em ações individuais. Porém é importante que se diga que uma ação plural, ou seja, em litisconsórcio, pode mais facilmente despertar o interesse do sindicato em intervir no processo.

CAPÍTULO VI

REGULAMENTAÇÃO NORMATIVA SUBSIDIÁRIA DAS AÇÕES PROPOSTAS EM SEDE DE SUBSTITUIÇÃO PROCESSUAL E INCIDENTES PROCESSUAIS NO CURSO DESSE TIPO DE AÇÃO COLETIVA EM PORTUGAL

6.1. CONSIDERAÇÕES GERAIS SOBRE A APLICAÇÃO DO CÓDIGO DE PROCESSO CIVIL E DA LEI DE AÇÃO POPULAR NAS AÇÕES COLETIVAS EM DEFESA DE INTERESSES INDIVIDUAIS HOMOGÊNEOS NA ÁREA LABORAL

Como já se viu, o conceito tradicional de legitimidade processual, prevista no CPC, no art. 26º, não se coaduna com essa nova legitimidade do sindicato para defender, de forma coletiva, interesses individuais homogêneos dos trabalhadores. É que o conceito de legitimidade, presente nesse normativo, e aceito pela doutrina, está baseado nas relações jurídicas individuais, ou seja, está relacionado com os interesses apresentados pelas pessoas diretamente envolvidas com o conflito material, com o objeto da ação (SILVA,

2002, p. 53). A propósito do tema relativo ao interesse, também já foi abordado, em linhas passadas, que nas ações nas quais se visa à defesa de direitos individuais homogêneos (art. 5º, n. 2, "c", do CPT), o sindicato não possui interesse processual direto. Possui algum interesse na medida em que mantém uma relação bastante especial com o trabalhador diretamente envolvido. O interesse do sindicato, nesse sentido, é puramente ideológico. E essa ligação ideológica é que dá sustentação a essa nova concepção de defesa de direitos perante o Judiciário: a defesa promovida pelo sindicato, em seu nome, na proteção dos interesses dos trabalhadores.

A legitimação processual no CPC, entretanto, foi bastante alargada com o acréscimo de um novo dispositivo, o art. 26º-A[74], e essa alteração abriu as portas do processo para uma nova mentalidade. Não obstante essa inovação, a verdade é que o CPC não incorporou efetivamente em seu sistema essa nova concepção dos processos coletivos, porque os demais preceitos constantes do diploma, de cunho essencialmente individualista, não sofreram alterações substanciais. Ao que parece, o tema da legitimidade passou por uma espécie de "atualização" tendo em vista a publicação da Lei de Ação Popular[75], mas essa mudança não foi acompanhada pelos devidos ajustes noutras matérias. Desta forma, pode-se dizer que o CPC não contempla, nem regula especificamente, as ações judiciais de tutela coletiva. Aliás, a perspectiva individualista do processo tradicional não permite enfrentar questões supraindividuais arrimadas nos valores de solidariedade e de altruísmo (SOUSA, 2003, p. 62).

A LAP, pelo contrário, apesar de não apresentar uma regulamentação exaustiva, e muito embora apresente várias lacunas comparativamente às outras legislações estrangeiras de mesma natureza (MARTINS, 1999, pp. 110 e ss.), parece ser sensível às particularidades das ações de natureza coletiva, que versam sobre interesses difusos, coletivos e individuais homogêneos (TEIXEIRA, 1996, p. 9). Ademais, aparenta estar preparada para também recepcionar as ações coletivas de natureza laboral, designadamente as ações propostas pelos sindicatos em sede de substituição processual, uma vez que o art. 1º, n. 2, da LAP, ao tratar do âmbito de aplicação da lei, apresenta

---

(74) Art. 26º-A. (Ações para a tutela de interesses difusos). Têm legitimidade para propor e intervir nas ações e procedimentos cautelares destinados, designadamente, à defesa da saúde pública, do ambiente, da qualidade de vida, do património cultural e do domínio público, bem como à proteção do consumo de bens e serviços, qualquer cidadão no gozo dos seus direitos civis e políticos, as associações e fundações defensoras dos interesses em causa, as autarquias locais e o Ministério Público, nos termos previstos na lei.

(75) Convém ressaltar que a redação do art. 26º-A, dada pelo Decreto-Lei n. 180/1996, de 25 de setembro, recebeu claramente influências da então recente publicação da Lei de Ação Popular (Lei n. 83, de 31 de agosto de 1995). É o que consta, inclusive, do preâmbulo do decreto mencionado.

uma listagem não exaustiva[76] dos interesses a serem protegidos por meio da ação popular. Senão, veja-se: "(...) são designadamente interesses protegidos pela presente lei a saúde pública, o ambiente, a qualidade de vida, a protecção do consumo de bens e serviços, o património cultural e o domínio público". O art. 52º, n. 3, da CRP, por sua vez, ao dispor sobre os interesses defensáveis por meio de ação popular, apresenta também um rol exemplificativo, justamente pelo fato de constar naquele dispositivo o advérbio "nomeadamente"[77].

Entretanto, poder-se-ia sustentar que as ações coletivas propostas pelo sindicato, na defesa de interesses individuais homogêneos, não se enformariam na sistemática da LAP, uma vez que os interesses preconizados na lei parecem exigir uma concepção mais genérica da lesão, mais generalizada e universal, de forma a atingir um número indefinido de pessoas, nas mais diversas situações. Esses interesses subjacentes às ações coletivas, do tipo ação popular (em Portugal) e ação civil pública e ação civil coletiva (no Brasil), parecem sugerir um distanciamento entre aqueles que sofrem a lesão e aqueles que a praticam, só transponível por meio da ação coletiva. Além do mais, à primeira vista, não se pensa nesse tipo de ação como um meio idôneo para a discussão de direitos com reflexos pecuniários para um número definido, determinado ou determinável de pessoas. Poder-se-ia pensar que, na área laboral, a LAP está muito mais inclinada à regulamentação de incidentes processuais que visem à satisfação de direitos difusos de uma categoria profissional, do que propriamente para a regulamentação dos incidentes suscitados na ação que vise declarar a ilicitude ou inconstitucionalidade de uma decisão patronal destinada a um grupo de trabalhadores, com produção de efeitos pecuniários.

Em que pesem essas considerações, não se pode julgar pelas aparências para afastar *de per se* a aplicação dessa legislação, naquilo que couber, à área laboral, não obstante a falta de doutrina em Portugal que a relacione com a ação popular.

---

(76) Carlos Adérito Teixeira (1996, p. 5) partilha da opinião de que a enumeração apresentada no art. 1º, n. 2, da LAP não é taxativa, uma vez que outros interesses merecem idêntico tratamento, tendo em vista as características apresentadas. Cita, a título de exemplo, os interesses em matéria de transportes, impostos e segurança social, que, apesar de não estarem relacionados na lista, possuem "titularidade transindividual", "verificação atomística", etc.

(77) Art. 52º (Direito de petição e direito de ação popular) (...) 3. É conferido a todos, pessoalmente ou através de associações de defesa dos interesses em causa, o direito de ação popular nos casos e termos previstos na lei, incluindo o direito de requerer para o lesado ou os lesados a correspondente indemnização, nomeadamente para: a) Promover a prevenção, a cessação ou a perseguição judicial das infracções contra a saúde pública, os direitos dos consumidores, a qualidade de vida, a preservação do ambiente e do património cultural; b) Assegurar a defesa dos bens do Estado, das regiões autónomas e das autarquias locais.

É preciso ter em mente que a LAP traz na sua gênese a preocupação com direitos coletivos *lato sensu*, cujos interesses correlatos ultrapassam a esfera individual. Nesse contexto, importa não olvidar que o caráter coletivo da demanda pode ser, ou não, definido pelo direito tutelado (MENDES, 2010, p. 23). Significa dizer, portanto, que se encaixam nesse perfil de ações coletivas aquelas pretensões de natureza individual, tratadas coletivamente, mediante defesa mútua de um conjunto de indivíduos, numa só demanda judicial, em sede de substituição processual (MENDES, 2010, p. 21). Observe-se que já está assente, doutrinária e jurisprudencialmente, que os interesses perseguidos em sede de ação popular podem ser classificados de forma tripartida — consoante classificação aplicada sobretudo no Brasil e na Itália — em interesses difusos, coletivos e individuais homogêneos. Esses interesses, por sua vez, são tuteláveis por meio de ação popular em Portugal (SOUSA, 2003, pp. 44/45 e 120). Ora, os interesses individuais homogêneos nada mais são do que interesses que apresentam uma origem comum, mas que pelo caráter da divisibilidade podem sofrer apropriação individual (TEIXEIRA, 1996, p. 5). E é essa similitude de direitos que autoriza a sua defesa de forma coletiva, por meio de sindicatos, em sede de substituição processual.

Miguel Teixeira de Sousa, especificamente sobre o art. 5º, n. 2, alínea "c", do CPT, afirma que este dispositivo traz subjacente a ideia de interesses individuais homogêneos (*ibidem*, p. 54). Os interesses individuais homogêneos são, pelas suas próprias palavras, a "dimensão simultaneamente individual e supraindividual das situações subjectivas" (*ibidem*, pp. 56/57), de modo que, tanto podem ser enfrentados sob a ótica puramente individual, como podem sê-lo sob a dimensão supraindividual (*ibidem*, p. 57). Admite, portanto, que a reparação de uma determinada lesão pode ser conseguida por meio de uma ação individual, ou por meio de uma ação de defesa coletiva. A certa altura, sugere que a tutela de direitos na dimensão supraindividual deve ser concedida por meio de ação popular (*ibidem*, p. 68), mas depois afirma que as ações propostas por sindicatos, mesmo aquela prevista no art. 5º, n. 2, alínea "c", do CPT, não podem ser qualificadas como ações populares, pois se situam apenas no campo das ações coletivas (*ibidem*, p. 130). Estabelece, por fim, a seguinte regra: toda tutela coletiva será obtida por meio de ação coletiva, mas nem toda ação coletiva será uma ação popular (*ibidem*, pp. 74/75).

Desta forma, convém analisar mais detidamente os argumentos esposados por Teixeira de Sousa para saber se, apesar de a regra laboral mencionada encerrar hipótese de defesa de direitos individuais homogêneos, como reconhece o próprio autor, ela deverá ser excluída do regulamento da LAP.

A respeito da propositura de ações supraindividuais por associações, afirma o autor que uma ação proposta por uma associação em defesa dos seus associados não pode ser qualificada como ação popular porque a defesa será restrita apenas aos interesses individuais homogêneos dos seus associados e não de todos os titulares do direito difuso (*ibidem*, p. 121). Sugere, portanto, que a ação popular deve servir para tutelar o interesse de todos, e não de alguns. Em seguida, explica: "o que sucede — importa esclarecer — é que na ação popular nunca se tutelam apenas alguns interesses individuais, mas antes os interesses individuais homogéneos de todos os titulares do interesse difuso" (*ibidem*, p. 121).

Contudo, a tutela de interesses só poderá ser universal, como pretende o autor, nos casos de ações fundadas em interesse difuso e interesse coletivo, uma vez que nestes casos a tutela jurisdicional a ser pleiteada tem a característica da indivisibilidade (MARTINS, 1999, p. 21), sendo certo que esta característica nunca se revelará quando estiverem em causa interesses individuais homogêneos[78]. Quanto à questão da indivisibilidade, o autor também compartilha dessa mesma ideia ao afirmar que "[os interesses difusos] não são divididos ou repartidos" pelos sujeitos que deles se aproveitam (SOUSA, 2003, p. 23). Assim, uma ação proposta por uma associação, em atenção aos seus associados, que vise obstar à emissão de poluentes que causam danos ao meio ambiente, beneficiará todos aqueles que estão circunscritos geograficamente à atividade lesiva, encontrem-se eles filiados ou não, queiram eles o resultado ou não.

Por outro lado, uma ação apresentada com o propósito de defender interesses individuais homogêneos nunca poderá atingir indistintamente todos os indivíduos que se encontrem numa determinada situação, em função da divisibilidade do interesse. Desta forma, todos os interessados, numa ação coletiva na qual se pretenda a condenação do réu ao pagamento de indenizações, em virtude da prática de uma atividade lesiva, têm a possibilidade de fazer opções: participar da ação como substituído, não participar, a qualquer título, da litigância, ou podem ainda optar por mover ações individuais, etc. A divisibilidade do interesse justifica, portanto, a possibilidade de autoexclusão dos interessados (*opt-out*), e esta faculdade, por sua vez, é o que determina a impossibilidade de garantir a tutela universal desse tipo de interesse pelo proponente da ação.

---

(78) Lembre-se que os interesses coletivos *lato sensu* (interesses difusos *lato sensu* na classificação de Miguel Teixeira de Sousa) são tripartidos, de acordo com a classificação brasileira, e essa definição bem como os seus respectivos significados são plenamente admitidos em Portugal (SOUSA, 2003, p. 44). Portanto, segundo o art. 81º, parágrafo único do Código Brasileiro de Defesa do Consumidor: os interesses difusos são os "interesses transindividuais, de natureza indivisível, de que sejam titulares pessoas indeterminadas e ligadas por circunstâncias de fato"; os interesses coletivos *stricto sensu* são "[interesses] transindividuais de natureza indivisível de que seja titular grupo, categoria ou classe de pessoas ligadas entre si ou com a parte contrária por uma relação jurídica base"; e, por fim, os interesses individuais homogêneos são "os decorrentes de origem comum".

Além do mais, convém ressaltar que a lei nada dispõe sobre a necessidade de a ação a ser proposta pelo legitimado em defesa de interesses individuais homogêneos ter que abranger a totalidade de indivíduos que sofreram determinada lesão. A LAP, aliás, somente estabelece como requisitos, a necessidade de a associação: a) apresentar personalidade jurídica; b) incluir "expressamente nas atribuições ou objectivos estatutários a defesa dos interesses em causa no tipo de acção de que se trate"; c) não exercer atividade profissional na forma estabelecida[79].

Com efeito, e apesar de cumprirem com esses requisitos, os sindicatos, que são uma espécie de associação, e que, em princípio e em função da liberdade sindical, devem defender, no tocante aos interesses individuais, os trabalhadores associados — e não os trabalhadores que se encontrem filiados a outros sindicatos ou aqueles que não estão sindicalizados —, estariam excluídos à partida da legitimação popular? Acredita-se que retirar da lei as conclusões, de consequências tão restritivas, a que chegou Teixeira de Sousa, impediria não só os sindicatos, mas grande parte das associações, senão todas elas, de moverem ação popular em defesa de interesses individuais homogêneos, uma vez que as associações, via de regra, têm como razão de ser a defesa dos seus associados, e não a defesa dos interesses de todos os indivíduos constantes de toda a classe ou categoria.

O autor, entretanto, encontra, nas ações instauradas pelas associações sindicais especificamente, razões para afastar a legitimação popular. Afirma que esse tipo de ações, propostas com fundamento, por exemplo, no art. 5º, n. 1, do CPT, que dispõe sobre a defesa de interesses coletivos, e no art. 183º, do mesmo diploma, que trata sobre as ações de anulação de cláusula de convenções coletivas de trabalho em defesa do interesse coletivo dos filiados, não podem ser consideradas ações populares porque os trabalhadores não podem se autoexcluir (SOUSA, 2003, p. 130) e também porque a legitimidade que apresentam os sindicatos não é concorrente, mas infungível e exclusiva (*ibidem*, p. 130). Não há também possibilidade de se proceder à citação dos interessados para que eles possam intervir na demanda. Em seguida, e após tecer esses comentários, parece sugerir que esses mesmos argumentos podem

---

(79) Cite-se o caso brasileiro somente para demonstrar que não é de todo irrazoável que as ações propostas por associações, em defesa dos interesses individuais homogêneos dos seus associados, sejam regulamentadas pela legislação específica das ações de tutela coletiva em Portugal. No Brasil, por exemplo, tanto nas ações coletivas, como nas ações civis públicas, as respectivas regulamentações não exigem das associações que o objeto da ação a ser proposto, em defesa de interesses individuais homogêneos, pretenda envolver universalmente todos os indivíduos que sofreram a lesão. Exige-se, via de regra, que a associação, no momento da propositura da ação de tutela coletiva, esteja constituída há mais de um ano (arts. 81º e 82º do CDC, e 5º da Lei n. 7.347, de 24.7.1985 — Lei da Ação Civil Pública) e que apresente entre as suas finalidades institucionais a defesa dos interesses que serão defendidos judicialmente (art. 5º da Lei n. 7.347, de 24.7.1985).

ser utilizados para afastar a legitimidade popular, na hipótese do art. 5º, n. 2, "c", do CPT.

Em primeiro lugar, os exemplos indicados não se confundem com as ações em que se discutem direitos individuais de origem comum, cujo fundamento se encontra no art. 56º, n. 1, da CRP, combinado com o art. 5º, n. 2, alínea "c", do CPT. Em segundo lugar, em se tratando de ação coletiva em defesa de interesses individuais homogêneos, os trabalhadores diretamente interessados poderão exercer o seu direito de autoexclusão, após serem comunicados pelo sindicato da intenção de propor demanda em sua defesa, consoante o disposto no art. 5º, n. 3, do CPT. Se não exercerem essa faculdade, poderão intervir os trabalhadores, caso desejem, a título de assistentes, conforme o art. 5º, n. 4, do CPT. Em terceiro lugar, considerando que a natureza da "citação", constante do art. 15º, n. 1, da LAP, é, no mínimo, *sui generis*, tendo em vista que não há necessidade de os membros da classe serem identificados, porque a citação será feita através dos meios de comunicação social (MARTINS, 1999, p. 116), havendo até quem defenda que não passa de uma simples notificação (MENDES, 2010, p. 140)[80], chega-se à conclusão de que, tanto no que se refere à comunicação, como à possibilidade de autoexclusão, a ação trabalhista cumpre com as exigências ressaltadas pelo autor e que estão previstas na LAP. Ressalte-se apenas que, o *modus operandi* nas ações trabalhistas, consoante as regras gerais de integração das normas, será diferente somente nas matérias que apresentarem regulamentação específica na legislação especializada. Por fim, e como visto anteriormente, o objeto da ação, na substituição processual, é divisível, de modo que cada trabalhador, individualmente considerado, poderá propor ação individual caso deseje, em vez de obter a tutela dos seus interesses por meio da ação coletiva sindical. Pelo exposto, há concorrência no tocante à legitimidade para a tutela de interesses individuais, de modo que não há que falar em exclusividade ou fungibilidade da legitimação.

Finalmente, ao interpretar o art. 12º, n. 2, da LAP, o autor chega à conclusão de que os processos trabalhistas não podem ser compreendidos como ações populares porque, sob o seu ponto de vista, a lei, ao dispor que "a acção popular civil pode revestir qualquer das formas previstas no Código de Processo Civil", pretende excluir todos os outros tipos de processo para favorecer somente o processo civil (SOUSA, 2003, p. 133). Ora, é sabido que

---

(80) Se se considerar que o ato processual tem de fato a natureza de citação, chega-se à conclusão de que não se coaduna com a proposta da substituição processual, que pressupõe uma proteção efetiva dos trabalhadores interessados, afastando-os do combate judicial com o empregador, proceder à "citação" dos interessados, tal como dispõe a LAP, após a proposição da ação pelo ente legitimado, para que possam participar da ação a título principal, caso queiram. Isto porque o CPT, no art. 5º, n. 3, apenas assinala a necessidade de haver uma comunicação escrita por meio do sindicato no sentido de comunicar a intenção de propor a ação.

tradicionalmente o processo civil é fonte subsidiária do processo do trabalho, daí que, ao se excetuar o conjunto de regras específicas da lei especial, todas as noções mais gerais aplicáveis à área laboral são extraídas do CPC. Como o mencionado autor vem esclarecer em seguida (*ibidem*, p. 133), o dispositivo em análise refere, na realidade, que as ações populares podem tomar a forma das ações declarativas de simples apreciação, de condenação ou constitutivas, de acordo com o art. 4º, n. 2, do CPC (acrescente-se ainda a possibilidade de as ações populares poderem ter natureza acautelatória). Com efeito, retirando-se as ações especiais previstas no CPT, tais como os processos emergentes de acidentes de trabalho, de doenças profissionais e ações de impugnação de despedimento coletivo, o processo comum, que é também praticado na área laboral, recebe regulamentação do CPC, daí que não seja sem sentido defender que este tipo de processo poderá ser manejado em sede de ação popular. Também não é de todo irrazoável aproximar a ação popular dos processos que recebem regulamentação específica do CPT porque eles não se afastam, na sua essência, das modalidades previstas no CPC. Por exemplo, nas ações de impugnação de despedimento coletivo, pode haver uma fase cautelar de suspensão da medida, que depois dará lugar eventualmente a uma sentença no processo principal constitutiva de direito.

De qualquer forma, parece ser inconstitucional a interpretação do art. 12º, n. 2, da LAP, tal como apresentada por Miguel Teixeira de Sousa, porque, sendo a ação popular um mecanismo de acesso à justiça, a restrição injustificada desse direito à área laboral e a uma categoria de cidadãos — os trabalhadores, bem como os seus representantes —, para além de ferir o art. 20º da CRP, viola o princípio constitucional da igualdade, constante do art. 13º da CRP. Note-se que, onde a Constituição não quis restringir — como se pode extrair do uso do advérbio "nomeadamente" no art. 52º, n. 3, da CRP — não deve a lei, nem a doutrina, fazê-lo. Convém levar em consideração que na área laboral, desde bem cedo, se identificou a existência de interesses de natureza supraindividual, pelo que seria natural, atendendo também ao fato de haver um natural desequilíbrio nas relações jurídicas entre potenciais lesados e infratores, reconhecer o direito à legitimação popular, como mecanismo adequado para a defesa deste tipo de interesses.

Portanto, ainda que se concordasse com a posição de Teixeira de Sousa, não obstante todos os contra-argumentos aduzidos, de que é impossível às associações, e especificamente os sindicatos, defenderem, por meio da ação popular, direitos individuais homogêneos dos seus associados, seria inevitável reconhecer que a LAP traz uma série de disposições processuais gerais que são, comparativamente às soluções do CPC, mais consentâneas com a natureza das ações coletivas e que se apresentam coerentes com o sistema trabalhista.

Por outro lado, é importante reconhecer que o CPC é tradicionalmente a fonte subsidiária "natural" para as lacunas existentes no CPT. Desta forma, pergunta-se: qual será a legislação processual a ser aplicada subsidiariamente na solução de incidentes suscitados em virtude da substituição processual, quando for omissa a legislação processual trabalhista? O CPC ou a LAP? As duas legislações? Se essa segunda opção for a alternativa, como resolver as antinomias resultantes da conjugação dessas duas legislações?

Antes propriamente de lançar as bases para uma tentativa de resposta às questões colocadas, abre-se agora um breve parêntese para fazer algumas reflexões sobre a teoria do diálogo das fontes.

6.2. TEORIA DO DIÁLOGO DAS FONTES

Essa teoria foi concebida pelo jurista alemão Erik Jayme e foi bastante trabalhada pela jurista brasileira Cláudia Lima Marques ao enfrentar um problema similar ao que foi apresentado neste trabalho[81].

O diálogo das fontes pressupõe uma espécie de interação entre os diplomas normativos com vistas a resolver os incidentes do caso concreto. Segundo essa teoria, quando duas ou mais normas cabem potencialmente no enfrentamento da questão, a solução não é simplesmente a exclusão de uma delas, numa "monossolução" ou "monólogo" de uma só lei (MARQUES, 2004, p. 42). Por outro lado, a pura e simples aplicação simultânea de dois normativos específicos que regulam um determinado fato jurídico pode resultar numa situação de incompatibilidade de normas, numa antinomia. Com efeito, sugere-se, a partir dessa teoria, que os diplomas normativos sejam harmonizados entre si e que a relação entre eles seja a de uma coordenação "flexível e útil" (*ibidem*, p. 44), partindo-se do pressuposto de que o ordenamento jurídico é um sistema, e sempre com vistas a alcançar a *ratio* das normas, a coerência desse sistema e a solução mais justa. Segundo Erik Jayme, citado por Cláudia Marques, o momento que se vive, de pós--modernidade, marcado pela pluralidade e complexidade de situações, assim como pela diversidade de direitos humanos, exige a "convivência ou coexistência dos paradigmas", e não a superação deles. Em vez da superação de uma fonte, prima-se pelo "diálogo" (*ibidem*, p. 44).

No caso português, o fenômeno da substituição processual pode provocar uma série de consequências a nível de processo, sendo certo que

---

(81) A referida autora aplica essas referências no caso brasileiro à dualidade entre Código Civil e Código de Defesa do Consumidor na regulação de contratos de consumo (MARQUES, 2004).

existem potencialmente dois diplomas processuais que podem ser aplicados de forma subsidiária ao CPT. Essa aplicação subsidiária está prevista em tópico próprio, no digesto processual trabalhista, que trata sobre o "âmbito e a integração do diploma", e que dispõe, no art. 1º, n. 2, o seguinte:

> 2 — Nos casos omissos recorre-se sucessivamente:
>
> a) À legislação processual comum, civil ou penal, que directamente os previna;
>
> b) À regulamentação dos casos análogos previstos neste Código;
>
> c) À regulamentação dos casos análogos previstos na legislação processual comum, civil ou penal;
>
> d) Aos princípios gerais do direito processual do trabalho;
>
> e) Aos princípios gerais do direito processual comum.

Com efeito, e considerando que tanto o CPC como a LAP versam sobre matéria processual, pode-se dizer que esses dois diplomas têm efetivamente uma natureza de legislação processual comum e, por isso, podem ser utilizados no processo do trabalho de forma sucessiva, subsidiária, conforme a ordem estabelecida no preceito acima. Entretanto, pode-se dizer que a LAP está mais sincronizada com os pleitos de natureza coletiva, conforme se verá a seguir, ao passo que o CPC não responde a questões específicas de um processo coletivo, porque não foi originariamente concebido para dar soluções a esse tipo de ações.

Além do mais, existe um dispositivo constitucional que autoriza o fenômeno da substituição processual na seara trabalhista, de modo que o sistema processual deve dar efetividade a esse direito, e não inviabilizá-lo.

Por fim, é importante ter em atenção que a aplicabilidade do CPC, em algumas situações de caráter geral, para definir alguns procedimentos que são omissos na lei principal — no caso, o CPT —, não inviabiliza propriamente a posterior aplicação da LAP. A densificação do regime recursal do CPC, por exemplo, não impede que o regime da LAP seja aplicado. Aliás, não se pode fugir da disciplina do CPC em certos temas processuais porque a LAP não é exaustiva na sua regulamentação. Por exemplo, não é pelo fato de a LAP nada ou pouco dispor sobre a matéria recursal que se admitirá a vedação ao duplo grau de jurisdição por meio de recurso. Não cabe aqui a regra de que a aplicação de um diploma afasta inexoravelmente a aplicação do outro.

Convém também dizer que é preciso levar em consideração, para a solução de incidentes processuais, em sede de ação coletiva, na seara trabalhista, um conjunto de regras e princípios mais protetivos que se visa proteger por meio do processo. A aplicação exclusiva do CPC não garante a efetividade da defesa de interesses coletivos, nomeadamente a defesa coletiva de interesses individuais de origem comum. Por outro lado, a aplicação exclusiva da LAP também pode não responder aos problemas eventualmente suscitados ao longo do processo. O CPC, por seu turno, também não é sensível às especificidades do processo trabalhista, porque não é adequado para dar forma à norma constitucional que assegura a substituição processual dos trabalhadores por meio do sindicato.

Em resumo, pode-se dizer que, em se tratando de direitos fundamentais previstos constitucionalmente, todo o sistema deve ser utilizado com o propósito de lhes dar uma maior efetividade. Todo o sistema deve ser utilizado para dar "vida" aos direitos positivados. Dar efetividade a direitos significa lançar mão de todas as ferramentas legisladas que os densificam, que os regulamentam.

Se não há revogação de normas, tácita e expressamente, nem há impedimentos impostos pelo ordenamento jurídico — no sentido de deixar como aplicável apenas uma opção legislativa — e se normas aparentemente incompatíveis são aplicáveis ao caso concreto, é razoável pôr em prática a teoria do diálogo das fontes proposta por Erik Jayme e elucidada por Cláudia Lima Marques no Brasil. Essa teoria está subdividida em três tipos: o "diálogo sistemático de coerência", o "diálogo sistemático de complementariedade e subsidiariedade em antinomias aparentes ou reais" e o "diálogo de coordenação e adaptação sistemática".

No primeiro tipo de diálogo, o diálogo sistemático de coerência, uma lei considerada "central" do sistema serve de base conceitual para uma outra lei especial, que introduziu no ordenamento jurídico um microssistema específico (MARQUES, 2004, p. 45). Assim, os contornos conceituais sobre a assistência, previstos nos arts. 335º a 341º do CPC, são integralmente aplicados ao processo do trabalho no tocante ao tema da substituição processual. Lembre-se que, conforme o art. 5º, n. 4, do CPT, é permitida a intervenção dos trabalhadores substituídos no processo proposto pelo sindicato, por meio da assistência. Da mesma forma, o sindicato pode intervir como assistente, nos termos do art. 5º, n. 5, do CPT, nas ações propostas pelo trabalhador sindicalizado. O CPC, neste caso, oferece as bases conceituais para o CPT, mas isso não significa que este último diploma não seja autônomo em relação ao primeiro.

No segundo tipo de diálogo, uma lei pode complementar o sentido da outra, na matéria que couber, oferecendo-lhe normas e princípios a serem aplicados subsidiariamente (*ibidem*, p. 45). No processo de execução trabalhista, por exemplo, aplica-se subsidiariamente as regras e princípios da execução previstas no CPC, desde que não contrariem as disposições especiais previstas no CPT, e desde que estejam em harmonia com a teleologia da LAP, se se tratar de ação coletiva. Isto porque nem o CPT e nem tampouco a LAP esgotaram toda a disciplina sobre o processamento das ações até ao fim, muito menos no tocante à ação em defesa coletiva de direitos individuais trabalhistas. Por exemplo, as regras de como as diligências devem ser feitas para tornar a obrigação certa, líquida e exigível, no sentido de dar início propriamente à execução, devem ser extraídas do CPC. Porém, as vicissitudes do regime de oposição, pelo executado, em sede de execução, previstas neste diploma devem se submeter às peculiaridades do CPT. Em todos os casos, é preciso que seja observada a teleologia da ação popular para que, no processo executivo, também seja admitida aquela legitimidade processual das associações prevista no art. 3º da Lei n. 83/1995.

Por fim, relativamente ao diálogo de "coordenação e adaptação sistemática", fala-se nas influências que o sistema previsto na legislação especial pode operar em relação ao sistema previsto na legislação geral, e vice-versa (*ibidem*, p. 45). Há influências recíprocas que enformam um determinado sistema. Por exemplo, as ideias de economia processual e segurança jurídica, que estão subjacentes à LAP, devem influenciar o *iter procedimental* previsto no CPT e CPC, quando o caso disser respeito a ação coletiva. A concepção de proteção dos trabalhadores no sentido de mantê-los numa espécie de anonimato, própria da figura da substituição processual e reconhecida pelo TC em interpretação do art. 56º, n. 1, da CRP, deverá influenciar o processo de execução, previsto no CPC, para que, sempre que possível, os trabalhadores continuem protegidos, isto é, continuem invisíveis aos olhos do empregador, em função do impulsionamento do processo pelo sindicato. A ideia de autonomia do regime material e processual trabalhistas, com normas e princípios bem definidos, que os afastam em relação ao regime comum, deve influenciar o processo de execução. Assim como os princípios do regime comum exercem alguma interferência nos regimes especiais. Pense-se nas alterações normativas operadas no ramo do processo civil que influenciaram as normas processuais trabalhistas.

6.3. APLICAÇÃO DAS FONTES EM CADA SITUAÇÃO ESPECÍFICA

Levando em consideração a breve exposição acerca da teoria do diálogo das fontes, pode-se afirmar que não há uma fórmula precisa e acabada que defina qual fonte será aplicada em cada incidente a ser eventualmente suscitado no caso concreto. Se se pudesse estabelecer desde já um princípio norteador, dir-se-ia apenas que, nesta matéria, as normas processuais devem ser orientadas pelas regras e princípios próprios do processo do trabalho e também de acordo com a especialidade do processo coletivo que é regulamentado em Portugal pela LAP. Ademais, a forma como as fontes irão ser conjugadas entre si é exercício que necessita de algum desenvolvimento, mas que, em função das limitações de espaço, não será abordada aqui exaustivamente. Optou-se por escolher alguns incidentes passíveis de ocorrer ao longo do processo para explorar a solução que venha a ser mais adequada em cada um deles.

6.3.1. Exceção de litispendência ou de caso julgado suscitado pelo empregador

Havendo duas ações sobre o mesmo objeto, sendo uma proposta pelo sindicato em substituição processual e outra proposta pelo trabalhador substituído, pergunta-se: haverá litispendência? O trânsito em julgado da ação proposta pela entidade sindical atingirá inexoravelmente os trabalhadores substituídos?

Em relação aos dois temas, adota-se aqui aquela noção geral descrita no CPC, nos arts. 497º e 498º, baseada na ideia de repetição de causas. Se uma causa estiver em curso, aquando da propositura de uma outra idêntica, haverá litispendência. Haverá, por sua vez, caso julgado, quando uma causa é proposta após o trânsito em julgado de sentença que enfrentou causa idêntica. O que determina essa repetição de causas é a identidade de sujeitos, do pedido e da causa de pedir.

Aplicando-se pura e simplesmente o CPC, o intérprete chegaria à conclusão de que não é possível reconhecer, nas hipóteses descritas acima, a exceção de litispendência e de caso julgado porque não há coincidência de sujeitos, uma vez que o autor na ação coletiva será o sindicato e o autor na ação individual será o trabalhador interessado, mesmo que em face do mesmo réu. Também não se pode defender que um trabalhador substituído, ao propor nova ação paralelamente à ação sindical (ou após ela), possui a mesma "qualidade jurídica" do sindicato autor da ação coletiva. Assim, a previsão do art. 498º, n. 2, do CPC, parece também não se amoldar à situação. Acontece que, materialmente, não há dúvidas acerca da existência de identidade de sujeitos, porquanto o sindicato, em substituição processual, age no interesse dos substituídos. Esse corte conceitual entre parte formal e parte material é o que determina a existência de eventual litispendência e caso julgado, e a acentuação dessa particularidade tem a ver justamente com uma nova sistemática que urge estabelecer, e que vem sendo adotada em vários ordenamentos jurídicos ao redor do mundo, no sentido de procurar adequar o direito processual à natureza jurídica dos processos coletivos (MENDES, 2010, pp. 25/28). A LAP parece também seguir no sentido de admitir a ocorrência de litispendência e de caso julgado quando houver repetição de causas, porque dispõe sobre um regime específico de notificações acerca da ação coletiva e sobre os efeitos do caso julgado. Se o Tribunal não pudesse acolher esse tipo de exceções, haveria uma grave incoerência e inutilidade de normas.

Como é sabido, no sistema jurídico português, o trabalhador interessado deve tomar conhecimento da pretensão do sindicato em iniciar ação coletiva, e, por isso, tem o direito de se autoexcluir, caso não concorde com a iniciativa da associação sindical (art. 5º, n. 3, do CPT). Portanto, na eventualidade de o trabalhador em causa concordar com a ação do sindicato, ele deve se submeter à decisão do tribunal. Entretanto, de acordo com o art. 19º, n. 1, da LAP[82], essa vinculação da decisão encontra limites, ou exceções: não se vincularão à decisão do tribunal aqueles que exercerem o direito de autoexclusão a tempo e modo e aqueles que não se excluíram, mas cuja causa tenha sido julgada improcedente por insuficiência de provas, ou ainda quando o julgador opte por não estender os efeitos da sentença a todos os interessados, devendo apresentar fundamentação própria nesse sentido[83].

Portanto, há aqui um diálogo sistemático de coerência entre as fontes, na medida em que as concepções gerais acerca dos fenômenos da litispendência e do caso julgado devem ser aquelas previstas no CPC e aplicadas no processo coletivo que está essencialmente regulamentado pelo CPT e pela LAP. Por outro lado, ainda no que diz respeito a este tema, para a solução do problema, revela-se também necessário um diálogo de coordenação e adaptação sistemática de fontes, na medida em que aqueles conceitos devem se harmonizar à finalidade das ações de defesa coletiva de direitos individuais homogêneos, ou simplesmente, ações coletivas.

---

(82) Art. 19º (Efeitos do caso julgado). 1 — As sentenças transitadas em julgado proferidas em ações ou recursos administrativos ou em ações cíveis, salvo quando julgadas improcedentes por insuficiência de provas, ou quando o julgador deva decidir por forma diversa fundado em motivações próprias do caso concreto, têm eficácia geral, não abrangendo, contudo, os titulares dos direitos ou interesses que tiverem exercido o direito de se autoexcluírem da representação.

(83) Em relação a ações cujos interesses em causa são individuais homogêneos, não se vislumbra a possibilidade, pelo menos neste momento, de o tribunal ampliar os efeitos da sentença para abranger aqueles que se autoexcluíram ou aqueles que sequer tomaram conhecimento da ação. Afigura-se coerente essa opção do legislador somente para responder àquelas situações em que os interesses em causa são difusos ou coletivos. Nessas situações, em que o direito pleiteado é indivisível e atingirá um "sem-número" de pessoas independentemente de sua participação, o tribunal poderá optar por estender os efeitos da tutela para aqueles que não puderam ser cientificados adequadamente, por meio de notificação, por exemplo.

Se a LAP tem disposições próprias sobre o alcance subjetivo do caso julgado (art. 19º, n. 1), soluções similares devem ser aplicadas para resolver questão de eventual litispendência. Com efeito, a sentença, desde que não tenha sido julgada improcedente por falta de provas e desde que o tribunal não julgue de forma contrária, deve abranger, em princípio, aqueles que não exerceram o direito de autoexclusão. Por outro lado, não obstante o tema da litispendência não ter recebido regulamentação específica na LAP, o fato é que não se pode admitir a repetição de causas, em função do que prevê o CPC. Desta forma, pode-se dizer que o dispositivo (art. 19º, n. 1, da LAP) procura evitar a repetição de causas em função da proposição de nova ação pelo substituído (litispendência), assim como busca evitar a repetição de causas após o trânsito em julgado da primeira ação (caso julgado).

6.3.2. Intervenção do trabalhador no processo proposto pelo sindicato

Quando se pensa nas motivações que estariam na base de uma eventual intervenção dos trabalhadores substituídos, numa ação proposta pelo sindicato, para a defesa dos seus interesses individuais, imagina-se, por exemplo, o desejo de realizarem acordos ou de renunciarem a direitos. Portanto, se os trabalhadores, embora tenham deixado ultrapassar *in albis* o prazo de manifestação contra a proposição da ação, quiserem participar mais ativamente do processo, será isto possível?

Sobre esse tema é preciso recordar aquilo que se disse acerca do instituto da assistência, em particular sobre as suas limitações. É certo que os assistentes ostentam algumas prerrogativas que os colocam numa situação similar à de parte, mas que, contudo, com esta não se confundem. Desta forma, se o trabalhador substituído só pode intervir no processo como assistente, e, como assistente, ele não tem poderes reconhecidos pela legislação processual para renunciar, nem para propor e aceitar acordos, a resolução desse impasse merece que algumas considerações sejam feitas.

A LAP não sugere qualquer abertura no sentido de admitir a participação dos substituídos ativamente no processo. Sugere exclusivamente que, após citadas[84], as pessoas interessadas podem intervir no processo a título principal. Porém, esse mecanismo de citação, se interpretado no sentido de

---

(84) Como visto anteriormente, Castro Mendes (2010, p. 140) afirma que, muito embora o termo utilizado pela LAP refira-se à citação, houve "atecnia legislativa" na redação do proceito, porquanto a natureza dessa comunicação deverá ser entendida como uma mera notificação.

dar a outros interessados a possibilidade de participar da ação a título principal, ou seja, como litisconsortes, não é compatível com o processo coletivo de substituição processual na seara trabalhista, nomeadamente porque é contrária à previsão do art. 5º, n. 3, do CPT. A questão aqui não passa pela teoria do diálogo das fontes. A aplicação subsidiária da LAP não pode sequer ser aventada porque a lei específica que rege o processo do trabalho dispõe explicitamente sobre a qualidade da participação dos trabalhadores substituídos — como assistentes — que desejem fazer parte do processo.

De qualquer forma, uma vez iniciado o processo coletivo, não há qualquer previsão legislativa que permita a intervenção de trabalhadores substituídos nesse processo para renunciar e aceitar acordos, mesmo que motivados por questões imperiosas. Pergunta-se: não havendo qualquer objeção por parte de qualquer trabalhador interessado, no prazo e na forma prescrita no art. 5º, n. 3, do CPT, ao direito de ação do sindicato em substituição processual, podem um ou mais trabalhadores colocar óbice, mais tarde, durante o curso do processo?

Existem argumentos muito poderosos a favor de uma possível intervenção, assim como existem argumentos que descartam completamente essa possibilidade.

Por um lado, a teoria do diálogo das fontes poderia ser utilizada para permitir a intervenção dos trabalhadores substituídos na ação proposta em sua defesa pelo sindicato. Desta forma, por meio do diálogo de coordenação e adaptação sistemática, as regras e princípios do processo civil, no tocante ao instituto da oposição, poderiam exercer influência determinante sobre a regulamentação das ações coletivas. Assim, segundo o art. 342º do CPC[85], a pessoa interessada, desde que apresente direito próprio relacionado com o objeto da ação e desde que esse direito seja incompatível com as pretensões deduzidas na ação, pode se opor ao processo, no tempo e no modo previstos em lei, por meio de articulado específico proposto em juízo, sendo julgada posteriormente a sua admissibilidade[86]. O trabalhador, neste caso, deverá

---

(85) Art. 342º *(Conceito de oposição — Até quando pode admitir-se)*. 1. Estando pendente uma causa entre duas ou mais pessoas, pode um terceiro intervir nela como opoente para fazer valer, no confronto de ambas as partes, um direito próprio, total ou parcialmente incompatível com a pretensão deduzida pelo autor ou pelo reconvinte.
2. A intervenção do opoente só é admitida enquanto não estiver designado dia para a discussão e julgamento da causa em 1ª instância ou, não havendo lugar a audiência de julgamento, enquanto não estiver proferida sentença.
(86) Art. 344º *(Posição do opoente — Marcha do processo)*. 1. Se a oposição não for liminarmente rejeitada, o opoente fica tendo na instância a posição de parte principal, com os direitos e responsabilidades inerentes, e será ordenada a notificação das partes primitivas para que contestem o seu pedido, em prazo igual ao concedido ao réu na ação principal. 2. Podem seguir-se os articulados correspondentes à forma de processo aplicável à causa principal.

apresentar motivo imperioso que impeça que o sindicato continue promovendo a ação. É que, caso a oposição seja admitida, o trabalhador interessado assumirá o processo como parte principal, unicamente em relação à fração da ação que lhe diz respeito. Somente assim é que o trabalhador teria a possibilidade de renunciar a direitos ou fazer acordos.

Nessa linha de raciocínio, os direitos individuais dos trabalhadores se sobreporiam àquele direito mais alargado de "representação sindical" e a justificativa que poderia ser levantada é a de que os titulares do direito material podem dispor desses direitos como bem entenderem. Em ações individuais comuns, se o trabalhador desejar pôr fim ao litígio, seja para aceitar proposta de acordo e receber parte do valor pecuniário que lhe cabe antes de terminar o processo, seja para renunciar a direitos, poderá fazê-lo sem que com isso incorra em ilegalidades. Aliás, poucos são os direitos trabalhistas aceitos, na atualidade, como irrenunciáveis pela jurisprudência portuguesa. Portanto, se em processo individual é permitido ao trabalhador fazer acordos e renunciar a direitos, por simetria de princípios, em processo no qual se discute direito individual poderia ser feito o mesmo.

Acontece que essa possibilidade de ingerência poderia trazer consequências bastante nefastas para o prosseguimento do processo, para além de promover o enfraquecimento do sindicato proponente da ação e incitar uma certa descrença em relação à utilidade da substituição processual. Portanto, é possível defender o não cabimento dessa intervenção. Senão, veja-se.

Se de fato fosse possível que os trabalhadores se opusessem ao processo, para além de lançarem mão daquela oportunidade que lhes é concedida antes da propositura da ação, significaria dizer que poderiam ser suscitados ao longo do processo principal vários incidentes nesse sentido. Cada oposição requer a apresentação de articulado, com as suas respectivas provas. Requer também que o juiz aprecie as questões em decisões fundamentadas. Todas essas consequências que surgem da oposição, não só tornam o processo cada vez mais complexo, como também põem em causa o trabalho do sindicato e a utilidade desse tipo de ação. A vontade do trabalhador de se opor pode ser legítima, mas também pode ser fortemente condicionada por condutas manipuladoras por parte do empregador que ocorrem longe dos autos processuais e que neles nunca serão conhecidos. Esse tipo de destreza do empregador pode provocar uma oposição generalizada à ação sindical, por meio da proposição de acordos ou de promessas extrajudiciais em função da renúncia a direitos. Esse tipo de ardil, que não soa tão estranho no mundo das relações laborais, pode trazer consequências que acabam por debilitar as ações sindicais e, em última análise, prejudicar os trabalhadores e os seus direitos individuais. De igual maneira, a utilidade das substituições processuais poderia ser colocada em "xeque", porque estaria aberta, de forma legítima ou não, uma via direta de acesso dos trabalhadores à ação proposta pelo sindicato. Solução que não se coaduna com aquelas concepções de economia e celeridades processuais, para além de se mostrar incoerente com a ideia de proteção dos trabalhadores interessados pela sua não exposição na arena do combate judicial. É preciso levar em consideração também que o sindicato, como autor da ação e como agente que possui inclinação natural para promover a defesa dos direitos dos seus associados, deve ter autonomia e independência em relação à condução do processo.

Desse modo, parece que os últimos argumentos fulminam qualquer possibilidade de utilização da oposição pelos trabalhadores substituídos.

Não se pode olvidar que a justificativa teórica da substituição processual também está relacionada com a necessidade de fortalecer as associações sindicais para, no exercício da liberdade sindical, promoverem a defesa do trabalho decente também na esfera judicial. Os sindicatos é que elevam os trabalhadores à condição de igualdade perante o empregador. Como se sabe, no âmbito dos contratos, somente com a atuação sindical é que aquela desigualdade material encontrada nas relações de trabalho pode ser ultrapassada. Entretanto, no âmbito judicial, não há dúvidas de que a participação do sindicato, em defesa de direitos dos seus associados, proporciona uma solução do litígio de forma mais justa. Portanto, se os trabalhadores, à partida, concordaram com a iniciativa do sindicato em propor a ação, em princípio, não podem se insurgir a meio do processo para anteciparem o desfecho da ação. O silêncio da lei, portanto, é proposital. Não pode ser considerado uma lacuna.

Em resumo, seria possível defender que, por meio do diálogo sistemático de coerência, o incidente processual da oposição pode ser suscitado com fundamento na utilização da base conceitual do CPC nas ações coletivas. Não é de todo incoerente chegar-se a essa conclusão. Entretanto, acredita--se, ao invés, que a questão deve ser enfretada pelo diálogo de coordenação e adaptação sistemática, para afirmar que a teleologia da LAP deve influenciar a regulamentação do CPT. Portanto, a ausência de norma específica na LAP sobre intervenção dos substituídos no curso da ação coletiva, no sentido de renunciar a direitos ou de fazer acordos, é indicativo de que não se pode admitir esse tipo de interferência.

De qualquer forma, a solução aqui encontrada no sentido de que a regra deve ser a da não intervenção no curso do processo pelos substituídos, não deve dar lugar a uma série de injustiças. Se os trabalhadores acreditam que o sindicato está agindo com negligência ou imperícia, ou que está agindo em conluio com o empregador, o ordenamento jurídico português deve dar espaço para que, numa ação autônoma, os trabalhadores possam exigir a responsabilização civil do sindicato. Na hipótese, também há lugar para a proposição de ação específica para apurar a responsabilidade criminal, assim como a responsabilização dos advogados envolvidos, em procedimentos próprios a serem desenvolvidos na Ordem dos Advogados. Convém ressaltar também a possibilidade de, em recurso extraordinário, os trabalhadores prejudicados, nas hipóteses previstas no CPC, proporem a revisão da decisão (ou rescisão da decisão) já transitada em julgado.

Por fim, ainda sobre a temática da intervenção dos substituídos, imagine-se o seguinte exemplo hipotético: se no curso do processo um determinado trabalhador se desfiliar da associação sindical e em petição fundamentada ao tribunal afirmar que o sindicato não lhe inspira mais confiança. Neste caso, foi quebrada aquela ligação ideológica e de solidariedade entre trabalhador e sindicato, de modo que, nessas circunstâncias, não se pode exigir que os interesses desse trabalhador continuem sendo defendidos pelo sindicato. Esta é, portanto, a única hipótese em que é possível vislumbrar, pelo menos neste momento, a possibilidade de um trabalhador, por motivo peculiar seu, levar a respectiva informação para os autos para que o resultado da sentença não o atinja. Na hipótese, o instituto da oposição poderá ser eventualmente aplicado pelo trabalhador, tendo em vista que o seu direito de liberdade negativa de associação é incompatível com as pretensões deduzidas na ação coletiva, a teor do art. 342º, n. 1, do CPC.

6.3.3. LEGITIMIDADE PARA INICIAR O PROCESSO DE EXECUÇÃO

Como já foi dito anteriormente, as normas do CPC, no tocante à execução, são aplicadas subsidiariamente às ações coletivas trabalhistas, visto que as regulamentações do CPT e da LAP não são exaustivas em relação à matéria. Quanto à legitimidade na execução, dispõe o art. 55º, n. 1, do CPC, que "a execução tem de ser promovida pela pessoa que no título executivo figure como credor e deve ser instaurada contra a pessoa que no título tenha a posição de devedor". Acontece que os credores numa substituição processual não são os autores da ação. Em função disso, devem os trabalhadores necessariamente participar do processo executivo judicial, uma vez que são os verdadeiros credores, ou poderá continuar o sindicato impulsionando o processo também nessa "fase"?

Como se sabe, a prestação jurisdicional só se esgota quando todos os mecanismos legais postos à disposição da Justiça são utilizados para que a situação *a quo* seja restabelecida e, tanto quanto possível, de forma breve

(ALMEIDA, 2010, p. 16), mesmo quando esse restabelecimento só possa ser viabilizado por meio do pagamento, pelo devedor, de uma determinada quantia, que será a expressão pecuniária correspondente à violação de um direito. Significa dizer que, enquanto não houver o cumprimento da parte dispositiva da sentença, não se terá exaurido a prestação jurisdicional e, portanto, ainda subsistirão os interesses dos trabalhadores substituídos. Portanto, após o trânsito em julgado da sentença, há ainda uma fase processual que deva ser enfrentada para que os seus efeitos sejam realmente sentidos. Nessa linha de raciocínio, não há dúvidas de que os trabalhadores possuirão, mesmo após transcorrido todo o processo inicial de conhecimento, o interesse direto de impulsionar o processo, desta vez de execução, para que, no final, o devedor cumpra com o estabelecido pelo tribunal.

Sob a perspectiva constitucional, parece ser possível entender o instituto da substituição processual em termos amplos, de modo a que o sindicato também tenha legitimidade na fase de execução, tendo em vista a conservação dos interesses dos trabalhadores. É que, se a CRP, ao dispor no art. 56º, n. 1 que "compete às associações sindicais defender e promover a defesa dos direitos e interesses dos trabalhadores que representem", não estabeleceu quaisquer limites, não se pode inferir daí que a legitimidade ativa para promover a defesa de interesses de origem comum deve cessar após o pronunciamento da sentença. Esse argumento, por si, já justificaria a continuidade da participação ativa do sindicato no processo. Porém, outro argumento pode ser desenvolvido.

Não há dúvidas de que a prolatação da sentença encerra uma fase muito importante que é a de reconhecimento ou constituição de um direito. Contudo, de nada valerá o mandamento decisório se aquilo que estiver determinado não puder efetivamente ser cumprido ou viabilizado. Portanto, tão ou mais importante do que a fase de conhecimento, de discussão e de julgamento da demanda, é o processo de execução. Acontece que é nesta fase que o devedor pode oferecer uma grande resistência, principalmente no que se refere ao cumprimento de obrigação de pagar. Essa hipótese, que não é de todo estranha às execuções, pode se verificar pelo fato de o processo de execução admitir uma série de incidentes, uma série de recursos judiciais a serem promovidos pelo executado.

Lembre-se que, não obstante os esforços realizados pelo último CPT, no sentido de dar mais celeridade, racionalidade e eficácia à execução no foro laboral, ao introduzir mudanças significativas, por exemplo, sobre o ato de comunicação da penhora, os meandros do processo executivo recebem regulamentação subsidiária do CPC e o tipo de diálogo que está ínsito aqui é aquele que visa, de forma sistêmica, à complementaridade do sentido das leis (CPT e LAP) com a utilização de uma outra lei. Essas aberturas, previstas nas legislações processuais, homenageiam indubitavelmente princípios constitucionais, como o do contraditório e o da ampla defesa, mas também podem ser utilizadas de forma ilícita, com propósito protelatório ou para esconder uma atividade fraudulenta (pense-se na espoliação de bens por meio de vendas forjadas de modo a prejudicar o cumprimento da execução).

Por outro lado, é preciso levar em consideração que os trabalhadores, no processo de execução, também ostentam aquela condição de hipossuficiência, que é traço característico de toda e qualquer relação típica de trabalho, face ao empregador (ou ex-empregador). Essa vulnerabilidade não é ultrapassada após a lavratura de um título executivo judicial. Afirmar que os trabalhadores devem, individualmente, participar da liquidação e execução da sentença, significa colocá-los numa zona de confronto direto com o devedor, numa situação de total desconforto, principalmente se ainda se mantiver a relação jurídica contratual. Não se pode olvidar que o devedor, em princípio, almeja por arranjar qualquer subterfúgio para afastar a execução do seu patrimônio, e isto requer do exequente perseverança e muita diligência. Presume-se que o trabalhador, por sua vez, quer o mínimo de contato direto com o devedor, seja porque deseja manter o seu vínculo de trabalho sem maiores crispações, seja porque tem outras prioridades, tais como, arranjar um novo emprego sem ter que constar de uma "lista negra".

Portanto, é razoável estender a legitimidade processual ativa dos sindicatos, em sede de substituição processual, para a fase seguinte, ou seja, para o respectivo processo de execução. Essa solução parece ser consentânea com o espírito do processo coletivo regulamentado pela LAP. Nessa linha de raciocínio, o sindicato, substituto, promoveria todos os atos imprescindíveis para o desenvolvimento da execução, inclusive disponibilizando informações relevantes sobre os contornos dos contratos de trabalho firmados pelo empregador com os trabalhadores, se necessário fosse. Somente nesta fase é que seriam conhecidos efetivamente os trabalhadores vinculados aos efeitos da sentença. Convém ressaltar que uma sentença em ação coletiva será sempre genérica, para que responda de forma eficaz aos problemas de origem comum colocados em juízo. A identificação dos trabalhadores interessados, nesse contexto, seria indispensável, porque é somente após a liquidação da sentença que a obrigação passa a ser certa e exigível. Não se pode olvidar que, para realizar a liquidação, é preciso utilizar como parâmetro informações relativas a cada trabalhador interessado sobre remuneração, jornada de trabalho, tempo de serviço, dentre outras. As peculiaridades dessas informações não fazem com que os direitos em discussão sejam heterogêneos. O que determina a homogeneidade dos direitos em jogo é a sua origem comum.

Ainda quanto à questão da identificação dos trabalhadores interessados, quando se tratar de sentença de natureza puramente declarativa ou de sentença que prescreva uma obrigação de fazer ou de não fazer, não há, *a priori*, a necessidade de realizar a identificação dos sujeitos interessados. O cumprimento ou o incumprimento da sentença pode ser relatado ao Juízo sem que com isso os trabalhadores tenham que ser expostos. Se, por exemplo, ficar provado na fase de julgamento que o empregador tem por hábito assediar moralmente trabalhadores com uma determinada característica e o provimento judicial for no sentido de que o empregador deverá se abster de praticar esse tipo de conduta, caso haja incumprimento da decisão judicial, o sindicato deverá relatar ao Juízo, fazendo prova do fato, para que o tribunal tome as providências necessárias.

Capítulo VII

A Substituição Processual no Brasil pelos Sindicatos

7.1. Breves notas

A possibilidade de o sindicato substituir trabalhadores em ações judiciais não é tão recente e regras específicas podem ser encontradas de forma esparsa ao longo das legislações que versam sobre matérias relacionadas com o direito do trabalho. O parágrafo único, do art. 872 da Consolidação das Leis do Trabalho[87], dispõe sobre uma legitimação concorrente, de trabalhadores e sindicato, para apresentar reclamação em Juízo acerca do não pagamento de salários, tendo em vista o determinado judicialmente em sede de dissídio coletivo. Em breves linhas, o dissídio coletivo é uma ação judicial proposta pelo sindicato da categoria profissional e pela empresa ou sindicato da categoria econômica, de comum acordo, após a recusa de uma das partes em negociar ou levar o conflito à arbitragem[88]. Com efeito,

---

(87) Com redação dada pela Lei n. 2.275, de 30.7.1954.
(88) É possível tecer várias críticas sobre a "interferência" do Judiciário na negociação coletiva. De qualquer forma, a solução encontrada pela legislação brasileira permite que o conflito entre interesses seja resolvido, levando em consideração um "meio-termo" entre as propostas dos dois atores coletivos. Acontece que, na prática, após a promulgação da Emenda Constitucional n. 45/2004, o instituto do dissídio coletivo deixou de ser um recurso para a resolução de conflitos, tendo em vista que o novo

após o malogro ou a recusa das negociações entre as entidades coletivas, estas podem propor uma ação para que o Judiciário, considerando as razões de ambos os lados, determine quais serão as condições de trabalho, com repercussões econômicas, que serão adotadas. Desta forma, o provimento jurisdicional, que recebe o nome de sentença normativa, substitui o acordo ou a convenção coletiva de trabalho. Significa dizer, portanto, que quando há o incumprimento dessa sentença normativa, que no fundo influencia a realidade de cada contrato de trabalho por ela abrangido, o sindicato, em seu nome, pode, em substituição processual, defender os interesses dos trabalhadores prejudicados, ao propor ação de cumprimento.

No mesmo diploma, precisamente no § 2º, do art. 195 da CLT[89], pode-se encontrar um outro exemplo de substituição processual. De acordo com o dispositivo, o sindicato pode propor ação, em favor dos trabalhadores substituídos, para que seja reconhecida a existência de insalubridade ou periculosidade no ambiente de trabalho, bem como o respectivo adicional salarial a que têm direito os trabalhadores que laboram nessas situações. O antigo Enunciado n. 271 do Tribunal Superior do Trabalho, cancelado pela Resolução n. 121/2003[90], reconhecia justamente essa possibilidade de substituição como legítima.

Não se pode olvidar a regra estabelecida no art. 25 da Lei n. 8.036, de 11.5.1990, que dispõe sobre o Fundo de Garantia do Tempo de Serviço (FGTS). Segundo o referido dispositivo, "poderá o próprio trabalhador, seus dependentes e sucessores, ou ainda o Sindicato a que estiver vinculado, acionar diretamente a empresa por intermédio da Justiça do Trabalho, para compeli-la a efetuar o depósito das importâncias devidas nos termos desta lei". O FGTS é, *grosso modo,* um fundo criado para receber o depósito mensal de 8% sobre a remuneração devida ao trabalhador, sob a responsabilidade do empregador, e outras aplicações e dotações orçamentárias, numa conta vinculada ao trabalhador. Os valores depositados pelo empregador nesse fundo podem ser levantados nas hipóteses previstas em lei, nomeadamente, em razão da compra da casa própria, doença grave e rescisão imotivada do contrato de trabalho ou por culpa recíproca. Tratando-se de dispensa imotivada, o empregador deverá depositar, a título de indenização, o correspondente a 40% sobre o somatório de todos os valores mensais

---

teor do § 2º, do art. 114º da Constituição Federal passou a exigir o consentimento das partes desavindas para que seja iniciado o processo. Antes da alteração constitucional, o sindicato dos trabalhadores, ao verificar a falta de abertura da outra parte para a negociação, poderia promover ação judicial e a parte discordante deveria apresentar contrapropostas, sob pena de revelia.

(89) Com redação dada pela Lei n. 6.514, de 22.12.1977.
(90) Resolução publicada no Diário da Justiça nos dias 19, 20 e 21.11.2003.

previamente depositados e respeitantes ao contrato de trabalho em questão. O valor da indenização será de 20% se o desate contratual tiver origem na culpa recíproca do empregado e do empregador. Portanto, o sindicato tem a faculdade de propor ação judicial para exigir que esses valores, tanto o valor mensal, como a indenização pelo despedimento, sejam depositados na conta do trabalhador. É importante assinalar que essa possibilidade de o sindicato substituir um único trabalhador não se encaixa no conceito de substituição processual, naquela concepção mais geral de defesa de interesses individuais homogêneos, ou seja, de vários trabalhadores[91]. De qualquer modo, trata-se de opção legislativa cuja coerência é questionável, mas que está plenamente em vigor.

Outrossim, as legislações sobre política salarial, editadas ao longo do tempo para determinar as condições para a correção do valor monetário dos salários, também previram o instituto da substituição processual, por meio de sindicatos, independentemente de outorga de poderes. Essas normas sobre a participação judicial dos sindicatos estabeleceram, num primeiro momento, a possibilidade de substituição dos trabalhadores associados[92], mas, em seguida, a substituição passou a ser a de toda a categoria profissional[93]. Essa mudança de orientação legislativa está relacionada com a promulgação da Constituição Federal em 1988, que estabeleceu, no inciso III, do art. 8º, a prerrogativa de os sindicatos profissionais defenderem não só os seus associados, mas toda a categoria profissional.

A referida regra constitucional, segundo a qual "ao sindicato cabe a defesa dos direitos e interesses coletivos ou individuais da categoria, inclusive em questões judiciais ou administrativas", não foi imediatamente associada à substituição processual, e essa ilação foi ora aplaudida[94], ora repudiada[95], pela doutrina e jurisprudência por muitos anos. A necessidade de estabelecer um entendimento mais homogêneo sobre a questão deu origem à Súmula n. 310, editada pelo Tribunal Superior do Trabalho, na qual foi expressamente dito que "o art. 8º, inciso III, da Constituição da República não assegura a substituição processual pelo sindicato".

---

(91) Ben-Hur Silveira Claus (2003, p. 114), aliás, defende a impossibilidade de haver substituição processual de um único trabalhador, porque, do contrário, o sistema de tutela coletiva seria desvirtuado.
(92) Lei n. 6.708, de 30.10.1979; Lei n. 7.238, de 29.10.1984.
(93) Lei n. 7.788, de 3.7.1989; Lei n. 8.073, de 30.7.1990.
(94) Manoel Antonio Teixeira Filho (2009, pp. 242/246), não compactua com a ideia de que o art. 8º, III, da Constituição, prevê hipótese de substituição processual, mas acredita ser hipótese de mera representação. Isto porque "*defender* não significa, necessariamente, agir como substituto processual".
(95) Gualdo Amaury Formica (1992, pp. 53/54) critica o posicionamento de alguns juízes que não relacionam o referido normativo constitucional com a substituição processual. Defende esse autor que a Lei n. 7.788, de 3.7.1989, sobre política salarial, acabou por regulamentar o art. 8º, III, da CF/1988.

Esta súmula, cancelada pela Resolução n. 121/2003[96], portanto, inaplicável atualmente, também estabelecia de forma mais clara e concisa o âmbito de aplicação temporal das leis sobre política salarial, referidas acima, assim como clarificava quais destas legislações admitiam a substituição processual dos associados e quais as que possibilitavam a substituição de todos os trabalhadores constantes da categoria profissional. Também previa o referido texto sumular que, em todas as hipóteses de substituição processual, o sindicato deveria individualizar os trabalhadores substituídos na petição inicial. Essa necessidade de identificação de todos os trabalhadores na peça de ingresso parecia ser bastante incoerente com as bases teóricas que ainda hoje justificam a existência do mecanismo de substituição processual, de modo que esta interpretação do TST foi alvo de muitas críticas da doutrina (CERDEIRA, 2010, pp. 107 e ss.). Convém ressaltar que, mesmo após o cancelamento da Súmula n. 310 em 2003, muitas decisões ainda hoje são proferidas no sentido de reconhecer a inépcia da petição inicial em face da ausência de identificação dos substituídos[97].

Por outro lado, em que pese o cancelamento da referida súmula, que também dispunha sobre a participação dos trabalhadores como assistentes litisconsorciais nas ações coletivas propostas pelo sindicato, assim como sobre a fase de liquidação da sentença e sobre os honorários advocatícios, algumas dessas determinações ainda são aplicadas atualmente (NASCIMENTO, 2009, p. 409). Em relação à primeira questão, a jurisprudência majoritária tem se inclinado a admitir a possibilidade de os trabalhadores intervirem nas ações como assistentes[98], também para, nessa qualidade, realizar acordos[99]. Em relação à liquidação da sentença, a súmula determinava a identificação dos trabalhadores, pelo sindicato, e a expedição de guias em nome dos substituídos. Atualmente, conforme se verá a seguir, a individualização é realizada na fase de liquidação da sentença e a execução é impulsionada pelo sindicato-autor, uma vez que a substituição processual não finda após o pronunciamento de mérito. Por fim, em relação aos honorários advocatícios, o TST defendia que estes não eram devidos quando o sindicato funcionava como autor da ação em sede de substituição processual. Acontece que esse

---

(96) Resolução publicada no Diário de Justiça nos dias 19, 20 e 21.11.2003 e republicada em 25.11.2003.
(97) A título de exemplo, observe-se o seguinte argumento: "indispensável que o autor identificasse todos os substituídos, a fim de possibilitar a ampla defesa da reclamada. A falta de identificação dos substituídos impossibilita à reclamada indicar a possível ocorrência de litispendência ou coisa julgada (em relação a eventuais trabalhadores que distribuíram ação, com idêntico objeto, em face da reclamada). Este defeito da inicial também obsta a defesa de mérito, no que pertine ao efetivo trabalho de cada empregado no mencionado feriado (...)". Recurso Ordinário n. 00214-2008-129-15-00-0, Desemb. Olga Aida Joaquim Gomieri, 6ª Turma — 12ª Câmara do TRT da 15ª Região (São Paulo), publicado no Diário Eletrônico da Justiça do Trabalho (DEJT) em: 19.6.2009.
(98) TST- RR 3801700-06.2002.5.16.0900, Min. Fernando Eizo Ono, 4ª Turma do TST, DEJT de 5.2.2010.
(99) Serão feitos maiores desenvolvimentos em tópico próprio.

entendimento foi alterado, em virtude da edição da Súmula n. 219, inciso III, do TST[100], segundo a qual: "são devidos os honorários advocatícios nas causas em que o ente sindical figure como substituto processual e nas lides que não derivem da relação de emprego"[101].

Convém ainda citar a existência de duas súmulas, editadas pelo Supremo Tribunal Federal, que tratam sobre o Mandado de Segurança Coletivo (MSC). Este mecanismo, chamado de remédio constitucional, deve ser utilizado sempre que não houver outro recurso jurídico para defender direito líquido e certo daqueles que o possuem. Quanto à legitimidade de impetração, tem-se, a teor do art. 5º, LXX, "b", da CF/1988, que "o mandado de segurança coletivo pode ser impetrado por: (...) organização sindical, entidade de classe ou associação legalmente constituída e em funcionamento há pelo menos um ano, em defesa dos interesses de seus membros ou associados". O STF, de acordo com essa regra constitucional e após realizar vários julgamentos no mesmo sentido, editou, em 24.3.2003, duas súmulas (a 629 e a 630)[102], nas quais prevê a possibilidade de o sindicato, por meio do MSC, defender direitos individuais dos associados ou de parcela da categoria profissional, independentemente de autorização dos trabalhadores.

Todas essas legislações e orientações jurisprudenciais, no tocante à substituição processual, foram de certa forma mitigadas após o pronunciamento do STF, que, em meados do ano de 2006, pôs fim a uma série de controvérsias para admitir que a Constituição Federal (CF/1988) autoriza a substituição processual pelos sindicatos de forma ampla, como se verá a seguir. Portanto, o fundamento constitucional para a proposição de ação civil coletiva pelo sindicato, em sede de substituição processual, é suficientemente forte para que a demanda que verse sobre direitos individuais homogêneos seja conhecida e julgada, sem a necessidade de apresentação de outros fundamentos legais para defender a legitimidade sindical. É inaplicável, portanto, nesta matéria, a reserva da legalidade concernente à legitimidade processual prevista no art. 6º do Código de Processo Civil, segundo o qual "ninguém poderá pleitear, em nome próprio, direito alheio, salvo quando autorizado por lei". Ora, em função do inciso III, art. 8º, da CF/1988, mesmo nas situações não abrangidas pelas leis acima citadas, e desde que os direitos em causa apresentem origem próxima comum, o

---

(100) Resolução n. 174/2011, publicada no DEJT e divulgada nos dias 27, 30 e 31.5.2011.
(101) Portanto, esses honorários deverão integrar o montante da condenação do empregador.
(102) Súmula n. 629. "A impetração de mandado de segurança coletivo por entidade de classe em favor dos associados independe da autorização destes". Súmula n. 630. "A entidade de classe tem legitimação para o mandado de segurança ainda quando a pretensão veiculada interessa a uma parte da respectiva categoria". Lembre-se que essas súmulas não são vinculantes. Elas servem apenas de orientação jurisprudencial que pode ser seguida ou não pelos tribunais das instâncias ordinárias.

sindicato poderá defender de forma irrestrita direitos laborais de parte ou da totalidade da categoria profissional[103].

7.2. O DIVISOR DE ÁGUAS: POSICIONAMENTO DO SUPREMO TRIBUNAL FEDERAL SOBRE O INCISO III DO ART. 8º DA CONSTITUIÇÃO DA REPÚBLICA FEDERATIVA DO BRASIL

O STF tem priorizado o julgamento de ações individuais em bloco e que versem sobre matérias semelhantes, assim como vem priorizando as ações coletivas em nome da celeridade processual. Outrossim, tem primado pela análise de causas que causam alguma repercussão social, desde que estejam diretamente relacionadas com a Constituição, assim como tem empreendido esforços para proferir uma única decisão sobre a questão constitucional presente em controle difuso ou concentrado da constitucionalidade (CALDAS, 2010, pp. 269/270). Relativamente à questão da substituição processual, o STF não agiu diferentemente, e, com uma única decisão proferida em plenário, pôs fim à discussão constitucional em vários processos[104] para reconhecer derivar do inciso III, do art. 8º, da CF/1988, a substituição processual pelos sindicatos de forma bastante ampla. Em outras palavras, o sindicato poderá substituir os trabalhadores integrantes da categoria profissional ou de parte dela, não apenas na fase de conhecimento, mas na liquidação e na execução da sentença, independentemente de autorização expressa ou de aprovação da iniciativa por meio de assembleia, desde que os direitos tenham origem comum.

Neste trabalho não serão pormenorizadas as especificidades de todas essas ações judiciais. Em vez disso, optou-se por descrever, em síntese, o posicionamento dos ministros do STF aquando do julgamento dessas demandas, e, em seguida, analisar a estrutura e os argumentos levantados em plenário, que serviram de embasamento em todas as mencionadas ações, para saber efetivamente os impactos desse importante posicionamento no ordenamento jurídico brasileiro.

Convém ressaltar que, não obstante essas decisões terem sido proferidas em 2006 e dadas a conhecer em 2007, por meio das publicações no Diário de

---

(103) Ressalte-se que a interpretação do dispositivo foi realizada em sede de controle concreto ou difuso de constitucionalidade e, por isso, nada impede que novos consensos sejam forjados no seio do STF para alterar a amplitude dessa interpretação. É por isso que se fez necessário enumerar as diversas disposições legais, que ainda estão em vigor, a respeito da substituição processual pelos sindicatos.

(104) O precedente foi seguido, por exemplo, nos processos autuados sob os números: 214.830/RS, 214.668/ES, 213.111/SP, 211.874/RS, 211.303/SC, 211.152/DF e 210.029/RS. As tramitações desses processos estão disponíveis em: <http://www.stf.jus.br/portal/processo/listarProcesso.asp>.

Justiça, o teor delas continua em vigor. Isto porque, atualmente, a mesma diretriz continua sendo aplicada em todas as instâncias jurisdicionais, inclusive pelas próprias turmas do STF[105] em controle concreto de constitucionalidade.

No âmbito do julgamento em plenário, após o voto do Relator, o Ministro Carlos Velloso, que conheceu do recurso e lhe deu provimento, porque reconheceu que o art. 8º, inciso III, da CF/1988, é compatível com a substituição processual, foi concedida vista dos autos para o Ministro Nelson Jobim. Este Ministro, por sua vez, elaborou voto por escrito e deu provimento parcial ao recurso para admitir a legitimidade sindical para a propositura de ação como substituto processual, mas não para promover, nessa condição, a liquidação e execução da sentença, no que foi seguido por Cezar Peluzo, Eros Grau, Gilmar Mendes e Ellen Gracie. Os Ministros Joaquim Barbosa, Carlos Britto, Sepúlveda Pertence, Marco Aurélio e Celso de Mello, inversamente, votaram no sentido de reconhecer a legitimidade sindical de forma ampla, sem excepcionar a fase de liquidação e execução da sentença, dando provimento ao recurso. Após o julgamento, o Ministro Joaquim Barbosa lavrou o acórdão da decisão que, por maioria de votos, reconheceu exsurgir do art. 8º, inciso III, da CF/1988, legitimidade processual ativa do sindicato para propor ação, e impulsionar a execução, em defesa dos direitos individuais homogêneos.

Verificou-se entre todos os ministros um certo consenso sobre o conceito básico de substituição processual pelos sindicatos em matéria laboral. Os ministros do STF, na defesa das suas convicções, partiram dos pressupostos de que a substituição processual não se confunde com o instituto da representação e de que nem sempre há coincidência entre o sujeito da relação jurídica material e o sujeito da relação jurídica processual, como acentuou o Ministro Nelson Jobim no seu voto (pp. 2/14). Enfrentaram a questão com exatidão teórica para estabelecer a linha interpretativa da norma constitucional, sob a perspectiva de uma legitimação autônoma do sindicato para defender interesses individuais alheios, de forma concorrente com os trabalhadores interessados, independentemente de autorização ou instrumento de mandato. Na fase de julgamento, aquela restrição, prevista na extinta Súmula n. 310 do TST, relativa à necessidade de identificar os substituídos na petição inicial, já não se colocava.

Na realidade, verifica-se que no Brasil há uma grande maturidade doutrinária acerca dos processos coletivos, a contar pela vasta produção de obras que são feitas nesse sentido, sobretudo para poder acompanhar a

---

(105) Recurso Extraordinário n. 217.566/D, Min. Marco Aurélio, 1ª Turma do STF, publicado no Diário da Justiça em 3.3.2011.

profícua produção legislativa em matéria de legitimação extraordinária de terceiros em defesa de interesses individuais e de legitimação ordinária de entidades coletivas em defesa de interesses difusos e coletivos. Apenas para citar exemplos, para além daquelas legislações extravagantes e orientações jurisprudenciais de jaez trabalhista que foram enumeradas no início desta seção, a Lei da Ação Civil Pública regulamenta, dentre outras matérias, as ações propostas por associações sindicais em defesa de interesses difusos e coletivos. Outrossim, o Código de Defesa do Consumidor, apesar de versar sobre questões muito próprias relacionadas com os direitos dos consumidores, regulamenta as ações civis coletivas propostas por associações em defesa de interesses individuais homogêneos[106]. Por fim, a Lei Orgânica do Ministério Público, assim como a Constituição Federal, reconhecem competência ao Ministério Público do Trabalho, ora para promover a Ação Civil Pública para atuar em defesa de interesses difusos e coletivos de trabalhadores, ora para promover a Ação Civil Coletiva, em defesa de interesses individuais homogêneos[107]. Existem outras hipóteses de legitimação extraordinária, com fundamento constitucional, fora do âmbito laboral: citem-se a possibilidade de propositura de ação popular pelo cidadão (art. 5º, LXXIII, da CF/1988) e a impetração de mandado de segurança coletivo por partido político (art. 5º, LXX, "a", da CF/1988).

Em Portugal, por outro lado, a discussão é ainda muito incipiente e pouco ou quase nada há sobre a temática dos processos coletivos na área laboral. Por esta razão é que se mostrou necessário analisar minudentemente as discussões em sede de Tribunal Constitucional, extraindo daí conceitos valiosíssimos a serem aplicados na prática forense com o auxílio da legislação processual trabalhista e as legislações processuais subsidiárias.

---

(106) Segundo o esclarecimento do Ministro Nelson Jobim (p. 23 do seu voto), a defesa de direitos coletivos é diferente de defesa coletiva de direitos individuais. Os direitos coletivos *lato sensu* (que abrangem interesses difusos e coletivos) devem ser defendidos, no Brasil, por meio de ação civil pública, de ação popular, dissídio coletivo na área laboral, etc. Já os direitos individuais homogêneos devem ser defendidos por meio do mandado de segurança coletivo ou da ação civil coletiva prevista no CDC.

(107) A propósito da nomenclatura das ações para a defesa de direitos transindividuais, ou seja, direitos que ultrapassam a esfera individual do jurisdicionado, há posicionamentos doutrinários que afirmam que essa preocupação é incabível, uma vez que os legitimados para a ação civil pública e para a ação coletiva, no âmbito laboral, são os mesmos, assim como são os mesmos os interesses. (BARBOSA, 2010, pp. 206 e ss.). Essa discussão não foi inserida no corpo do trabalho e as consequências desse pensamento acerca da harmonização dos diplomas — Lei de Ação Civil Pública e CDC — não foram enfrentadas em vista dos limites de espaço. Neste trabalho, partiu-se do pressuposto, partilhado por juristas como Ronaldo Lima dos Santos e Ives Gandra Martins Filho (BARBOSA, 2010, pp. 212/213), de que a LACP, no tocante à esfera trabalhista, se ocupa dos interesses difusos e coletivos, ao passo que o CDC se ocupa das questões relacionadas com os interesses individuais homogêneos. De qualquer forma, os incidentes processuais enfrentados a seguir não exigem, para a sua solução, a aplicação da LACP.

Portanto, nesta parte do trabalho, que visa tratar sobre a realidade brasileira, optou-se por deixar de lado as considerações mais gerais sobre o instituto da substituição processual, exaustivamente tratado pela doutrina brasileira e que no fundo já foram discutidas nas seções anteriores, para tecer alguns comentários, em tópicos próprios, sobre os aspectos mais polêmicos suscitados pela interpretação constitucional do STF acerca do art. 8º, III, da CF/1988 e sobre alguns incidentes processuais que poderão eventualmente ser suscitados na prática.

7.3. DIREITOS INDIVIDUAIS HOMOGÊNEOS VERSUS DIREITOS INDIVIDUAIS HETEROGÊNEOS

Como já foi dito alhures, os direitos ou interesses individuais homogêneos são aqueles que decorrem de uma origem comum, de um fato que atinge vários indivíduos da mesma forma. É por isso que essas situações podem ser tratadas de uma única vez, numa mesma ação judicial, em defesa coletiva de direitos individuais. É até preferível que assim seja para que os reflexos da decisão judicial em cada situação individual, em cada contrato de trabalho, sejam idênticos. Não pode haver substituição processual quando os trabalhadores interessados em propor uma ação em face de um empregador apresentem interesses heterogêneos, baseados em condutas lesivas do empregador que atingem de forma "dispersa" trabalhadores. A simples vontade, eventualmente manifestada pelos empregados, em acionar o mesmo empregador, não é suficiente para caracterizar a homogeneidade dos direitos a serem reclamados. Por outro lado, também não se inserem na ideia de homogeneidade de direitos, aqueles que estão atrelados às especificidades do trabalhador, aos interesses particulares ou personalíssimos de cada indivíduo. Essas particularidades, que são indispensáveis para a análise do mérito numa ação judicial, afastam o trabalhador do resto do grupo, de modo a exigir uma demanda individualizada. Se fosse admitida, em substituição processual, a análise de situações díspares, a ação judicial se tornaria num "simulacro", numa "massa caótica", tendo em vista as inúmeras alegações e provas produzidas, que, para além de prejudicar os trabalhadores envolvidos, aniquilaria o direito do contraditório e da ampla defesa do empregador[108].

Não obstante a facilidade em separar conceitualmente esses dois grupos de direitos, os homogêneos e os heterogêneos, há, na resolução de casos concretos nos tribunais brasileiros, inclusive nos tribunais superiores, muitas

---

(108) São previsões inquietantes apontadas pelo Ministro Cezar Peluso. As expressões entre aspas são suas (pp. 6 e 7).

dúvidas sobre aquilo que se pode defender coletivamente. O Ministro Nelson Jobim (p. 64 do seu voto), por exemplo, afirma que "os direitos decorrentes do contrato de trabalho são sempre interdependentes", isto é, devem ser tratados individualmente, porque os pedidos de horas extras, subsídio de férias, aviso-prévio, por exemplo, dependem de especificidades individuais ou da forma específica de como o contrato de trabalho foi executado. É necessário, por exemplo, saber qual o valor da remuneração para que seja possível requerer em juízo rubricas salariais e indenizatórias (*idem*). Nessa linha de raciocínio, esses direitos decorrentes de cada contrato de trabalho devem ser considerados heterogêneos porque são distintos e singulares e ensejam resultados diversos, vinculados à peculiaridade de cada situação contratual.

Por outro lado, há quem defenda que as particularidades de cada contrato de trabalho, tais como a remuneração, o tempo de serviço e a jornada de trabalho, podem ser deslindadas numa fase posterior ao enfrentamento do mérito, na fase da liquidação e execução da sentença[109]. Isto porque, o reconhecimento ou a declaração de direitos, e a respectiva condenação do empregador em obrigação de pagar, fazer ou não fazer, que decorre de um fato ilícito e que atinge, da mesma forma, todos os trabalhadores, não depende de informações mais pormenorizadas dos contratos de trabalho em causa. Em outras palavras, o pronunciamento quanto ao mérito, quando há homogeneidade de direitos, tem autonomia em relação às especificidades naturais que apresenta cada contrato de trabalho, quanto à data de celebração, quanto à remuneração acordada, quanto à jornada de trabalho, etc.

Para demonstrar até que ponto chegam essas divergências, será analisado, a título exemplificativo, o pedido, elaborado em sede de ação coletiva sindical, relativo à indenização pelas horas extraordinárias laboradas. Geralmente, aqueles que vislumbram a existência de direitos heterogêneos quando o assunto é jornada extraordinária, defendem que a prestação jurisdicional só é possível se o juízo levar em consideração todos os cartões de ponto, ou extratos de controles mecânicos ou digitais de jornada, para saber se a

---

(109) Nesse sentido, o Ministro Cezar Peluso, apesar de acompanhar o voto do Ministro Nelson Jobim no tocante à impossibilidade de substituição na fase de execução, afirma o seguinte: "a fase subsequente [à fase de conhecimento] é a de realização da eficácia dessa decisão, é a fase de concretização do direito, é a fase de individualização da situação de cada suposto beneficiário, partícipe desse universo (...) não existem dois empregados credores que se encontrem em situações absolutamente idênticas na execução. Pode ser até diferença de horas de contratação, por exemplo". Esta argumentação é utilizada para justificar a impossibilidade de substituição na fase da execução, mas é interessante porque evidencia a opinião do Ministro que acredita que as peculiaridades de cada trabalhador devem surgir na fase de liquidação/execução e que a existência dessas peculiaridades não interfere na homogeneidade dos direitos. Voto proferido em sessão plenária de 20.11.2003 e constante dos acórdãos que servem de precedente jurisprudencial.

demanda deve ser julgada procedente ou improcedente⁽¹¹⁰⁾. Ora, se for necessário individualizar cada trabalhador, para saber se de fato nos dias alegados houve ou não a prestação extraordinária de labor, uma demanda coletiva nunca poderá abordar essa temática[111].

Por outro lado, aqueles que defendem haver homogeneidade de direitos quando o empregador exige trabalho de um grupo de trabalhadores, para além da jornada normal, e não faz o pagamento do respectivo adicional, partem de outros pressupostos. Em primeiro lugar, a sentença, numa demanda coletiva, deve ser sempre genérica para que, na fase de liquidação, sejam determinados os valores a serem executados de acordo com a realidade de cada contrato de trabalho. O que torna os direitos homogêneos não é a quantificação do direito, é o fato de a lesão atingir igualmente um grupo de trabalhadores. Em segundo lugar, numa demanda coletiva, a origem do não pagamento da rubrica é comum e o sindicato deve provar, na fase de instrução do julgado, que o grupo de trabalhadores substituídos (cujas peculiaridades do contrato de trabalho serão apontadas numa fase posterior), nas ocasiões devidamente identificadas, prestou trabalho em jornada extraordinária, sem o pagamento do respectivo adicional. Por fim, comprovar na hipótese levantada que a empresa exigiu trabalho dos seus empregados nos feriados ou nos dias de maior demanda produtiva, sem ter procedido ao pagamento, é matéria que não depende da identificação dos trabalhadores nem das características de cada contrato de trabalho[112].

Ao que parece, o desenvolvimento de uma demanda coletiva, por meio da substituição processual, ou a sua inviabilidade, depende muito de como

---

(110) Segundo o posicionamento do TST na resolução de um caso concreto (TST-RR-106300-55.2007.5.17.0191, Min. Aloysio Corrêa da Veiga, Seção de Dissídios Individuais — I do TST, DEJT de 30.6.2011), a falta de pagamento de parcela das horas extras é fato que deve ser provado individualmente, porque diz respeito a interesses heterogêneos.

(111) Na decisão do Recurso de Revista (TST-AIRR — 102100-13.2001.5.03.0059, Min. Maria Cristina Irigoyen Peduzzi, 3ª Turma do TST, DEJT de 23.3.2007) considerou-se que o juízo deve analisar, isoladamente, cada caso concreto para julgar as provas do fato constitutivo do pedido de horas extras.

(112) Há decisões que foram proferidas no sentido de reconhecer que as horas extras podem ser pleiteadas coletivamente por meio da substituição processual, seja para requerer indenização pelo labor extraordinário em turnos ininterruptos de revezamento (TST E-RR — 603442/1999.4, Min. Carlos Alberto Reis de Paula, SDI — I do TST, DJ de 29.8.2008), seja para requerer a respectiva indenização em virtude da supressão do intervalo intrajornada (TST RR — 109900-84.2007.5.17.0191, Min. João Batista Brito Pereira, 5ª Turma do TST, DEJT em 11.2.2011). Sobre o assunto, verifique-se ainda o seguinte trecho: "as horas extras, de maneira genérica, não podem ser caracterizadas como direitos individuais heterogêneos apenas pela questão afeta à individualização de cada substituído para apuração do valor na execução. É a origem comum do direito às horas extras e a forma da lesão perpetrada pelo empregador que estabelecem o trato homogêneo ou heterogêneo do referido direito individual. A homogeneidade deve vincular-se ao direito postulado e não a sua quantificação" (os grifos não constam do original). (TST-RR-1500-66.2005.5.19.0004, Min. Carlos Alberto Reis de Paula, SDI- I do TST, DEJT de 16.6.2011).

os fundamentos e os pedidos são articulados entre si. Segundo o Ministro Cezar Peluso, o juiz da demanda é quem vai identificar no caso concreto se os direitos em questão são homogêneos ou heterogêneos (p. 8 do seu voto). É preciso levar em consideração que a sentença deve ser genérica e ilíquida, e por isso, os fatos ilícitos atribuídos ao empregador devem apresentar um "nexo factual lógico jurídico" (*ibidem*, p. 5) suficientemente capaz de exigir uma sentença comum e que sirva a todos os substituídos sem prejudicá-los. O Ministro Cezar Peluso defende a necessidade de saber, no caso concreto, se a origem comum de direitos a serem pleiteados em juízo é próxima ou remota. Tratando-se de origem comum remota, esse critério pode não ser utilizado para justificar a tutela coletiva de direitos. Nesse sentido, orienta que devem ser utilizados os requisitos do direito americano relativamente às *class actions*, que exigem a prevalência de questões de direito e de fato comuns sobre as questões de direito e de fato individuais, assim como uma certa superioridade da tutela coletiva, em termos de justiça e eficácia da sentença, em relação à tutela individual (*ibidem*, p. 8)[113].

De qualquer forma, parece ser razoável defender que algumas questões mais complicadas e dúbias, a exemplo das horas extras, podem precisar de um cuidado maior do juiz em cada caso concreto. A maneira como os pedidos e fundamentos são apresentados pode determinar se se trata de direitos individuais homogêneos ou se se trata de direitos heterogêneos[114]. Convém dizer, todavia, que nada obsta, *a priori*, a que o pedido de horas extras seja enfrentado como constante da categoria de direitos homogêneos. Se a matéria exigir efetivamente prova individualizada para o pronunciamento de mérito, os direitos em causa serão heterogêneos. Por outro lado, se a lesão atingir igualmente todos os trabalhadores, bastando-se provar o fato lesivo para que seja reconhecido o direito correlato, essa demanda poderá ser coletiva.

Recentemente, a Subseção I de Dissídios Individuais do TST reconheceu que o sindicato tem legitimidade para propor ação no sentido de ver condenada a empresa, que exigia a presença dos seus funcionários em curso e palestras de formação profissional, a pagar os respectivos adicionais de horas extras, por considerar que nesse período os funcionários estavam à disposição do empregador[115]. Por outro lado, o TST, noutra situação, não reconheceu a pretensão do sindicato de ver um banco condenado ao pagamento das 7ª e

---

(113) No mesmo sentido, é o posicionamento do Ministro Gilmar Mendes (p. 8 do seu voto).

(114) Ver, a propósito, a discussão travada anteriormente sobre os interesses individuais e interesses coletivos, na parte em que se defende que a ação de anulação e interpretação de cláusulas de convenções coletivas proposta pelo sindicato em Portugal, a depender dos fundamentos e pedidos tecidos, pode visar defender tanto direitos individuais homogêneos dos trabalhadores, como direitos coletivos.

(115) TST-RR-1500-66.2005.5.19.0004, Min. Carlos Alberto Reis de Paula, SDI – I do TST, DEJT de 16.6.2011.

8ª horas laboradas por bancários. Ressalte-se que a jornada de trabalho normal desses trabalhadores é de seis horas diárias e não são abrangidos por essa regra os trabalhadores de bancos que exercem cargo de confiança ou de chefia. Portanto, segundo o TST, o fato constitutivo do direito deveria ser provado individualmente[116]. Neste caso, se o sindicato alegasse, e pretendesse provar, que é prática habitual do banco estender a jornada de um grupo de trabalhadores para usufruir desse labor sem pagar a indenização correspondente e sem conceder privilégios de chefia, a demanda hipotética, que denunciaria uma espécie de fraude, já teria "aparência" coletiva.

7.4. INCIDENTES PROCESSUAIS

7.4.1. LITISPENDÊNCIA E COISA JULGADA

A decisão do STF não enfrentou essas questões, por não estarem relacionadas com o normativo constitucional, mas, como em todas as outras matérias, a doutrina e a jurisprudência, em interpretação dos dispositivos legais, concedem respostas.

Ab initio, convém esclarecer que não existe, no Brasil, um código de processo do trabalho, razão pela qual adota-se, tanto nas questões materiais, como nas questões processuais, os dispositivos da Consolidação das Leis do Trabalho, aprovada pelo Decreto-Lei n. 5.452, de 1º.5.1943. Acontece que o aglomerado de leis e de normas trabalhistas que deu origem à CLT está vocacionado para a regulamentação de direitos materiais. É por esse motivo que as questões processuais são residuais e urgem por regulamentação subsidiária de outros diplomas legais. Desta forma, de acordo com o art. 769º da CLT, aplica-se subsidiariamente ao processo do trabalho o direito processual comum, desde que haja omissões na CLT e desde que a norma a ser aplicada seja compatível com as normas processuais trabalhistas. Convém agora saber se as regras do CPC servem para regulamentar as ações coletivas no âmbito do processo do trabalho.

De acordo com o § 1º, do art. 331 do CPC, há litispendência ou coisa julgada, "quando se reproduz ação anteriormente ajuizada", de forma idêntica à anterior no tocante às partes, causa de pedir e pedido (§ 2º, do art. 331º do CPC). Há especificamente litispendência, segundo o § 3º, do mesmo artigo, quando é proposta uma ação e existe uma outra idêntica em curso.

---

(116) TST-AIRR-25800-53.2009.5.09.0094, Min. Maria de Assis Calsing, 4ª Turma do TST, DEJT de 19.5.2011.

Por seu turno, há coisa julgada quando se repete uma ação em relação à qual já existe decisão com trânsito em julgado (§ 3º, do art. 331 do CPC). Portanto, a contar pela sistemática do processo civil, tanto a litispendência, como a coisa julgada, constituem pressupostos processuais objetivos negativos que exigem a extinção da ação sobreposta sem resolução do mérito (art. 267, V, do CPC).

Acontece que vários argumentos podem ser tecidos para afastar a aplicação do CPC nesta matéria, em virtude das especificidades apresentadas pelas ações coletivas. Convém assinalar, desde logo, que os pedidos de uma ação individual podem não coincidir com os pedidos da ação coletiva, uma vez que nesta ação a sentença deve ser genérica, ao passo que naquela pode haver decisão líquida. Para além de apontar esse argumento, Carlos Henrique Bezerra Leite (2008, p. 53) apresenta outros dois a fim de defender a inexistência de litispendência nos termos do CPC: as partes não coincidem numa ação coletiva e numa ação individual[117]; e, numa ação individual, os efeitos da sentença são *inter partes*, enquanto na ação coletiva os efeitos são *erga omnes*[118].

Não obstante isso, a jurisprudência majoritária do TST, e alguma doutrina (MANUS, 2008, pp. 43/46), têm entendido que os dispositivos do CPC devem ser aplicados na integralidade sempre que estiver em causa a superveniência de ação coletiva em relação à ação individual, ou vice-versa, e desde que ambas apresentem o mesmo objeto, independentemente de essa repetição de causas ocorrer antes (litispendência) ou após o trânsito em julgado (coisa julgada)[119]. É que, muito embora as partes de uma ação individual e de uma ação coletiva não sejam idênticas e os pedidos não sejam coincidentes, em função da generalidade e da especificidade dos pedidos conforme o caso, o resultado prático final, após a liquidação e execução da sentença, é idêntico, em ambas as situações, porque os titulares da relação

---

(117) A este propósito, o TST posicionou-se recentemente da seguinte forma: "a teoria da tríplice identidade (*tria eadem*) não é capaz de justificar todas as hipóteses configuradoras de litispendência, restringindo-se tão somente a uma regra geral. Há casos, como o dos autos, em que se deve aplicar a 'teoria da identidade da relação jurídica', pela qual ocorrerá a litispendência quando houver, entre as ações em curso, identidade da relação jurídica de direito material deduzida em ambos os processos (*res in iudicium deducta*), ainda que haja diferença em relação a algum dos elementos identificadores da demanda". (E-RR-9700-79.2008.5.22.0002, Min. Aloysio Corrêa da Veiga, SDI-I, DEJT de 10.12.2010).

(118) No tocante à distinção entre coisa julgada *erga omnes* e a coisa julgada *ultra partes*: "a diferença entre as duas está que a coisa julgada *erga omnes* expande-se indistintamente para além do processo coletivo, alcançando pessoas indeterminadas e ligadas por circunstâncias de fato, na hipótese dos interesses difusos e, indivíduos cujas pretensões são decorrentes de uma origem comum, nos interesses individuais homogêneos; ao passo que a coisa julgada *ultra partes* expande seus efeitos até os limites do grupo, categoria ou da classe de pessoas ligadas entre si ou com a parte contrária por uma relação jurídica base". (SANTOS, 2004, p. 41).

(119) TST-RR-34000-55.2006.5.01.0004, Rel. Ministro Caputo Bastos, 2ª Turma do TST, DEJT de 2.6.2011.

material litigiosa, tanto na ação individual, como na coletiva, são os mesmos. Nessa linha de raciocínio, impõe-se a extinção da ação individual, sem resolução de mérito, quando estiver em curso uma ação coletiva, ou após o trânsito em julgado desta, no caso de ambas as ações apresentarem os mesmos fundamentos e pedidos[120]. Da mesma forma, a superveniência da ação coletiva implicará na extinção desta mesma ação, no particular, somente em relação ao trabalhador que propôs, em primeiro lugar, ação individual[121]. Por conseguinte, desde que não sejam identificadas a litispendência ou a coisa julgada, o resultado do processo coletivo atingirá inexoravelmente todos os trabalhadores que estejam inseridos nas circunstâncias relatadas na petição inicial[122].

Essas conclusões não são as únicas possíveis quando o assunto é a repetição de causas. Isto porque não é de todo irrazoável defender que as ações coletivas não devem receber o mesmo tratamento previsto no CPC quanto às ações individuais, mas que, ao invés disso, devem seguir a regulamentação das ações civis coletivas previstas no Código de Defesa do Consumidor. Esse posicionamento encontra muitos adeptos na doutrina (CLAUS, 2003, pp. 107/109; SANTOS, 2004, pp. 37/54; NAHAS, 2001, pp. 112 e ss.)[123], e alguma aceitação no TST[124]. Aliás, ao que parece, o regramento do CDC apresenta-se mais consentâneo com a teleologia dos processos coletivos. Senão, veja-se.

Admitindo-se, à partida, a aplicação do CDC, verifica-se que o art. 104, deste diploma, prevê, na hipótese de haver indício de repetição de causas, estando ambas em curso, a possibilidade de a ação individual ser suspensa, caso esta medida seja requerida no prazo de 30 dias, a contar da ciência nos autos da ação individual sobre o ajuizamento da ação coletiva. Assim, o

---

(120) Conferir, por exemplo, os seguintes julgados: 1) TST-RR-119400-81.2008.5.22.0004, Min. Delaíde Miranda Arantes, 7ª turma do TST, DEJT de 30.6.2011. 2) TST-RR-10500-07.2008.5.22.0003, Min. Horácio Senna Pires, 3ª turma do TST, DEJT de 22.6.2011.

(121) Havendo a superveniência da ação individual em face da coletiva, a solução de excluir o empregado do rol de substituídos da ação coletiva, em vez de extinguir a ação individual, já foi aventada em voto dissidente (TST-ED-RR — 1137396-64.2003.5.01.0900, Min. Horácio Raymundo de Senna Pires, SbDI-1 do TST, DEJT de 18.3.2010), muito embora esse posicionamento seja bastante pontual e não tenha qualquer força atualmente.

(122) TST-RR-538700-19.2009.5.12.0032, Min. Aloysio Corrêa da Veiga, 6ª turma do TST, DEJT de 30.06.2011.

(123) "(...) os princípios do direito processual do trabalho guardam maior compatibilidade com as normas procedimentais do CDC do que com aquelas do CPC. Esse elemento axiológico é consequência da natureza transindividual presente no interesse coletivo compartilhado, respectivamente, por consumidores e trabalhadores da categoria profissional. Já o CPC está inspirado pelo individualismo jurídico (...)". (CLAUS, 2003, p. 109).

(124) 1) TST-AIRR-1548-35.2010.5.02.0000, Min. Alberto Luiz Bresciani de Fontan Pereira, 3ª turma do TST, DEJT de 2.6.2011. 2) TST-RR-165200-72.2005.5.02.0044, Min. Dora Maria da Costa, 8ª turma do TST, DEJT de 27.5.2010.

trabalhador poderá optar por continuar com o seu processo individual ou por ser substituído pelo sindicato na ação coletiva (MELLO FILHO, 2008, pp. 35/42). Se o trabalhador escolher a primeira alternativa, a sentença da ação coletiva, ao final, não produzirá efeitos para si. Se, por outro lado, optar por ser substituído, a ação individual será extinta sem resolução do mérito, em função da desistência do processo judicial. Quanto ao período de suspensão do processo, a lei não oferece resposta. De qualquer maneira, a doutrina, que reconhece a aplicação do CDC nas ações coletivas trabalhistas, tem se inclinado para admitir que a suspensão do processo pode perdurar pelo período de tramitação da ação coletiva. Assim, o trabalhador, conforme o resultado desta ação, poderá requerer a extinção do processo individual, sem resolução do mérito, para que seja substituído na ação coletiva (em caso de procedência desta) ou poderá dar impulso ao processo individual (em caso de improcedência total ou parcial da ação coletiva). Se, todavia, não for requerida a suspensão, há quem entenda que essa providência deverá ser deferida *ex officio* pelo juízo, a partir do conhecimento da ação coletiva (*ibidem*, p. 42). Por fim, na hipótese de a notícia da demanda coletiva nunca chegar aos autos da ação individual, e esta, por conseguinte, ser julgada improcedente (pense-se num julgamento à revelia do empregador), contrariando a decisão de procedência da ação coletiva, Nadia Soraggi Fernandes apresenta como razoável a solução encontrada por Antônio Gidi, relativamente à possibilidade de rescindir a sentença proferida na ação individual, por meio de ação rescisória com fundamento na violação literal de dispositivo legal (art. 485, V, do CPC), uma vez que a comunicação da existência da ação coletiva não foi oportunizada (art. 104 do CDC), para que o trabalhador pudesse se beneficiar da tutela coletiva (FERNANDES, 2009b, pp. 1007/1008).

De igual forma, tratando-se de superveniência de ação individual em face da ação coletiva, hipótese contrária à explanada anteriormente e que não é expressamente prevista na legislação, é razoável que a solução seja a mesma, isto é, que seja possível a suspensão da ação individual naqueles termos. É que o simples ajuizamento de ação individual posteriormente à ação coletiva não implica necessariamente em discordância tácita quanto aos termos da ação proposta pelo sindicato[125]. No Brasil, como o sindicato, em princípio, defende toda a categoria profissional, de modo a abranger trabalhadores associados e não associados, é perfeitamente possível que se inicie ação individual à revelia da ação coletiva, em virtude do desconhecimento desta e não por discordância.

---

(125) Marcílio Florêncio Mota (2008, p. 129) não compartilha dessa ideia ao defender que a superveniência de ação individual faz com que a ação do sindicato seja prejudicada no particular. O juiz, segundo o autor, deverá advertir o substituído quanto às vantagens da ação proposta pelo sindicato em substituição processual.

Portanto, é permitido inferir, daquilo que foi dito, que, em ações coletivas, sob o regulamento do CDC, a propositura de ação individual não induz litispendência. Porém, o trabalhador nunca poderá ser beneficiado pelo pronunciamento do judiciário nas duas ações, individual e coletiva. A propósito dos efeitos da sentença, o regulamento do CDC determina a aplicação da teoria da coisa julgada *secundum eventum litis*[126]. Significa dizer que, nas ações em que estão em causa direitos individuais homogêneos, se a ação for julgada procedente, os efeitos da coisa julgada devem atingir todos os substituídos, ou seja, todos aqueles que estejam inseridos na situação descrita na petição inicial do sindicato que deu origem à reclamatória. Se a ação for julgada improcedente, os trabalhadores podem propor nova ação, com os mesmos fundamentos e pedidos, desde que não tenham intervindo no processo, como assistentes litisconsorciais, consoante o disposto no § 2º, do art. 103 do CDC[127].

Ainda relativamente aos efeitos da coisa julgada, tratando-se de decisão condenatória procedente em sede de ação coletiva, e após a individualização dos créditos trabalhistas em artigos de liquidação, poderá ser acusada, pelo devedor, a ocorrência de eventual coisa julgada em ação individual anterior, relativamente a um ou alguns dos substituídos (LEITE, 2008, p. 54), com o

---

(126) Ada Pellegrini, *apud* Luiz Philippe Vieira Filho (2008, p. 40), leciona: "conhecem-se críticas da doutrina processual tradicional à coisa julgada *secundum eventum litis* e estamos cientes de que a solução apontada privilegia os membros do grupo que, depois de perder uma ação coletiva, ainda têm a seu favor a possibilidade de ajuizar ações individuais (enquanto o demandado, que ganhou a ação coletiva, pode novamente ser acionado a título individual). Mas se trata de uma escolha consciente: entre prejudicar com uma coisa julgada desfavorável o membro do grupo que não teve a oportunidade de optar pela exclusão, pela técnica do *opt out*; entre o risco de esvaziamento dos processos coletivos, pela técnica do *opt in*, a grande maioria dos países ibero-americanos preferiu privilegiar os membros do grupo, invocando um princípio de igualdade real, (e não apenas formal), que exige que se tratem diversamente os desiguais. E certamente os membros de uma classe, desrespeitada em seus valores fundamentais, merece o tratamento diferenciado próprio das pessoas organizacionalmente mais vulneráveis. Na prática, aliás, a solução supra-apontada não é perversa como poderia parecer à primeira vista: perdida a demanda coletiva, ainda são possíveis as ações individuais, é certo. Mas a decisão contrária proferida no processo coletivo terá sua carga de poderoso precedente e poderá ser utilizada pelo demandado (não para impedir o ajuizamento da demanda individual, como ocorreria se houvesse coisa julgada, mas para influir sobre o convencimento do novo juiz). Aliás, na demanda coletiva julgada improcedente, o demandado já terá exercido na maior plenitude possível todas as suas faculdades processuais — inclusive as probatórias — a(s) demanda(s) individuais versarão sobre a mesma *causa petendi*, já enfrentada vitoriosamente pelo demandado".

(127) Ronaldo Lima dos Santos (2004, p. 43) ensina que, para além de os efeitos de uma decisão improcedente vincularem aqueles que intervieram no processo como assistentes litisconsorciais, a decisão de improcedência também atingirá aqueles que não solicitaram a suspensão do processo no prazo de 30 dias a contar do conhecimento da demanda coletiva. Esta última solução não é possível para aqueles que defendem que a suspensão do processo deve ser feita *ex officio* pelo juiz, independentemente de pedido do autor nesse sentido, em virtude do previsto no art. 265, IV, "a" do CPC. Isto porque, sempre que houver conhecimento acerca da repetição de causas, a inércia do trabalhador em nada interfere na decisão de suspensão do processo.

objetivo de impedir que o credor receba o crédito duas vezes. Esta afirmativa não encontra qualquer incompatibilidade com o que foi dito acima e com as disposições do CDC. Não é possível que o mesmo conjunto de fatos, fundamentos e pedidos dê origem a dois títulos executivos que, ao fim e ao cabo, aproveitem o mesmo trabalhador (ou trabalhadores). Pode-se chegar a essa regra em virtude da vedação da hipótese de *bis in idem*.

7.4.1.1. UM BREVE PARÊNTESE A PROPÓSITO DAS SOLUÇÕES, NESTA MATÉRIA, PARA O BRASIL E PARA PORTUGAL

Por tudo quanto foi exposto a propósito da litispendência e da coisa julgada, verifica-se que as soluções propostas para o Brasil se distanciam das que foram explanadas no caso português e julgadas, naquela oportunidade, como sendo as mais razoáveis. A justificativa está nas diferenças quanto ao trato das ações coletivas (MARTINS, 1999, pp. 124/125), assim como nas particularidades do sistema sindical dos dois países. Em Portugal, o trabalhador deverá ser informado antecipadamente sobre a pretensão do sindicato, com todos os seus contornos, em propor ação judicial em sua defesa, de modo que poderá exercer, na forma prevista nas legislações aplicáveis, o seu direito de autoexclusão (*opt-out*). Quando o trabalhador for confrontado com esse tipo de informação, ele fará de forma livre e desimpedida um juízo de valor sobre a pretensão do sindicato. Livre porque essa opção, pelo menos num primeiro momento, não deverá ser exposta no processo, sob pena de aniquilar o instituto da substituição processual. Com efeito, se optar por ser substituído pelo sindicato, o trabalhador contribuirá para a reunião de informações e de documentos necessários para a propositura e desenvolvimento da ação, de modo que, a sua vontade, em linha de princípio, será refletida em todos os atos praticados pelo sindicato em defesa do interesse individual. Isto só é possível em virtude da relação de proximidade do sindicato com os seus representados, que são, em tese, os trabalhadores filiados. Há uma relação de confiança entre os associados e a associação que estes escolheram como sua representante no ato de filiação. Não cabe aqui, portanto, a ideia de desconfiança quanto à seriedade e à competência do sindicato, como ocorre por vezes no Brasil.

Portanto, é razoável em Portugal que se acuse litispendência e caso julgado quando houver repetição de causas, porque, de outra forma, a possibilidade de ajuizar nova ação individualmente no curso do processo intentado pelo sindicato, ou após a prolatação da sentença, pode acusar uma espécie de escolha de jurisdição, o que é defeso. Explica-se: o trabalhador poderia repetir a causa almejando melhor sorte na distribuição do processo, tendo em vista achar que o juiz afeto à ação coletiva é mais ou menos conservador em relação à sua causa, e isto não se pode permitir. O desejo de procedência da ação, a qualquer custo, não deve ser o princípio norteador para defender ou não a ocorrência de litispendência e coisa julgada. É que se existe atualmente a concepção acerca da vedação de repetição de causas é porque o judiciário não pode ser provocado para se pronunciar sobre os mesmos fatos e fundamentos já analisados (ou a serem analisados) numa primeira ação. A escolha de jurisdição soa como fraude à organização e funcionamento do judiciário. Além do mais, não há regras especiais sobre essas questões, no tocante ao processo coletivo, na lei de ação popular nem tampouco no CPC português, razão pela qual não se pode adotar a solução brasileira, a não ser do ponto de vista *de lege ferenda*, para permitir que a ação individual seja suspensa.

No Brasil, a situação é completamente diferente. A ação coletiva proposta pelo sindicato em substituição processual poderá ser processada sob a completa revelia do trabalhador interessado, uma vez que a legislação não exige qualquer tipo de anuência ou autorização deste para que o sindicato atue judicialmente em seu interesse, na fase de conhecimento e de execução. É preciso assinalar também que, no Brasil, o sindicato, em função da unicidade sindical corporativista, pode defender um sem-número de trabalhadores, filiados ou não filiados, desde que pertençam à categoria profissional à qual o sindicato está vinculado[128]. Desta forma, o sindicato poderá não estar suficientemente apetrechado de informações e provas para a propositura da ação. Outrossim, em razão da unicidade sindical, os direitos individuais homogêneos, que exsurgem da conduta ilícita de um determinado empregador, podem ser defendidos de forma irrestrita, inclusive para abranger, em linha de princípio, trabalhadores que não confiam na atuação do sindicato ou mesmo aqueles que tenham optado por se desfiliar deste. Convém assinalar que a existência legítima do sindicato é averiguada a partir da sua data de fundação e o registro no órgão competente (art. 8º, I, da CF/1988), de modo que eventuais sindicatos surgidos em data posterior, em princípio, são ilegítimos, em virtude da impossibilidade de coexistirem dois ou mais sindicatos representativos da mesma categoria profissional, numa determinada área territorial (art. 8º, II, da CF/1988).

Esse sistema brasileiro de unicidade sindical permite a existência de sindicatos pouco representativos — seja porque não conseguem ter o controle

---

(128) José Cláudio Monteiro de Brito Filho (1997, pp. 58/66) mostra-se bastante crítico em relação ao sistema sindical brasileiro organizado por categorias que, segundo ele, mesmo após a Constituição de 1988, ainda traz resquícios do Estado Novo corporativista de influência fascista.

dos trabalhadores que estão inseridos na sua categoria, seja porque muitos, supostamente, funcionam apenas com a finalidade de receber financiamento estatal (NASCIMENTO, 2009, pp. 414/417) —, com questionável poder de luta e que ofereçam uma fraca assistência judiciária. Quanto a esse último aspecto, não é de surpreender que muitos trabalhadores, que podem utilizar a assistência judiciária sindical independentemente de filiação, optem por solicitar os serviços de advogados particulares. Para além disso, não raras as vezes, em se tratando de direitos metaindividuais ou supraindividuais, os trabalhadores, ao invés de procurarem o sindicato representativo, procuram diretamente o Ministério Público do Trabalho que, da mesma forma que a associação sindical, tem competência para propor ação civil coletiva (para defender interesses individuais homogêneos) ou para propor ação civil pública (para defender interesses coletivos e difusos) em defesa dos trabalhadores[129].

Em vista do exposto, a única forma justa de tentar amenizar os efeitos perversos da unicidade sindical, no Brasil, é permitir que os trabalhadores substituídos possam, individualmente ou em litisconsórcio facultativo, ajuizar nova ação em virtude da improcedência total ou parcial da ação coletiva. A particularidade quanto à litispendência, em relação à suspensão do processo individual enquanto durar a tramitação da ação coletiva, é uma medida que está intrinsecamente relacionada com a possibilidade de ajuizamento de nova ação e com a *ratio* das ações coletivas relativamente à economia e celeridade processual: se se admitisse que a ação individual não pode ficar suspensa até que seja conhecido o resultado da ação coletiva, e sobrevindo o resultado desfavorável desta, o trabalhador deveria iniciar nova ação individual e enfrentar todo o *iter procedimental* que foi enfrentado aquando da primeira ação. Nesses termos, a extinção do processo de forma precipitada não traria qualquer utilidade, tendo em vista a posterior propostitura de uma nova e idêntica ação. Ademais essa hipótese seria contrária à ideia de economia e celeridade processual.

Convém dizer, por fim, que a opção portuguesa de exigir a comunicação pelo sindicato ao trabalhador interessado, na forma prevista no art. 5º, n. 3, do CPT, é passível de críticas, principalmente se se considerar que essa comunicação deve ser tomada como um pressuposto processual e que por isso

---

(129) Thereza Nahas (2001, p. 133) aborda a questão do baixo número de ações propostas pelos sindicatos em relação ao número de ações propostas pelo Ministério Público do Trabalho. O estudo é de 2001, e é possível que, entretanto, em razão da decisão do STF em 2006, essa realidade tenha sofrido alguma alteração. De qualquer forma, na prática forense, observa-se uma grande atividade do MPT e poucos são os processos coletivos propostos pelo sindicato. Aliás, muitas vezes é o sindicato que faz a denúncia acerca do desrespeito de normas trabalhistas ao MPT para que seja iniciado o inquérito civil público e eventualmente uma ação judicial.

deve ser exigida nos autos do processo. É por esse motivo que, em termos de política legislativa, seria possível defender a reformulação desse preceito para que ficasse mais claro e consentâneo com a ideia intrínseca ao instituto da substituição processual de não exposição dos trabalhadores. De qualquer forma, esse mecanismo existe e pode ser aplicado sem implicar, necessariamente, um prejuízo para os trabalhadores[130]. No Brasil, por outro lado, os prejuízos decorrentes do sistema sindical poderiam ser verificados mais explicitamente, se não fossem aplicadas as disposições mais benéficas previstas no CDC, relacionadas com a coisa julgada *secundum eventum litis* e a não indução à litispendência quando haja sobreposição de ações (individual e coletiva).

7.4.2. A INTERFERÊNCIA DOS SUBSTITUÍDOS

Apesar de ser bastante rara a interferência dos substituídos em ação coletiva proposta pelo sindicato no âmbito da justiça do trabalho, sobretudo em função da situação de vulnerabilidade em que se encontram aqueles que ainda mantêm o vínculo empregatício durante a tramitação da ação, os trabalhadores interessados podem participar do processo como assistentes litisconsorciais, em função do disposto no art. 54 do CPC, segundo o qual "considera-se litisconsorte da parte principal o assistente, toda vez que a sentença houver de influir na relação jurídica entre ele e o adversário do assistido". Isto porque não há qualquer incompatibilidade dessa regra com o regime processual trabalhista, nem tampouco com a natureza das ações coletivas. Aliás, o art. 90 do CDC admite a aplicação do regime geral do CPC, naquilo que for cabível, e o art. 103, § 2º, do mesmo diploma, dispõe sobre a extensão dos efeitos da coisa julgada coletiva para aqueles que intervieram como litisconsortes, *rectius*, assistentes liticonsorciais.

A admissibilidade da intervenção não constitui atualmente objeto de controvérsia, mas a matéria relativa aos poderes dos assistentes litisconsorciais, para desistir da ação, renunciar a direitos e fazer acordos, ainda divide a doutrina.

No que tange à desistência individual em demanda coletiva, existem pelo menos dois argumentos utilizados para defender ou repudiar a possibilidade. Por um lado, permitir que o trabalhador substituído possa obstar ao prosseguimento da demanda é expressão maior de que a vontade individual

---

(130) Nesse sentido, verifique-se o que foi dito neste trabalho sobre a natureza jurídica dessa comunicação.

deve prevalecer sobre o coletivo. Nesse sentido, a defesa coletiva de direitos individuais por meio de processo coletivo não deve apagar a individualidade dos trabalhadores. Por outro lado, pode-se também sustentar que a interferência dos substituídos naqueles moldes resultaria num mecanismo de fragilização do processo coletivo por iniciativa sindical, por meio da sua fragmentação. Afastar o sindicato da decisão quanto à desistência do processo permitiria que empregadores sem escrúpulos lançassem mão de expedientes fraudulentos, para influenciar os trabalhadores no sentido de desistirem da ação, com o propósito de atacar a própria finalidade da demanda coletiva. A possibilidade de desistência individual, independentemente da vontade do sindicato, nas palavras de Ben-Hur Silveira Claus (2003, p. 128), "carrega o germe da ruína desse instrumento jurídico", e mais: "desconstitui, num instante, o resultado de todo um processo histórico que a ciência jurídica precisou percorrer para responder à insuficiência da legitimação individual para a causa". Foram esses últimos motivos que possivelmente levaram o TST a cancelar as Súmulas ns. 180 e 255[131], que tratavam sobre a possibilidade de desistência individual em ação proposta pelo sindicato como substituto processual, para além do já mencionado cancelamento da Súmula n. 310.

Como a desistência do processo não se comunica com o direito material, ou seja, não há renúncia de direitos quando isso acontece, é razoável que o sindicato, em função da sua legitimidade processual, possa desistir da demanda (MOTA, 2008, p. 106), por motivos vários: seja em razão do convencimento posterior de que não possui provas suficientes, seja porque tem dúvidas quanto à utilidade do processo. É claro que não se concebe, pelo menos em termos teóricos, que haja um pedido de desistência sindical sem qualquer justificativa. Sendo essa a hipótese na prática, faz-se necessário que o magistrado analise atentamente o pedido para afastar qualquer indício de conluio com o réu. De qualquer forma, a desistência da ação, no particular, pode partir da iniciativa do trabalhador ao apresentar motivo legítimo. Neste caso, adota-se aqui a solução proposta pelo autor acima mencionado, para o qual somente é possível que a hipótese se concretize se o sindicato lhe der anuência, ou seja, se o sindicato postular a exclusão do substituído da demanda (*ibidem*, p. 129). Desta forma, a vontade do trabalhador de desistir dificilmente será forjada pela vontade do empregador sem que o sindicato assim o detecte.

---

(131) SUM-180 AÇÃO DE CUMPRIMENTO. SUBSTITUIÇÃO PROCESSUAL. DESISTÊNCIA (cancelada) — Res. n. 121/2003, DJ 19, 20 e 21.11.2003 Nas ações de cumprimento, o substituído processualmente pode, a qualquer tempo, desistir da ação, desde que, comprovadamente, tenha havido transação. SUM-255 SUBSTITUIÇÃO PROCESSUAL. DESISTÊNCIA (cancelada) — Res. n. 121/2003, DJ 19, 20 e 21.11.2003. O substituído processualmente pode, antes da sentença de primeiro grau, desistir da ação.

Relativamente à possibilidade de renúncia, sem anuência do sindicato autor, as objeções apresentadas anteriormente no sentido de que essas interferências possam fragilizar a ação sindical também podem ser colocadas[132]. Para além disso, o argumento da irrenunciabilidade de direitos trabalhistas em virtude da sua imperatividade não só é válido, como também pode ser suscitado para afastar qualquer hipótese de renúncia pelo substituído (*ibidem*, 110). No tocante à transação, a doutrina tem se manifestado a favor da possibilidade de o trabalhador substituído, interveniente no processo por meio da assistência litisconsorcial, aceitar acordo proposto pela empresa. Aliás, convém não perder de vista que a conciliação é o princípio que deve nortear a atividade jurisdicional, a teor do *caput* do art. 764 da CLT. Nesse contexto, não parece ser tão estranha a emblemática decisão do TST que reconhece a licitude de acordo firmado pelo sindicato substituto com a anuência dos trabalhadores substituídos em assembleia geral[133].

Não obstante a admissibilidade quanto à realização de acordo entre o substituído e a empresa reclamada, as preocupações relativamente às eventuais influências do empregador na matéria devem ser consideradas. Daí que não seja irrazoável a solução encontrada por Ben-Hur Silveira Claus (2003, p. 133) segundo a qual é necessário a manifestação de concordância do substituto para que a transação seja possível.

7.4.3. Legitimidade para a execução

Para abordar esse tema é preciso voltar ao teor da decisão do STF, que enfrentou, em plenário, algumas das vicissitudes sobre a legitimação extraordinária do sindicato na defesa de direitos individuais homogêneos, conforme explicado anteriormente. Vale dizer que foi justamente na parte relativa à legitimidade para a liquidação e execução da sentença que as opiniões divergiram mais intensamente[134]. Assim, por apertada maioria de votos, o STF decidiu reconhecer uma legitimação sindical mais ampliada que abrange, ainda em sede de substituição processual, as fases seguintes ao julgamento do mérito, tratando-se, deste modo, nas palavras do Ministro Sepúlveda

---

(132) Ver, a propósito, aquilo que foi dito sobre a impossibilidade do uso do instituto da oposição (para renunciar a direitos) pelos substituídos em Portugal.
(133) TST-RR-63000-03.2008.5.15.0114, Min. Aloysio Corrêa da Veiga, 6ª Turma do TST, DEJT de 16.12.2010.
(134) O ministro Nelson Jobim (p. 83 do seu voto), que discordou da maioria, defendeu a possibilidade de participação do sindicato na fase de liquidação e execução da sentença, mas somente na condição de representante legal dos trabalhadores interessados que expressamente outorguem poderes por meio de procuração. Não havendo autorização expressa, o trabalhador deverá promover todos os atos de execução que lhe cabem.

Pertence, de uma "reação à sina histórica da Justiça do Trabalho de ser a Justiça do desempregado"[135].

Merece aplauso essa decisão porque, ao impessoalizar a demanda judicial até o fim, permitindo que o sindicato impulsione o processo independentemente da vontade dos substituídos, o STF visou proporcionar um sistema de maior proteção aos trabalhadores, em harmonia com o princípio protetivo que rege o direito do trabalho, e ainda em concordância com a finalidade maior da substituição processual, dando maior efetividade possível ao normativo constitucional.

Como já foi dito anteriormente, a propósito dos efeitos da coisa julgada, os substituídos na ação coletiva proposta pelo sindicato, em defesa de interesses individuais homogêneos, serão aqueles que se inserem na situação fático-jurídica descrita na petição de ingresso. Nesse contexto, não é necessário, à partida, identificar os trabalhadores interessados para que o provimento jurisdicional seja observado. Aliás, mesmo após a sentença, parte-se do pressuposto de que os trabalhadores só serão conhecidos se esta medida for necessária para que a sentença seja cumprida. Em outras palavras, se o mandamento sentencial apenas dispuser sobre uma obrigação de fazer ou de não fazer, é prescindível qualquer tipo de identificação, porquanto qualquer incumprimento da sentença poderá ser relatado nos autos pelo sindicato-autor, que também poderá impulsionar a execução de eventual multa em razão da infração. Tratando-se, por outro lado, de sentença condenatória, as particularidades dos contratos individuais de trabalho deverão surgir, tendo em vista que a decisão em sede de ação coletiva, que é genérica de origem, somente provocará efeitos na esfera jurídica dos trabalhadores substituídos, se a realidade contratual de cada um deles for trazida à lume.

Exigir, em qualquer destas situações, a manifestação de vontade e a participação ativa no processo daqueles que têm o interesse na execução da sentença deixaria a descoberto o trabalhador que é, nas palavras de Carlos Ayres Britto, "hipossuficiente, sobretudo na fase mais delicada e penosa da demanda, que é a execução, quando se dá nome não só às partes, mas se especifica direitos"[136].

Relativamente à execução de sentença condenatória em obrigação de pagar, poder-se-ia defender que o argumento da proteção dos trabalhadores, que é utilizado para sustentar a participação do sindicato como substituto também na fase de liquidação/execução da sentença, é infundado, uma vez que a participação sindical não impede que os trabalhadores sejam revelados. Acontece que o simples revelar de dados e nomes não denota expor os

---

(135) Manifestação em sessão plenária do dia 12.6.2006.
(136) Posicionamento do Ministro Carlos Ayres Britto em sessão plenária do dia 12.6.2006.

respectivos trabalhadores, da mesma forma como se exporiam aqueles que, desejando ver os seus direitos efetivados, impulsionassem a execução[137]. Na realidade, ao permitir que a fase de liquidação/execução da sentença também seja incluída na missão do substituto, o processo continuará a ser impulsionado independentemente de qualquer manifestação de vontade dos titulares do direito material. Significa dizer que a atuação do sindicato é completamente autônoma em relação à vontade dos trabalhadores.

Exigir a participação efetiva dos trabalhadores substituídos nessa fase prenunciaria uma exposição prejudicial[138], que poderia influenciar no resultado final da demanda judicial, principalmente se o vínculo empregatício estiver em vigência. É que o trabalhador, para proteger o seu posto de trabalho, poderia renunciar a direitos, ao não cumprir com todas as exigências do processo executivo, ou fazer acordos em valores ínfimos.

Outro argumento poderia ser lançado para minar os fundamentos de uma legitimação mais ampliada: se o sindicato precisa ter informações precisas sobre a realidade contratual de cada trabalhador substituído, e se a apresentação de documentos comprovativos dessa situação depende de uma certa vontade do trabalhador substituído que deverá fazer a entrega desses documentos ao sindicato, o empregador devedor poderia, usando as informações apresentadas, recorrer a represálias contra os trabalhadores identificados. Em outras palavras, a substituição processual parece não impedir que represálias aconteçam.

De fato, podem acontecer retaliações naqueles termos, mas seriam facilmente empreedidas, e dificilmente identificadas, se os trabalhadores, um a um, tivessem a iniciativa de mover a execução. Aliás, o medo de retaliações seria um importante elemento dissuasor. Tratando-se de execução em favor de todos os substituídos, de uma só vez, pelo sindicato, dificilmente o empregador dispensaria todos os trabalhadores, e, na eventualidade de serem dispensados alguns, o sindicato poderia zelar pelo cumprimento das leis no tocante às dispensas imotivadas.

---

(137) "A Constituição não quer essa exposição física, pessoal do hipossuficiente perante o hipersuficiente (...) receio, enfim, que, quebrantando a força da substituição processual, cheguemos àquela situação insólita de atravessar a ponte e depois destruir a própria ponte atravessada; os trabalhadores ficando sem condições de trilhar um caminho seguro para a preservação dos seus empregos". Trechos retirados das considerações feitas pelo Ministro Carlos Ayres Britto na sessão de julgamento em plenário de 20.11.2003.

(138) Observe-se o posicionamento do Ministro Marco Aurélio em sessão plenária do dia 12.6.2006: "Não há menor dúvida de que a razão de ser da legitimação prevista no art. 8º está na eficácia, na concretude maior dos direitos sociais, e em evitar que o direito de ingresso em juízo possa, em passo seguinte — conforme, repito, no dia a dia se nota em relação aos pequenos empregadores, cogitando-se até de uma lista negra a revelar aqueles que já ingressaram em juízo, considerada a relação jurídica de trabalho, o próprio emprego, a fonte de sustento do trabalhador e da respectiva família —, prejudicar o trabalhador".

Conclusão

As associações sindicais são imprescindíveis para os trabalhadores e para o futuro do direito do trabalho, por vários motivos: porque possuem inclinação natural para lutar pelo reconhecimento de novos direitos sob a perpectiva da defesa do trabalho decente; porque possuem vigor para resistir às novas investidas de "atualização" do direito do trabalho rumo à sua total extinção, em razão das novas configurações políticas e econômicas que vão se forjando ao redor do mundo; e porque, enfim, podem defender os interesses coletivos e individuais dos trabalhadores perante o judiciário, proporcionando mais um mecanismo de acesso à justiça e de efetivação de direitos. Daí que não seja falso afirmar que o ataque aos sindicatos, no sentido de enfraquecê-los ou de descredibilizá-los, é também um ataque ao direito laboral. É uma investida contra os trabalhadores e os seus direitos mais fundamentais.

Dizer que a existência de uma tendência mundial flexibilizante de direitos resulta numa ofensiva aos sindicatos não é uma afirmação irrefletida, leviana. Se, por um lado, o fato de as leis serem enformadas de acordo com as exigências de uma economia neoliberal redunda necessariamente em diminuição de direitos, por outro lado, a diminuição de direitos ou a sua flexibilização tende a tornar natural a precarização do trabalho. É precário todo o regime de prestação de trabalho subordinado e dependente que, para fazer frente às vicissitudes da economia, se afasta do modelo típico de contrato de emprego, num sentido unilateral e sem volta, tornando aquilo que era regra, isto é, o trabalho seguro e estável com direitos, numa exceção. É neste contexto que os modelos flexíveis vão se propagando, ao mesmo tempo em que os regimes mais protecionistas de direitos, que ainda preveem alguma segurança no emprego, vão esmorecendo.

Acontece que a precarização do trabalho tende a dividir os trabalhadores, fulminando a solidariedade que naturalmente deveria existir entre eles e enfraquecendo gradualmente as associações sindicais. Os trabalhadores, nesse contexto, muitas vezes não se enxergam como integrantes de uma coletividade que deveria agir em torno de um objetivo comum: o de lutar por melhores condições de trabalho e de vida. Aliás, a existência de vários tipos de trabalhadores — os "efetivos", os "falsos independentes", os "parassubordinados", os "temporários", os *"out-sourcing"* —, sobretudo numa mesma empresa, ou numa mesma categoria de trabalhadores, está na origem do isolamento, da estratificação da classe, da competição entre eles. Ressalte-se que a difusão da ideia de que os trabalhadores na comtemporaneidade não são vulneráveis como aqueles miserabilizados que estavam completamente desassistidos de qualquer proteção legal em séculos passados, corrobora com a falsa concepção de que os sindicatos não têm mais espaço na nova configuração das relações de trabalho que supostamente são muito mais paritárias. Essa concepção de aparente inutilidade dos sindicatos, que, por vezes, também encontra adeptos na classe trabalhadora, não pode prosperar, porque, muito embora as condições de trabalho atuais na generalidade dos casos e em países mais desenvolvidos não se assemelhem às condições de trabalho praticadas no auge das primeiras revoluções industriais, ainda se verifica o pressuposto de desigualdade nas relações laborais que fundamenta a necessidade da participação efetiva dos trabalhadores organizados numa estrutura sindical. Saliente-se que a desregulamentação laboral sem freios rumo a um vazio legislativo tenderá a deixar ao empregador, que é naturalmente a parte mais forte da relação jurídica, a incumbência de definir os elementos fundamentais do contrato. Permitir que haja essa total liberdade de contratação, que guarda grande semelhança com as contratações praticadas nos períodos anteriores à criação de legislações protetivas ao trabalhador, significa um retrocesso jurídico e social massivo.

Para além daquilo que se discutiu ao longo do trabalho, convém ressaltar que, num mundo tão competitivo e globalizado, que legitima o *dumping* social, esta nova propensão, de que tudo deve girar em torno da economia, tende a tornar em excentricidade a existência de um Estado que ainda ouse seguir as diretrizes da Organização Internacional do Trabalho no tocante ao respeito à dignidade do trabalhador, principalmente no trato da relação entre a economia e o trabalho. Foi justamente a OIT (2007, pp. 1/28) que, nos seus documentos fundamentais, nomeadamente na sua Constituição (1919) e na Declaração de Filadélfia (1944), revelou ao mundo um novo consenso internacional baseado na necessidade imperiosa de se atingir o "progresso", a "prosperidade" e o "bem comum", rechaçando toda e qualquer concepção que pense o trabalho como uma mercadoria ou como um elemento de mercado. Esse entendimento, longe de ser hoje antiquado, constitui ainda a linha de orientação propugnada pela OIT, que, recentemente, deu a conhecer mais um documento fundamental: a declaração relativa aos princípios e direitos fundamentais no trabalho (1998) (*ibidem*, pp. 31/34). Esta declaração é importante sobretudo porque nela são elencados princípios[139] — um núcleo duro de direitos fundamentais — que devem ser observados por todos os membros que compõem a organização, independentemente da ratificação das convenções anteriores sobre as respectivas matérias, pelo simples fato de pertencerem à OIT. Destaca-se também a importância da declaração noutro aspecto: todos os membros que fazem parte da organização são chamados a "recordar" que "aceitaram os princípios e direitos enunciados" nos documentos fundamentais já mencionados (conforme o n. 1, alínea "a"), e que, "esses princípios e direitos foram desenvolvidos sob a forma de direitos e de obrigações específicos nas convenções que são reconhecidas como fundamentais dentro e fora da Organização" (segundo a alínea "b", do mesmo dispositivo). Desta forma, a OIT, expressamente, declara serem atuais aquelas diretrizes (ou normas de direito internacional) dispostas na sua Constituição e na Declaração de Filadélfia.

Não obstante tudo isto, no momento atual, grande parte dos discursos políticos que se têm praticado no espaço europeu acerca da necessidade imperiosa de favorecer um crescimento econômico e social, principalmente para responder à crise mundial, está atrelada à necessidade de sacrificar os valores relacionados com o estado de bem-estar social, nomeadamente os direitos e garantias laborais dos trabalhadores. Observe-se que as diretrizes estabelecidas pela OIT, enquanto organismo votado a estabelecer normativos que visem orientar as relações laborais com o objetivo de promover justiça social, são deliberadamente negligenciadas. Este descompasso entre a realidade normativa e a realidade prática, decerto, continuará a abrir novas portas para discussões fervorosas acerca da real utilidade desse organismo internacional, da natureza jurídica das suas normas face aos seus membros, do descumprimento de normas e eventuais sanções.

Mas o que importa reter, neste momento, é que contraria a concepção de trabalho decente, tal como também propugnado pela OIT, aquela ideia hoje tão difundida de que os sacrifícios impostos pela ordem econômica devem alcançar necessariamente os trabalhadores, numa inversão completa de prioridades. Noutro plano, a redução do trabalhador a um mero elemento de mercado parece ferir os limites impostos pelo imperativo categórico da filosofia kantiana, aquele dever inescusável que compete a todos seguir, tendo em atenção a necessidade ética de respeitar a dignidade da pessoa humana. Ademais, o trabalho que, à luz das concepções políticas (das liberais

---

(139) "a) A liberdade de associação e o reconhecimento efetivo do direito de negociação coletiva; b) A eliminação de todas as formas de trabalho forçado ou obrigatório; c) A abolição efetiva do trabalho infantil; d) A eliminação da discriminação em matéria de emprego e de profissão".

às socialistas) formuladas ao longo da história, ocupava um lugar fundamental e central na vida política, hoje, no estado poiético ou neoliberal, cedeu lugar às instabilidades e exigências do mercado. Todas essas profundas alterações que repercutem no direito laboral exigem uma oposição forte, imediata e incisiva que só é possível pela formação de associações sindicais fortes, representativas e atuantes. A OIT (*ibidem*, p. 32), aliás, destaca a "liberdade de associação e o reconhecimento efectivo do direito de negociação colectiva" como um direito fundamental de observância necessária pelos Estados signatários. E é natural que assim seja, porque somente os sindicatos livres podem oferecer, com independência, resistência a esse conjunto de práticas políticas e econômicas que tendem a enfraquecer o estado social. Ademais, somente os sindicatos fortalecidos podem lutar, no âmbito da negociação coletiva e perante o empregador, por melhores condições de trabalho para os seus representados.

Após serem exploradas na dissertação algumas concepções acerca do trabalho decente, as influências políticas e econômicas sobre a normatização trabalhista e a relação dessas duas esferas com as associações sindicais, optou-se por analisar, mais detidamente, uma vertente de atuação do sindicato a propósito daquilo que se denominou defesa judicial do trabalho decente, ou melhor, a defesa do trabalho decente sob a perspectiva da defesa coletiva dos direitos individuais. Trata-se, como visto anteriormente, de uma legitimação extraordinária e concorrente do sindicato para propor ação em defesa dos direitos e interesses individuais de parte ou de todo o grupo de trabalhadores associados (no caso português) e de parte ou de todo o grupo de trabalhadores pertencentes à categoria profissional (no caso brasileiro). A legitimidade é extraordinária porque não segue a lógica estabelecida pelos regimes da processualística civil que, em regra, atribuem a faculdade de iniciar o processo, ou a ele opor-se, às pessoas que estiverem relacionadas diretamente com o direito material em litígio. É também concorrente a legitimidade porque o trabalhador, individualmente considerado, poderá, ele próprio, propor a ação na defesa dos seus interesses.

O instituto jurídico em questão prende-se com a ideia de substituição processual. Neste domínio, o sindicato poderá mover ação judicial, em nome próprio, em face do empregador, mas sempre em defesa dos direitos e interesses dos trabalhadores. Essa defesa dos interesses individuais pelo sindicato será sempre exercida coletivamente, quando os interesses individuais forem compartilhados por um grupo de pessoas de forma homogênea, tendo em vista as ilações retiradas das cartas constitucionais de Portugal e do Brasil pelos respectivos tribunais de cúpula. Significa dizer que, em princípio, o sindicato, por iniciativa própria, nunca poderá questionar judicialmente uma medida perpetrada pelo empregador que ferir os direitos mais fundamentais de um único trabalhador. O problema é que, com este tipo de asserção, corre-se o risco de que sejam levantados questionamentos para pôr em causa a relação estabelecida neste trabalho entre a defesa do trabalho decente e a substituição processual, principalmente se se admitir que as associações sindicais devem proteger, por inclinação natural, um núcleo de direitos que conferem dignidade ao exercício do trabalho, independentemente do número de trabalhadores em questão.

Antes de mais, convém ressaltar que a substituição processual de muitos trabalhadores num só processo é um importante mecanismo de defesa do trabalho decente porque, de outra forma, algumas lesões graves nem sequer seriam conhecidas pelo judiciário, principalmente quando ainda se mantiverem as relações jurídicas materiais no âmbito das quais ocorreram as lesões. Destaque-se, ainda, que nesse tipo de ação, bem como nas ações no âmbito das quais é superado o modelo processual individualista, há uma espécie de reequilíbrio entre os sujeitos envolvidos no litígio (SOUSA, 2003, p. 63). Ao passo que, no confronto individual, a igualdade ficcional entre os sujeitos, que na realidade são desiguais sob a perspectiva socioeconômica, associada ao fato de inexistirem mecanismos acessíveis ao tribunal para minimizar essa situação, possibilita que esse desequilíbrio se revele em cada processo pendente (*ibidem*, p. 63). Por fim, essas ações coletivas propostas pelo sindicato, com fundamento em conflitos individuais de trabalho, também têm o condão de promoverem: a) um mecanismo de acesso à justiça e de efetivação dos direitos positivados para reparar lesões a certos direitos que normalmente não são pleiteados individualmente; b) a celeridade e a economia processual, porque por meio de um único processo serão resolvidos vários conflitos individuais; c) a uniformização das soluções judiciais numa única sentença; d) um efeito dissuasor da prática ilegal, de modo a proporcionar uma maior eficiência do sistema, porque as ações de grande dimensão tendem a ter uma repercussão social e financeira muito significativa.

Ora, a restrição existente no tocante à substituição processual, quanto à impossibilidade de substituição de um único trabalhador, não tende a inviabilizar a atuação do sindicato em busca de condições dignas de trabalho noutras esferas, nem tende a afastar o indivíduo da proteção sindical. É imperioso deixar claro que o fato de se admitir a substituição processual nos moldes acima referidos não obsta a que o sindicato preste assistência ao trabalhador. Aliás, o sindicato deve conceder, a qualquer trabalhador representado, todo o auxílio técnico-jurídico de que ele necessite para que possa confrontar judicialmente o empregador na busca dos seus interesses. Outrossim, o trabalhador, que pretenda levar o litígio ao judiciário em face do empregador, poderá contar com a participação do sindicato, por intermédio dos seus advogados, ao longo do processo individual, desde que poderes sejam concedidos por instrumento de mandato para que a atividade jurídica seja realizada em nome e no interesse do trabalhador litigante. Nessas duas situações, que não se confundem com a substituição processual, o sindicato também atua com vistas a proteger o trabalhador e a sua dignidade enquanto tal. O trabalhador não ficará desassistido pelo simples fato de não poder ser substituído.

Porém, em que pese a conclusão a que se chegou a partir da interpretação das cartas constitucionais estudadas, de que a substituição processual somente é possível em sede de ação coletiva, as disposições legais podem estabelecer que assuntos específicos, que digam respeito a lesões a direitos em casos exclusivamente individuais, sejam enfrentados em substituição processual. A justificativa se prende, por um lado, à particular situação de fragilidade em que se encontram determinados trabalhadores, o que dificulta a defesa isolada, por si próprios, dos seus direitos na justiça (REIS, 2004, p. 365), e, por outro lado, com a necessidade de defender, contra qualquer tipo de violação, alguns valores que são caros à sociedade. Cite-se, por exemplo, no caso brasileiro, a legitimidade processual dos sindicatos para pleitear as contribuições do FGTS devidas a um trabalhador e que não foram recolhidas (Lei n. 8.036, de 11.5. 1990). No caso português, pense-se também na antiga legitimidade concedida aos sindicatos, pelo Decreto-Lei n. 392, de 20.9.1979 e pela Lei n. 105, de 13.9.1997, como faz menção o Professor João Reis (2004, p. 382), para proporem ação em defesa de direito individual com base na igualdade de tratamento no trabalho, independentemente do sexo. Pense-se também nas hipóteses do art. 5º, n. 2, "a" e "b", do CPT, que dispõem sobre a substituição processual nos casos de conduta antissindical do empregador.

Existem inúmeros outros exemplos, para além da discriminação no trabalho e da falta de pagamento de tributos ou indenizações relativas ao emprego, que poderiam justificar, em termos hipotéticos, a legitimidade processual dos sindicatos para mover ação em defesa de um único trabalhador, em razão da gravidade das lesões praticadas e da particular situação de fragilidade. Nos casos de assédio sexual, de trabalho escravo e de violação de direitos do trabalhador em função da sua situação de imigrante[140], essas lesões a direitos não só atentam contra o trabalho decente, como colocam os trabalhadores numa situação de extrema vulnerabilidade e causam também repugnância social. Não seria razoável que o sindicato pudesse mover ação em defesa do trabalhador que estivesse numa dessas situações?

Em termos *de lege ferenda*, e em função do tipo de lesão, poder-se-ia admitir que sim. Entretanto, extrair das cartas constitucionais o sentido de

---

(140) Esses exemplos foram explorados em reuniões de orientação com o Professor João Reis.

que se deve consentir, como regra, que o sindicato poderá defender direitos individuais de um único trabalhador em todas as violações trabalhistas, ou em algumas delas, traz alguns problemas que devem ser objeto de reflexão.

Em primeiro lugar, a substituição processual, que tem como pressuposto a proteção dos trabalhadores pela sua não exposição, não se amolda às ações puramente individuais. Como se sabe, a defesa de interesses individuais de origem comum, pelo sindicato, prescinde da presença de cada trabalhador interessado nas audiências e do relato das especificidades de cada um deles na fase de instrução e julgamento da demanda. Portanto, não faz qualquer sentido, em lesões infligidas a um só trabalhador, que o sindicato o substitua, porque o trabalhador será necessariamente exposto ao longo do deslinde do caso.

Em segundo lugar, na hipótese de uma conduta ilícita ferir direitos de um único trabalhador, não se pode inferir daí que o empregador é um incumpridor contumaz de normas trabalhistas, que o empregado tenderá, em todos os casos, a obter reparação, e que o sindicato deverá propor ação de modo a dissuadir novas práticas ilícitas. Muitas vezes, a conduta ilícita gera um desagrado, tem repercussões financeiras negativas, é repreensível, mas o trabalhador pode convencer-se de que a litigiosidade não é o melhor caminho a ser seguido, por vários motivos, inclusive por simpatia pelo empregador. Colocar esse tipo de situação sob a alçada do sindicato significaria anular completamente a vontade que o trabalhador tem de dispor do recebimento de verba a que tem direito após o início do processo. Quando a lesão é generalizada, ou possui caráter de generalidade, ao atingir vários trabalhadores de forma homogênea, a situação é diferente e pode ser tratada coletivamente, porque, para além de estarem em jogo direitos individuais, a normatividade trabalhista foi desprezada de forma generalizada e esse tipo de prática deve ser desestimulada.

Por fim, não faz sentido que o sindicato mova toda a sua estrutura para propor ação em defesa de um único trabalhador para defender interesse exclusivamente individual, principalmente se se considerar que essa possibilidade pode dar lugar a uma atitude que contraria os interesses individuais homogêneos do grupo ou os interesses dos restantes associados (no caso português) ou dos membros da categoria profissional (no caso brasileiro). Pense-se, por exemplo, que um determinado trabalhador tem interesse em provar judicialmente a existência de um fato para benefício exclusivo seu, quando o sindicato, por outro lado, empreende esforços para, em favor de um grupo de trabalhadores, provar o contrário. O sindicato, em princípio e por questões de coerência, não poderá, numa ação judicial iniciada por iniciativa própria, defender o primeiro interessado, e, numa ação distinta, defender o interesse do grupo.

Em que pesem todos esses argumentos, algumas questões, que na sua essência são puramente individuais, porque ferem, por exemplo, a honra do trabalhador, podem eventualmente ser tratadas coletivamente. Pense-se no caso de o empregador ter uma particular predisposição para discriminar mulheres, assediar sexualmente trabalhadores que ocupam determinados postos ou contratar, por exemplo, trabalhadores imigrantes para desempenharem atividades em condições análogas à de escravo. Há aqui uma homogeneidade de direitos que pode reclamar a atuação do sindicato como substituto processual porque a conduta patronal repreensível atinge vários trabalhadores. Em situações como essas, uma vez provados os fatos, o direito que justifica o recebimento das verbas decorrentes do despedimento indireto é o mesmo. Assim como são os mesmos os fatos que justificam a indenização por danos a que têm direito todos os prejudicados.

Tratando-se a substituição processual, portanto, de uma espécie de ação coletiva, não porque o direito reclamado é coletivo, mas porque os direitos individuais são defendidos coletivamente, o regulamento processual a ser utilizado para enfrentar as vicissitudes do processo deve ser coerente com a natureza da ação. É por essa razão que, na falta de uma legislação processual específica para dirimir todos os incidentes de uma ação coletiva, partindo-se do pressuposto de que as mencionadas disposições constitucionais devem ser aplicadas imediatamente, defende-se o cabimento da teoria do diálogo das fontes no caso português. A ideia é dar a maior efetividade possível ao direito de ação, ao harmonizar o Código de Processo Civil com a Lei de Ação Popular, nas situações em que o Código de Processo do Trabalho for silente. No caso brasileiro, como se pôde verificar, também inexiste um código processual de ações coletivas. Acontece que grande parte da doutrina, com o objetivo de dar soluções às questões incidentais que surgem ao longo do processo, se posiciona no sentido de admitir a aplicação das disposições processuais constantes do Código de Defesa do Consumidor às demandas coletivas laborais, ainda que admita que o regime geral a ser aplicado deva ser aquele estabelecido no Código de Processo Civil, tendo em vista o silêncio da Consolidação das Leis do Trabalho. Esse posicionamento, compartilhado por vários doutrinadores e que norteou a elaboração do presente trabalho, tem forte esteio na necessidade de travar diálogos com as diversas fontes para oferecer respostas aos problemas processuais. Desta forma, considerou-se ser dispensável, neste trabalho, mostrar a aplicação da teoria do diálogo das fontes no caso brasileiro, porque, de certa forma, esse exercício já foi feito e deu origem a uma série de robustas soluções doutrinárias.

Por fim, e a propósito da inexistência de um código de processos coletivos, não apenas em Portugal e no Brasil, mas em vários outros países, seria desejável que a Academia começasse a voltar as suas atenções à necessidade de pensar num modelo adjetivo próprio para proporcionar de forma eficaz a defesa judicial dos direitos que extrapolam a esfera jurídica puramente individual. Com a finalidade de servir como parâmetro para as atividades legislativas de países, que, de forma heterogênea, começam a esboçar preocupações nesse sentido, foi apresentado, em 2004, durante as XIX Jornadas Ibero-Americanas de Direito Processual, em Caracas, o Código Modelo de Processos Coletivos para Ibero-América, o qual, em função dos limites de espaço não foi abordado neste trabalho, mas que também dispõe sobre a legitimidade sindical para atuar em defesa de interesses difusos, coletivos e individuais homogêneos (FROTA, FREITAS; MADEIRA, 2007, pp. 174/185).

O código, de acordo com a sua exposição de motivos, foi inspirado na experiência legislativa ibero-americana e aperfeiçoado por professores dos vários países envolvidos de modo a criar um sistema original e tão completo quanto possível (*ibidem*, pp. 170/171). Desta forma, e apenas com o objetivo de inspirar novos estudos relacionados com os processos coletivos na seara laboral, mostram-se, em breves linhas, as disposições codificadas para alguns dos incidentes processuais levantados ao longo deste trabalho.

Com efeito, na tutela de interesses individuais homogêneos, o substituto processual não precisará apresentar relação dos substituídos com a petição inicial. A identificação dos interessados será realizada na liquidação da sentença condenatória, que será lavrada de forma genérica, salvo se o juízo decidir que o réu deve apresentar os dados de todas as pessoas que se enquadrem no grupo, categoria ou classe a que pertencem os interessados. A intervenção dos interessados é feita por meio da assistência ou como coadjuvantes. A liquidação e execução da sentença poderão ser feitas coletivamente ou individualmente. Na relação entre ação coletiva e ação individual propostas com o mesmo objetivo, não haverá litispendência, mas a coisa julgada da ação coletiva só produzirá efeitos para aqueles que suspenderem a sua ação individual na forma e no prazo previsto. Ainda quanto aos efeitos da sentença, em princípio, ela será *erga omnes*, mas em caso de improcedência da ação coletiva, os interessados poderão propor ação de indenização a título individual.

Na verdade, não é apenas no domínio das soluções concretas que este código guarda semelhança com as propostas até aqui apresentadas. Com efeito, o espírito de que está imbuído este código modelo é o mesmo que presidiu a elaboração desta dissertação: a busca pela efetividade de direitos. O trabalho decente, é certo, só é possível de ser preservado se alguns direitos substantivos forem assegurados, mas os direitos (trabalhistas ou quaisquer outros) só podem ser preservados se, associados aos mesmos, existirem os mecanismos processuais adequados e necessários que permitam a sua defesa efetiva em juízo. A substituição processual no direito do trabalho é precisamente mais um mecanismo para defender o núcleo duro do trabalho decente e o presente livro também pretende ser um contributo para a valorização da dimensão adjetiva do direito do trabalho.

REFERÊNCIAS BIBLIOGRÁFICAS

ACÓRDÃOS DO TRIBUNAL CONSTITUCIONAL. 1985. v. 5. Imprensa Nacional Casa da Moeda.

ALMEIDA, Francisco Manuel Lucas Ferreira de. 2010. *Direito processual civil*. v. 1. Coimbra: Almedina.

AMADO, João Leal. 2007. Prestação de serviços musculada, contrato de trabalho atrofiado? *Questões Laborais*. Coimbra: Coimbra Editora, ano XIV, n. 30, pp. 245-249, jul./dez.

AMARO, Maria Inês. 2008. O trabalho como direito humano? O que está a mudar no trabalho humano. O sentido humano e social do trabalho. *Anuário Janus. Revista de Relações Internacionais*, Lisboa: Universidade Autónoma de Lisboa, n. 11, pp. 122-123.

AUER, Peter; BERG, Janine; COULIBALY, Ibrahim. 2005. ¿El trabajo estable mejora la productividad? *Revista Internacional del Trabajo*. Genebra: OIT, v. 124, n. 3, pp. 345-372.

BAPTISTA, Albino Mendes. 2002. *Código de processo do trabalho anotado*. 2. ed. rev. e atual. Lisboa: Quid Juris.

BAPTISTA, José João. 2006. *Processo civil I. Parte geral e processo declarativo*. 8. ed. Coimbra: Coimbra Editora.

BARBOSA, Maria da Graça Bonança. 2010. *Ação coletiva trabalhista. Novas perspectivas*. São Paulo: LTr.

BOBBIO, Noberto. *A era dos direitos*. 1992. Tradução de Carlos Nelson Coutinho. Rio de Janeiro: Campus.

BRAVO-FERRER, Miguel Rodríguez-Piñero y. 2007. Flexiseguridad: el debate europeo en curso. *Relaciones Laborales Revista Critica de Teoria y Practica*. Las Rozas, n. II, pp. 113-137.

BRITO FILHO, José Cláudio Monteiro de. 1997. Sindicalização por categoria. *Revista do Ministério Público do Trabalho*. São Paulo: LTr, ano VII, pp. 58/66, 2º semestre.

CALDAS, Roberto Figueiredo. 2010. A substituição processual pelos sindicatos como garantia constitucional: impulso do Supremo Tribunal Federal à coletivização do processo. In: MELO FILHO, Hugo Cavalcanti; AZEVEDO NETO, Platon Teixeira de. *Temas de direito coletivo do trabalho*. São Paulo: LTr.

CANOTILHO, J. J. Gomes. 2003. *O direito constitucional e teoria da constituição*. 7. ed. Coimbra: Almedina.

CANOTILHO, J. J. Gomes; MOREIRA, Vital. 2007. *Constituição da república portuguesa anotada* — arts. 1º a 107º. 4. ed. Coimbra: Coimbra Editora.

CARVALHO, Acelino Rodrigues. 2006. *Substituição processual no processo coletivo. Um instrumento de efetivação do estado democrático de direito*. São Paulo: Pillares.

CENTENO, Mário; NOVO, Álvaro. 2008. Flexibilidade e mercado de trabalho em Portugal. O que está a mudar no trabalho humano. Socioeconomia do trabalho. *Anuário Janus, Revista de Relações Internacionais*. Lisboa: Universidade Autónoma de Lisboa — Público, n. 11, pp. 146-147.

CERDEIRA, Eduardo de Oliveira. 2010. *Ações coletivas e a substituição processual pelos sindicatos*. São Paulo: LTr.

CLAUS, Ben-Hur Silveira. 2003. *Substituição processual trabalhista:* uma elaboração teórica para o instituto. São Paulo: LTr.

COMISSÃO DAS COMUNIDADES EUROPEIAS. 2006. Livro Verde — Modernizar o direito do trabalho para enfrentar os desafios do século XXI. Disponível em: <http://eur-lex.europa.eu/LexUriServ/LexUriServ.do?uri=COM:2006: 0708:FIN:PT:DOC> Acesso em: 27.11.2009.

COSTA, Alfredo Bruto da. 2007. O debate sobre a flexigurança. *Questões Laborais*. Coimbra: Coimbra Editora, ano XIV, n. 30, pp. 125-137.

DELGADO, Gabriela Neves. 2006. *Direito fundamental ao trabalho digno*. São Paulo: LTr.

DUARTE, Ana Maria. 1998. Trabalho, flexibilidade e precariedade no contexto europeu: precisões analíticas e evidências empíricas. *Cadernos de Ciências Sociais*. Coimbra: Afrontamento, pp. 7-54.

ESPINOZA, Malva. 2003. *Trabajo decente y protección social*. Santiago: Oficina Internacional del Trabajo.

ESTANQUE, Elísio. 2005. Classes, precariedade e ressentimento: mudanças no mundo laboral e novas desigualdades sociais. *Oficina do Centro de Estudos Sociais*, Coimbra, 238, pp. 1-20, out.

FERNANDES, António Monteiro. 2009. *Direito do trabalho*. 14. ed. Coimbra: Almedina.

FERNANDES, Nadia Soraggi. 2009. A substituição processual na esfera trabalhista. *Revista LTr*. São Paulo, v. 73, n. 8, pp. 1005-1014, ago. 2009.

FERREIRA, António Casimiro. 2001. Para uma concepção decente e democrática do trabalho e dos seus direitos: (re)pensar o direito das relações laborais. In: SANTOS, Boaventura de Sousa (org.). *Globalização:* fatalidade ou utopia? Porto: Afrontamento, pp. 255-298.

FORMICA, Gualdo Amaury. 1992. A substituição dos empregados pelo sindicato de sua categoria profissional. *Revista do Ministério Público do Trabalho*. São Paulo: LTr, n. 4, pp. 52-53, 2º semestre.

FREITAS, José Lebre de. 1996. *Introdução ao processo civil:* conceito e princípios gerais à luz do código revisto. Coimbra: Coimbra Editora.

FROTA, Ângela; FREITAS, Cristina Rodrigues de; MADEIRA, Teresa. 2007. *Das acções colectivas em Portugal*. Lisboa: Direcção-Geral do Consumidor.

GOMES, Júlio Manuel Vieira. 2007. *Direito do trabalho:* relações individuais de trabalho. v. 1. Coimbra: Coimbra Editora.

GOSDAL, Thereza Cristina. 2005. *Dignidade do trabalhador:* um conceito construído sob o paradigma do trabalho decente e da honra. São Paulo: LTr.

KANT, Immanuel. 1960. *Fundamentação da metafísica dos costumes*. Tradução de Paulo Quintela. Coimbra: Atlântida.

KÓVACS, Ilona. 2008. Flexibilidade e precariedade no emprego. O que está a mudar no trabalho humano. Socioeconomia do trabalho. *Anuário Janus. Revista de Relações Internacionais*. Lisboa: Universidade Autónoma de Lisboa – Público, n. 11, pp. 148-149.

LEITE, Carlos Henrique Bezerra. 2008. Inexistência de litispendência entre ação coletiva para tutela de interesses individuais homogêneos (substituição processual) e ação individual. *Revista do Tribunal Superior do Trabalho*. São Paulo, v. 74, n. 3, pp. 47-60, jul./set.

LEITE, Jorge. 2003. *Direito do trabalho*. v. 1. Coimbra: Serviços da Acção Social da Universidade de Coimbra.

LOPES, Carlos M. 2008. Economia informal e processos de organização. O que está a mudar no trabalho humano. O sentido humano e social do trabalho. *Anuário Janus, Revista de Relações Internacionais*. Lisboa: Universidade Autónoma de Lisboa — Público, n. 11, pp. 134-135.

MACPHERSON, C. B. 2004. *La théorie politique de l'individualisme possessif:* de Hobbes à Locke. Paris: Gallimard.

MANUS, Pedro Paulo Teixeira. 2008. A litispendência e a substituição processual no processo do trabalho: ação ajuizada pelo sindicato na condição de substituto processual e ação distinta ajuizada pelo empregado substituído com mesmo pedido. *Revista do Tribunal Superior do Trabalho*. São Paulo: LTr, v. 74, n. 3, pp. 43-46, jul./set.

MARQUES, Cláudia Lima. 2004. Superação das antinomias pelo diálogo das fontes: o modelo brasileiro de coexistência entre o código de defesa do consumidor e o código civil de 2002. *Revista da Escola Superior da Magistratura de Sergipe*, n. 7, pp. 15-54.

MARQUES, Fernando. 2007. O debate sobre a flexigurança e a situação portuguesa. *Boletim de Ciências Económicas*. Coimbra: FDUC, v. L, pp. 317-352.

MARQUES, J. P. Remédio. 2011. *Acção declarativa à luz do código revisto*. 3. ed. Coimbra: Coimbra Editora.

MARSHALL, T. H. 1967. *Cidadania, classe social e* status. Tradução de Meton Porto Gadelha. Rio de Janeiro: Zahar.

MARTINEZ, Pedro Romano. 2007. *Direito do trabalho*. 4. ed. Coimbra: Almedina.

MARTINS, António Payam. 1999. Class actions *em Portugal*. Lisboa: Cosmos.

MARX, Karl. 1971. *O capital*. Livro 1. v. 2. Rio de Janeiro: Civilização Brasileira.

_____. 1971. *O capital*. Livro 1. v. 1. Rio de Janeiro: Civilização Brasileira.

MEILLAND, Christèle. 2010. Le marché du travail danois: un modèle en crise? *Chronique Internationale de l'IRES*, n. 125, Irvy sur Seine: Louyot, pp. 15-24, jul.

MELLO FILHO, Luiz Philippe Vieira de. 2008. A ação coletiva induz litispendência para a ação individual no processo do trabalho? Breves reflexões para o debate. *Revista do Tribunal Superior do Trabalho*. São Paulo, v. 74, n. 3, pp. 36-42, jul./set.

MENDES, Aluisio Gonçalves de Castro. 2010. *Ações coletivas no direito comparado e nacional*. 2. ed. Coleção Temas Atuais de Direito Processual Civil — v. 4. Coordenação de Luiz Guilherme Marinoni e José Roberto dos Santos Bedaque. São Paulo: Revista dos Tribunais.

MILL, Stuart. 1973. *Ensaio sobre a liberdade*. Tradução de Orlando Vitorino. Lisboa: Arcádia.

MIRANDA, Jorge; MEDEIROS, Rui. 2005. *Constituição portuguesa anotada*. t. 1. Coimbra: Coimbra Editora.

MOREIRA, Vital. 1976. *A ordem jurídica do capitalismo*. Coimbra: Centelha.

MOTA, Marcílio Florêncio. 2008. A *substituição processual por sindicatos. O acesso dos trabalhadores à ordem jurídica justa*. Rio de Janeiro: Lumen Juris.

NAHAS, Thereza Christina. 2001. *Legitimidade ativa dos sindicatos. Defesa dos direitos e interesses individuais homogêneos no processo do trabalho* — processo de conhecimento. São Paulo: Atlas.

_____ . 2007. Considerações a respeito da relação de trabalho — a questão do trabalho semidependente. *Revista LTr*, São Paulo: LTr, 71, n. 9, pp. 1090-1093, set.

NASCIMENTO, Amauri Mascaro. 2009. *Curso de direito processual do trabalho*. 24. ed. São Paulo: Saraiva.

ORGANIZAÇÃO INTERNACIONAL DO TRABALHO. 2007. Documentos Fundamentais da OIT. Lisboa: Gabinete para a Cooperação — Ministério do Trabalho e da Solidariedade Social de Portugal.

PINHEIRO, Paulo Sousa. 2010. *Curso breve de direito processual do trabalho. Conforme as alterações ao código de processo do trabalho introduzidas pelo DL n. 295/ 2009, de 13 de outubro*. Coimbra: Coimbra Editora e Wolters Kluwer Portugal.

PINTO, Carlos Alberto da Mota. 1999. *Teoria geral do direito civil*. 3. ed. Coimbra: Coimbra Editora.

PROUDHON, Pierre-Joseph. 1997. *O que é propriedade?* Tradução de Marília Caeiro. Lisboa: Estampa.

RAMALHO, Maria do Rosário Palma. 2009. *Direito do trabalho — parte I — dogmática geral*. 2. ed. Coimbra: Almedina.

REGO, Carlos Lopes. 2004.O objecto *idóneo* dos recursos de fiscalização concreta da constitucionalidade: as *interpretações normativas* sindicáveis pelo tribunal constitucional. *Revista Jurisprudência Constitucional*, n. 3, Coimbra: Coimbra Editora, pp. 4-15, jul./set.

REIS, João. 2004. A legitimidade do sindicato no processo. In: FERNANDES, António Monteiro (coord.). *Estudos de direito do trabalho em homenagem ao prof. Manuel Alonso Olea*. Coimbra: Almedina.

SANTOS, Miguel Teixeira de. 2003. *A legitimidade popular na tutela dos interesses difusos*. Lisboa: Lex.

SANTOS, Ronaldo Lima dos. 2004. Modalidades da coisa julgada coletiva. *Revista do Ministério Público*. São Paulo: LTr, ano XIV, n. 27, pp. 37-54, mar.

SILVA, Manuel Carvalho da. 2007. *Trabalho e sindicalismo em tempo de globalização. Reflexões e propostas*. Mafra: Círculo de Leitores.

SILVA, Nicolau Santos F. 2002. *Os interesses supraindividuais e a legitimidade processual civil activa*. Lisboa: Quid Juris.

SOUSA, Miguel Teixeira. 2003. *A legitimidade popular na tutela dos interesses difusos*. Lisboa: Lex.

SUPIOT, Alain. 2005. O direito do trabalho ao desbarato no "mercado das normas". *Questões Laborais*. Coimbra: Coimbra Editora, ano XIII, n. 26, pp. 121-144.

TEIXEIRA, Carlos Adérito. 1996. *Acção popular* — novo paradigma. Disponível em: <http://siddamb.apambiente.pt/publico/documentoPublico.asp?documento=19868&versao=1> Acesso em: 6.5.2011.

TEIXEIRA FILHO, Manoel Antonio. 2009. *Curso de direito processual do trabalho I* — processo de conhecimento I. São Paulo: LTr.

VILAR, António. 2000. A legitimidade processual das associações sindicais. In: MOREIRA, António (coord.). *III Congresso Nacional de Direito do Trabalho: memórias*. Coimbra: Almedina.

ZAVASCKI, Teori Albino. 2007. *Processo coletivo. Tutela de direitos coletivos e tutela coletiva de direitos*. 2. ed. rev. e atual. São Paulo: Revista dos Tribunais.

LISTA DE JURISPRUDÊNCIAS CONSULTADAS[141]

Brasil. Agravo de Instrumento em Recurso de Revista. Processo AIRR — 102100-13.2001.5.03.0059. Relatora: Ministra Maria Cristina Irigoyen Peduzzi. Órgão julgador: 3ª Turma do Tribunal Superior do Trabalho. Data de Julgamento: 3.7.2007. Publicado no Diário Eletrônico da Justiça do Trabalho em 23.3.2007. Disponível em: <http://ext02.tst.jus.br/pls/ap01/ap_red100.resumo?num_int=9771&ano_int=2003>. Acesso em: 2.7.2011.

_____. Agravo de Instrumento em Recurso de Revista. Processo TST-AIRR-25800-53.2009.5.09.0094. Relatora: Ministra Maria de Assis Calsing. Órgão julgador: 4ª Turma do Tribunal Superior do Trabalho. Data de julgamento: 11.5.2011. Publicado no Diário Eletrônico da Justiça do Trabalho em: 19.5.2011. Disponível em: <http://ext02.tst.jus.br/pls/ap01/ap_red100.resumo?num_int=35152&ano_int=2011&qtd_acesso=480237>. Acesso em: 2.7.2011.

_____. Agravo de Instrumento em Recurso de Revista. Processo TST-AIRR-1548-35.2010.5.02.0000. Relator: Ministro Alberto Luiz Bresciani de Fontan Pereira. Órgão julgador: 3ª Turma do Tribunal Superior do Trabalho. Data de julgamento: 25.05.2011. Publicado no Diário Eletrônico da Justiça do Trabalho em: 2.6.2011. Disponível em: <http://ext02.tst.jus.br/pls/ap01/ap_red100.resumo?num_int=28074&ano_int=2011&qtd_acesso=555301>. Acesso em: 8.7.2011.

_____. Embargos de Declaração em Recurso de Revista. Processo n. TST-ED-RR — 1137396-64.2003.5.01.0900. Relator: Ministro Horácio Raymundo de Senna Pires. Órgão julgador: Subseção I Especializada em Dissídios Individuais do Tribunal Superior do Trabalho. Data de julgamento: 4.3.2011. Publicado no Diário Eletrônico da Justiça do Trabalho em 18.3.2010. Disponível em: <http://ext02.tst.jus.br/pls/ap01/ap_red100.resumo?num_int=113394&ano_int=2003&qtd_acesso=1539077>. Acesso em: 4.7.2011.

_____. Embargos em Recurso de Revista. Processo E-RR-9700-79.2008.5.22.0002. Relator: Min. Aloysio Corrêa da Veiga. Órgão julgador: Subseção I Especializada em

---

(141) As referências às jurisprudências nesta lista aparecem na mesma ordem pela qual vão surgindo ao longo da dissertação.

Dissídios Individuais do Tribunal Superior do Trabalho. Data do julgamento: 2.12.2010. Publicado no Diário Eletrônico da Justiça do Trabalho em: 10.12.2010. Disponível em: <http://ext02.tst.jus.br/pls/ap01/ap_red100.resumo?num_int=546483&ano_int=2009&qtd_acesso=6672721>. Acesso em: 2.7.2011.

_____ . Processo de Embargos em Recurso de Revista. Processo E-RR 603442/1999.4. Relator: Ministro Carlos Alberto Reis de Paula. Órgão julgador: Subseção I Especializada em Dissídios Individuais do Tribunal Superior do Trabalho. Data de julgamento: 30.6.2008. Publicado no Diário de Justiça em 29.8.2008. Disponível em: <http://www.jusbrasil.com.br/jurisprudencia/2073094/embargo-em-recurso-de-revista-e-rr-603442-603442-19994-tst/inteiro-teor>. Acesso em: 2.7.2011.

_____ . Recurso de Revista n. 3801700-06.2002.5.16.0900. Relator Ministro: Fernando Eizo Ono. Órgão Julgador: 4ª Turma do Tribunal Superior do Trabalho. Data de julgamento: 25.11.2009 Publicado no Diário Eletrônico da Justiça do Trabalho em 5.2.2010. Disponível em: <http://ext02.tst.gov.br/pls/ap01/ap_red100.resumo?num_int=45434&ano_int=2002>. Acesso em: 25.6.2011.

_____ . Recurso de Revista. Processo RR 109900-84.2007.5.17.0191. Relator: Ministro João Batista Brito Pereira. Órgão julgador: 5ª Turma do Tribunal Superior do Trabalho. Data de julgamento: 27.1.2011. Publicado no DEJT em 11.2.2011. Disponível em: <http://www.jusbrasil.com.br/diarios/25469458/tst-21-03-2011-pg-164>. Acesso em: 2.7.2011.

_____ . Recurso de Revista. Processo TST-RR-10500-07.2008.5.22.0003. Relator: Ministro Horácio Senna Pires. Órgão julgador: 3ª Turma do Tribunal Superior do Trabalho. Data de julgamento: 15.6.2011. Publicado no Diário Eletrônico da Justiça do Trabalho em: 22.06.2011. Disponível em: <http://ext02.tst.jus.br/pls/ap01/ap_red100.resumo?num_int=578136&ano_int=2009&qtd_acesso=7116029>. Acesso em: 4.7.2011.

_____ . Recurso de Revista. Processo TST-RR-106300-55.2007.5.17.0191. Relator: Ministro Aloysio Corrêa da Veiga. Órgão julgador: Subseção I Especializada em Dissídios Individuais do Tribunal Superior do Trabalho. Data do Julgamento: 28.6.2011. Publicado no Diário Eletrônico da Justiça do Trabalho em 30.6.2011. Disponível em: <http://ext02.tst.jus.br/pls/ap01/ap_red100.resumo?num_int=609053&ano_int=2009&qtd_acesso=7462761>. Acesso em: 2.7.2011.

_____ . Recurso de Revista. Processo TST-RR-119400-81.2008.5.22.0004. Relatora: Ministra Delaíde Miranda Arantes. Órgão julgador: 7ª Turma do Tribunal Superior do Trabalho. Data de julgamento: 29.6.2011. Publicado no Diário Eletrônico da Justiça do Trabalho em: 30.6.2011. Disponível em: <http://ext02.tst.jus.br/pls/ap01/ap_red100.resumo?num_int=636068&ano_int=2009&qtd_acesso=7811213>. Acesso em: 4.7.2011.

_____ . Recurso de Revista. Processo TST-RR-1500-66.2005.5.19.0004. Relator: Ministro Carlos Alberto Reis de Paula. Órgão julgador: Subseção I Especializada em Dissídios Individuais do Tribunal Superior do Trabalho. Data de julgamento: 02.06.2011. Publicado no Diário Eletrônico da Justiça do Trabalho em: 16.6.2011. Disponível em: <http://ext02.tst.jus.br/pls/ap01/ap_red100.resumo?num_int=708647&ano_int=2009&qtd_acesso=8737889>.

_____ . Recurso de Revista. Processo TST-RR-1500-66.2005.5.19.0004. Relator: Ministro Relator: Carlos Alberto Reis de Paula. Órgão julgador: Subseção I Especializada em

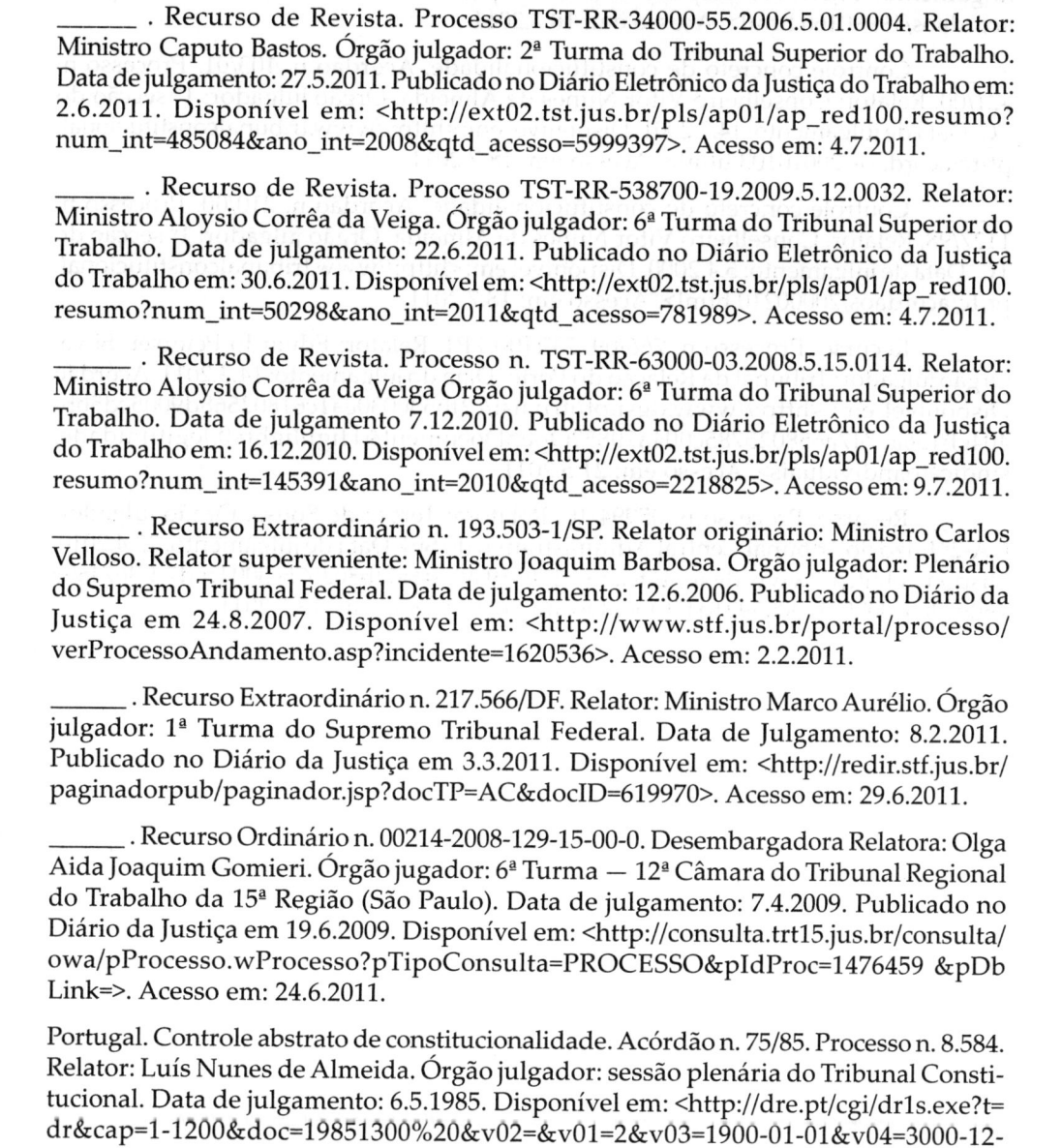

Dissídios Individuais do Tribunal Superior do Trabalho. Data de julgamento: 2.6.2011. Publicado no Diário Eletrônico da Justiça do Trabalho em: 16.6.2011. Disponível em: <http://ext02.tst.jus.br/pls/ap01/ap_red100.resumo?num_int=708647&ano_int=2009&qtd_acesso=13972941>. Acesso em: 2.7.2011.

_____ . Recurso de Revista. Processo TST-RR-165200-72.2005.5.02.0044. Relatora: Ministra Dora Maria da Costa. Órgão julgador: 8ª Turma do Tribunal Superior do Trabalho. Data do julgamento: 26.5.2010. Publicado no Diário Eletrônico da Justiça do Trabalho em: 27.5.2010. Disponível em: <http://ext02.tst.jus.br/pls/ap01/ap_red100.resumo?num_int=27418&ano_int=2007&qtd_acesso=547397>. Acesso em: 8.7.2011.

_____ . Recurso de Revista. Processo TST-RR-34000-55.2006.5.01.0004. Relator: Ministro Caputo Bastos. Órgão julgador: 2ª Turma do Tribunal Superior do Trabalho. Data de julgamento: 27.5.2011. Publicado no Diário Eletrônico da Justiça do Trabalho em: 2.6.2011. Disponível em: <http://ext02.tst.jus.br/pls/ap01/ap_red100.resumo?num_int=485084&ano_int=2008&qtd_acesso=5999397>. Acesso em: 4.7.2011.

_____ . Recurso de Revista. Processo TST-RR-538700-19.2009.5.12.0032. Relator: Ministro Aloysio Corrêa da Veiga. Órgão julgador: 6ª Turma do Tribunal Superior do Trabalho. Data de julgamento: 22.6.2011. Publicado no Diário Eletrônico da Justiça do Trabalho em: 30.6.2011. Disponível em: <http://ext02.tst.jus.br/pls/ap01/ap_red100.resumo?num_int=50298&ano_int=2011&qtd_acesso=781989>. Acesso em: 4.7.2011.

_____ . Recurso de Revista. Processo n. TST-RR-63000-03.2008.5.15.0114. Relator: Ministro Aloysio Corrêa da Veiga Órgão julgador: 6ª Turma do Tribunal Superior do Trabalho. Data de julgamento 7.12.2010. Publicado no Diário Eletrônico da Justiça do Trabalho em: 16.12.2010. Disponível em: <http://ext02.tst.jus.br/pls/ap01/ap_red100.resumo?num_int=145391&ano_int=2010&qtd_acesso=2218825>. Acesso em: 9.7.2011.

_____ . Recurso Extraordinário n. 193.503-1/SP. Relator originário: Ministro Carlos Velloso. Relator superveniente: Ministro Joaquim Barbosa. Órgão julgador: Plenário do Supremo Tribunal Federal. Data de julgamento: 12.6.2006. Publicado no Diário da Justiça em 24.8.2007. Disponível em: <http://www.stf.jus.br/portal/processo/verProcessoAndamento.asp?incidente=1620536>. Acesso em: 2.2.2011.

_____ . Recurso Extraordinário n. 217.566/DF. Relator: Ministro Marco Aurélio. Órgão julgador: 1ª Turma do Supremo Tribunal Federal. Data de Julgamento: 8.2.2011. Publicado no Diário da Justiça em 3.3.2011. Disponível em: <http://redir.stf.jus.br/paginadorpub/paginador.jsp?docTP=AC&docID=619970>. Acesso em: 29.6.2011.

_____ . Recurso Ordinário n. 00214-2008-129-15-00-0. Desembargadora Relatora: Olga Aida Joaquim Gomieri. Órgão jugador: 6ª Turma — 12ª Câmara do Tribunal Regional do Trabalho da 15ª Região (São Paulo). Data de julgamento: 7.4.2009. Publicado no Diário da Justiça em 19.6.2009. Disponível em: <http://consulta.trt15.jus.br/consulta/owa/pProcesso.wProcesso?pTipoConsulta=PROCESSO&pIdProc=1476459 &pDbLink=>. Acesso em: 24.6.2011.

Portugal. Controle abstrato de constitucionalidade. Acórdão n. 75/85. Processo n. 8.584. Relator: Luís Nunes de Almeida. Órgão julgador: sessão plenária do Tribunal Constitucional. Data de julgamento: 6.5.1985. Disponível em: <http://dre.pt/cgi/dr1s.exe?t=dr&cap=1-1200&doc=19851300%20&v02=&v01=2&v03=1900-01-01&v04=3000-12-

21&v05=&v06=&v07=&v08=&v09=&v10=&v11=Ac%F3rd%E3o&v12=75/ 85&v13=&v14=&v15=&sort=0&submit=Pesquisar>. Acesso em: 18.7.2011.

_____. Controle abstrato sucessivo de constitucionalidade. Acórdão n. 118/97. Processo n. 31/94. Relator: Conselheiro Luís Nunes de Almeida. Órgão julgador: 2ª secção do TC. Data de julgamento: 19.2.1997. Disponível em: <http://www.tribunal constitucional.pt/tc/acordaos/19970118.html>. Acesso em: 18.7.2011.

_____. Controle concreto de constitucionalidade. Acórdão n. 160/99. Processo n. 197/98. Relator: Conselheiro Sousa e Brito. Órgão julgador: 3ª secção do TC. Data de julgamento: 10.3.1999. Disponível em: <http://www.tribunalconstitucional.pt/tc/ acordaos/19990160.html>. Acesso em: 18.7.2011.

_____. Controle concreto de constitucionalidade. Acórdão n. 103/01. Processo n. 421/00. Relator: Conselheiro Vítor Nunes de Almeida. Órgão julgador: 1ª secção do TC. Data de julgamento: 14.3.2001. Disponível em: <http://www.tribunalconstitucional. pt/tc/acordaos/20010103.html>. Acesso em: 18.7.2011.

_____. Controle concreto de constitucionalidade. Acórdão n. 210/00. Processo n. 1127/98. Relator: Conselheiro Vítor Nunes de Almeida. Órgão julgador: 1ª secção do TC. Data de julgamento: 5.4.2000. Disponível em: <http://www.tribunalconstitucional. pt/tc/acordaos/20000210.html>. Acesso em: 18.7.2011.

_____. Recurso. Processo n. 766/09. 2TTBRG.P1. Relator: Eduardo Petersen Silva. Órgão julgador: Tribunal da Relação do Porto. Data do julgamento: 14.3.2011. Acórdão Disponível em: <http://www.dgsi.pt/jtrp.nsf/c3fb530030ea1c61802568d9005cd5bb/ 404eb156ac747a658025785c004a7085?OpenDocument&Highlight=0,legitimidade, sindicato,individuais>. Acesso em: 21.5.2011.

_____. Recurso. Processo n. 05994/10. Relatora: Teresa de Sousa. Órgão julgador: CA-2º Juízo do Tribunal Central Administrativo do Sul. Data de julgamento: 22.4.2010. Disponível:http://www.dgsi.pt/jtca.nsf/170589492546a7fb802575c3004c6d7d/3e74895 45092286980257713003921d1?OpenDocument>. Acesso em: 18.7.2011.

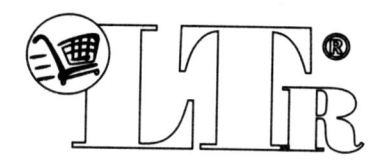

LOJA VIRTUAL
www.ltr.com.br

BIBLIOTECA DIGITAL
www.ltrdigital.com.br

E-BOOKS
www.ltr.com.br